股市赢家密码

董建锋 著

地震出版社
Seismological Press

图书在版编目（CIP）数据

股市赢家密码/董建锋著．—北京：地震出版社，2021.6（2024.6重印）

ISBN 978-7-5028-5217-7

Ⅰ.①股… Ⅱ.①董… Ⅲ.①股票投资－基本知识 Ⅳ.①F830.91

中国版本图书馆 CIP 数据核字（2020）第 216091 号

地震版　XM5819/F（6007）

股市赢家密码

董建锋　著

责任编辑：范静泊

责任校对：凌　樱

出版发行：**地震出版社**

北京市海淀区民族大学南路9号　　　　　　邮编：100081

发行部：68423031　　68467991　　　　　　传真：68467991

总编室：68462709　　68423029

证券图书事业部：68426052

http://www.seismologicalpress.com

E-mail：zqbj68426052@163.com

经销：全国各地新华书店

印刷：北京广达印刷有限公司

版（印）次：2021年6月第一版　2024年6月第二次印刷

开本：710×1000　1/16

字数：271千字

印张：16

书号：978-7-5028-5217-7

定价：80.00元

版权所有　翻印必究

（图书出现印装问题，本社负责调换）

序 言

当你拿起这本书，十有八九是被"赢家密码"这几个字吸引。"赢家密码"道出了所有股民想获得股市真谛的内心渴望，是他们憧憬股市美好前景时恰如彩霞般绚烂的理想。

来股市不就是为了赚钱吗？理想很"丰满"，现实却很"骨感"，但正如马云说的"理想还是要有的，万一实现了呢"？

股市能否成为你实现理想的地方，就看你是否真的努力，看你对实现理想有多坚定。当然，努力但南辕北辙、不脚踏实地是不行的，努力但不得法、不坚定也是不行的。比如，股市上涨才能赚钱，可有人就喜欢止损，且大有不止损不专业之嫌，上涨时不舍得卖，下跌时不得不卖，这不就是南辕北辙吗？再比如，有人非常看好一只股票，无奈重仓参与后就是不涨，忍无可忍，卖掉换股后却发现卖出的股大涨，且一骑绝尘，这就是好高骛远，没有脚踏实地导致的恶果。还有，看人家说价值投资，他也言必称价值投资；看人家分析基本面，他也依葫芦画瓢；看人家依据技术分析操作，他也满嘴技术指标，但终究赚不到钱，这叫不得法。

怎样做才是对的呢？要博众家之长，建立自己的操作方法形成闭环；学习时，不仅要看人家在说什么，还要看其背后的逻辑是什么，要看这种投资体系适不适合你。比如巴菲特先生所说的"价值投资"，你知道它的投资逻辑是什么，使用时如何发现有价值的股票？你能持有一只股票三五年甚至一辈子吗？不问这些问题，就不是真正的"价值投资"。我在这里是先抛砖引玉地举个例子，旨在告诉大家寻找适合自己的投资价值、技术分析逻辑的重要性。

你能做到如下几点吗？如果能，你将很快破解股市密码。

第一，你能坚持读书学习吗？可以抽时间研读十本、二十本、三十本、五十本书吗？不要读理论很深奥的书，不要读看不懂的书，不要读编著的书，要读作者亲自写的、简单易懂的书。你能做到吗？

第二，你能试着建立自己的投资方法吗——记住，是自己的方法。书读得多了，自然会有体会，当你找到一本适合自己的书时，便可反复精读，试着按图索骥建立自己的操作体系。这不难，书读多了自然会水到渠成。

第三，你能自信点儿吗？操作体系在实践时一定会遇到问题，这只是代表它不完善而已。遇到问题不可怕，重要的是找到解决方法，并把它纳入操作体系中，不能一叶障目，出了点问题就否定自己。

第四，你能不随波逐流、不受外界干扰吗？当你看到别人的股票纷纷上涨，自己的股票不涨反跌，你能坚持住吗？这考验一个人的意志力和抗干扰能力。有时，成功与失败只是一念之差。

本书包括三部分内容，第一部分介绍操作思想，包括第一章至第三章。这是本书操作体系的逻辑基础，正所谓"基础不牢，地动山摇"，只有深刻理解操作体系的思想根源，才能在执行时多几分坚定，少几分犹豫。

第二部分讲解交易指令，包括取款密码、收款密码以及K线卖出形态，包括第四章到第七章，这部分属于技能范畴，简单、明确、实用。

第三部分是交易体系的建立及具体应用，包括第八章至第十一章。如果说操作思想是"道"，交易指令是"术"，那么将"道"和"术"糅合到一起形成一个有机整体，便是操作体系。它是一个闭环，意思是其中的每一个环节都只是整个体系的一部分，要放在整个体系中才能发挥最大威力。

本书旨在帮助你为你的财务自由打下坚实基础。

目　录

第一章　股市涨跌的本质 …………………………… 1

> 参与股市的投资者，首先要思考并竭力弄清楚的就是此问题。如果你不曾想过就匆忙入市，那么几乎可以肯定，你就是亏损的一方。

第一节　赚钱是做股票的唯一目的 ………………………… 2
第二节　关于价值投资 ……………………………………… 6
第三节　关于长线投资 ……………………………………… 10
第四节　我的投资逻辑 ……………………………………… 11

第二章　交易策略 …………………………………… 17

> 小单试错，拒绝补仓，顺势跟进，敢于重仓。很显然，顺势跟进是整个交易的核心，是能否进行交易的判断标准；小单试错和拒绝补仓是控制风险的手段；敢于重仓是扩大利润、获取丰厚收益的最终方式。

第一节	小单试错	18
第二节	拒绝补仓	20
第三节	顺势跟进	22
第四节	敢于重仓	24
第五节	阳克阴和阴克阳	33

第三章　投资心态 ·· 37

> 心态这个东西，说不清道不明，也极易背黑锅。当你亏损时，首先埋怨的就是投资心态；当你盈利卖出后，股价继续涨，你怪罪的还是投资心态。

第一节	犹豫	39
第二节	急躁	42
第三节	恐高	44

第四章　取款密码基础条件分析及应用 ············ 49

> 取款密码由四个基本指标体系构成，分别是：阳克阴K线形态、成交量、均线系统、MACD指标。

第一节	阳克阴K线形态	51
第二节	成交量	55
第三节	均线系统	57
第四节	MACD指标的使用	67

第五章　五种致胜取款密码 · 83

> 取款密码一指个股在均线系统下方出现阳克阴K线形态，同时满足其他辅助分析工具（主要是成交量、均线系统和MACD指标）的要求。

第一节　取款密码一 · 84
第二节　取款密码二 · 93
第三节　取款密码三 · 101
第四节　取款密码四 · 110
第五节　取款密码五 · 116

第六章　卖出K线形态 · 125

> 股价起跌于卖出K线形态，在发现卖出K线后，一定要有卖出动作，可能有人会问：是把股票全部卖出吗？不是。应根据卖出K线的位置以及空方力量表现出的强度决定卖出股票的具体数量。

第一节　典型卖出K线之一："一针见血" · · · · · · · · · · · · · 127
第二节　典型卖出K线之二："空中楼阁" · · · · · · · · · · · · · 136
第三节　典型卖出K线之三："高位阴克阳" · · · · · · · · · · · 140
第四节　非典型卖出K线之一："金针探顶" · · · · · · · · · · · 150
第五节　非典型卖出K线之二："海市蜃楼" · · · · · · · · · · · 156
第六节　非典型卖出K线之三："笑里藏刀" · · · · · · · · · · · 163

第七章　股市收款密码 ………………………………… 167

> 三种收款密码是在三条均线的重要节点处出现典型或非典型 K 线卖出形态或者破位阴克阳走势，这是明确的股价将加速下跌的信号，此时清仓出局是唯一选择，尤其是股价处于高位时。

　　第一节　收款密码一 …………………………………… 168
　　第二节　收款密码二 …………………………………… 177
　　第三节　收款密码三 …………………………………… 181

第八章　资金管理 …………………………………… 187

> 资金管理是"领导"，指挥整个交易过程的执行，有效地使资金聚集和分散以达到逐步增值的目的。交易系统是"员工"，需要执行具体指令，按照一定的方法做到进退有据，并保持主动。净资产走势图是"监察官"，根据资产增值情况来监视交易系统的执行，并不断对其进行修正，促使高效稳定地完成收益目标。

第九章　交易系统 …………………………………… 195

> 交易系统是整个操作体系的核心，是实现资产增值

> 的关键环节。资金管理和净资产走势图都是对交易系统的辅助。交易系统足够完善并执行得好，资产增值就有了基本保障，再加上资金管理的指导和净资产走势图的监督，资产增值会更稳健。

第一节　选股 ·· 196
第二节　交易计划 ··· 213
第三节　操作周期与收益目标 ································ 222

第十章　净资产走势图 ······································· 231

> 净资产走势图的分析和股票走势图的分析基本一致，不同之处在于反映了净资产的增减情况——这是你操作股票的根本目的。看好你的净资产走势图，通过努力使它一直保持稳步向上才说明你是专业的，你做股票确实在盈利。

第十一章　综合应用 ··· 239

> 将本书知识综合运用起来，在"顺势跟进"思想的指导下，出现取款密码后，采用"小单试错，拒绝补仓，顺势跟进，敢于重仓"的交易策略，运用好资金管理，建好基础仓位，用滚动资金反复操作，并在上涨形式明确后，使用备用资金锦上添花。同时，通过净资产走势图对操作情况进行监督，以便及时调整目标股票。

第一章
股市涨跌的本质

股市为什么会有涨跌？

参与股市的投资者，首先要思考并竭力弄清楚的就是此问题。如果你不曾想过就匆忙入市，那么几乎可以肯定，你就是亏损的一方。在股市中，70%多的投资者最终亏损，20%多的人基本平局，只有不到10%的人才是最终赢家。有的人牛市时入市几乎出手必赢，那就能据此说明他赚钱了吗？当然不能。除非他赚钱后脱离股市，否则，如果他解决不好"股价为什么会有涨跌"这样的疑问，一波熊市下来，他还是会连本带利全还回去。

第一节　赚钱是做股票的唯一目的

无论何事，参与者都应该首先思考参与的目的以及如何把事情做好，做股票也不例外。做股票的目的是什么？当然是赚钱！似乎这个问题很简单，但是，有多少人能在股市中不迷失，并为此目的不停地努力呢？自己如何确定有没有迷失呢？很简单，观察一下自己的操作，看有没有出现如下问题，只要出现一个，就说明你已经迷失了。

第一，你有没有曾经跟股市怄气？

回想一下，你是不是对以下几种情况很熟悉：

①非常看好一只股票，可是买进后该股不涨反跌，你不断补仓，最终无资金可用，于是乎，坚决不卖，死磕到底。

②发现一只股票，涨势很好，你不敢买，觉得涨得太多了，想回调后再买。可是该股拒绝回调，一路上涨，你忍无可忍，把脚一跺投入全部资金买进。但买入后第二天开始，该股一路下跌！

③你一贯非常谨慎，买股时总轻仓参与，效果也不错，赚得虽不多，但终归在赚钱。某一次，你非常看好一只股票，忍不住重仓参与，不幸出现亏损了，为了尽快挽回损失，你放弃了熟悉的轻仓策略，不断重仓参与，于是，亏损像脱缰的野马，一发不可收拾。

还有其他情况，不再一一赘述了。兵法云，"不可怒而兴兵"，做股票何尝不是如此？你在跟股票怄气的时候，有没有想过做股票的目的？

第二，你有没有正确看待止损？

止损是一个极具迷惑性的词，本意是当股票出现亏损时应及时卖出，防止损失扩大。理论上无懈可击，但实际操作中难以做到，问题出在哪呢？要回答这个问题，先来看看你有没有遇到过如下情况：

①所持个股处于盈利状态，目前股价开始下跌，你不确定是在回调还是

趋势反转。你会想：还好，目前在赚钱，可以等等看。但股价继续下跌，账面开始出现亏损，怎么办？为了防止损失扩大，止损！这可是所谓的专业化操作。只不过，这个专业化操作从赚钱变成亏损了，这就是问题所在。为什么非要等到亏损再卖出？赚钱的时候不能卖吗？有人可能会反驳，那就不叫止损了，而叫止盈。为了那所谓的专业化止损，有人把自己做股票的目的抛到九霄云外了。真正的专业化操作不该如此。这不怪谁，都怪"止损"这两个字太具有误导性。

②经过长时间寻找和努力分析研究，终于找到一只好股票，于是开心地买进了。主力似乎看到你买了，于是跟你作对，从第二天开始，股价持续下跌。怎么办？为防止损失扩大，止损！此时，亏损确实不大，被止住了，可是你忘了，你的账户资产在一次一次的止损中大幅缩水。你在恍惚间会明白，原来亏损也会积少成多！更可恨的是，你刚卖出这只股票，上涨会瞬间发生，而且涨得一发不可收拾。你好后悔：本来可以赚钱的，却亏损卖出！你会追高买回吗？也许，当你犹豫再三后，决心买回。此时，股价却重新开始下跌，你不得已再次止损。这种情况几乎每个老股民都遇到过吧！

哪里出错了？难道不需要止损吗？为了防止亏损扩大而止损有什么不对吗？我先不回答这个问题，我只问一句，此时，你考虑自己做股票的目的了吗？你会问，减少亏损不也是为了更好地赚钱吗，这不矛盾吧？好的，且看下一个问题。

第三，你有没有每天留意资金账户的市值变化，甚至每天记录市值并画出市值曲线图？

简单解释一下，市值即资金账户里的股票资产，如果有融资，市值应为你的净资产。来股市的目的是赚钱，说到底是为了让你的净资产增加。是否赚钱，观察标的不是你某一次操作，也不是你某一只个股盈利多少，这都是片面的，请记住，只有净资产增加。才能说明你在股市里赚钱了，这是唯一标准，别无其他。

个股盈利了，市值不就增加了吗，这有什么矛盾吗？没有！我确定两者之间没有矛盾！但是在实盘操作中，两者之间却经常不协调，结果，个股操作有赚有亏，净资产却在稳定缩水，为什么？原因是过度关注个股操作，没有从大局出发，从而丧失了焦点。这种管中窥豹看到的不一定是金钱豹，而可能是斑点狗！

举个例子：

你现在满仓操作，有两种情况：一是你满仓买进一只股票；二是你满仓买进十只股票。第一种情况：当个股出现下跌时，你的反应是及时止损，防止损失扩大，这就相当于你聚焦了你的净资产变化。第二种情况：十只股票，五只上涨，五只下跌，大家的通常反应是关注上涨的，下跌的无暇照顾，结果，上涨的变成下跌的，无奈止损；下跌的跌幅扩大，已不舍得卖出。如果你关注下跌的，及时止损会发现，原来上涨的也慢慢变成下跌的，还需继续止损。回头看看，你的净资产已稳定减值，大幅缩水。为什么不在赚钱时卖出呢？肯定有很多朋友不服气。每个人都认为自己有解决问题的办法，但是，为什么却只有不到10%的人真正赚钱，70%多的人是亏损的？不聚焦净资产变化，忙忙碌碌，到头来却与初心渐行渐远。

这就是问题所在。个股有涨有跌，有盈利，有亏损，实属正常，但是，只关注个股，就会出现九只个股盈利抵不过一只股票亏损的情况。若聚焦市值变化，发现净资产在缩水，就应该立刻寻找源头及时制止——放大上涨个股产生的利润，并制止下跌股票带来的损失。从全局高度关注个股运行，及时将资金向上涨个股倾斜，剔除弱势个股，这才是解决问题之道。

当你以市值变化数据为焦点，心中不再有止损的概念时，止损的困惑才可能迎刃而解。

比如，看到市值缩水，即使你的账户万花丛中一点绿，也要在复盘时仔细研究——是绿的股票太惨烈，还是红的股票在退缩，你要认真寻找源头。如果确认有股票已经具备卖出条件，无论该股是盈利还是亏损，都应执行卖出操作，截住净资产缩水的洪流。如果没有止损的概念，又怎会受其困扰？

股市里唯一的目的是赚钱，我们买进或卖出股票时唯一应思考的是该股票能否增加自己的盈利，操作的唯一依据是个股买进或卖出条件是否合适。

当个股出现卖出条件时，理应卖出，不该再有其他参考。比如，是盈利还是亏损，所以，止损只是对操作的客观描述，指卖出时出现了损失，而不是操作方法，或者操作策略。把止损理解成股票下跌后的无奈之举，从本质上讲就是错的——止损不是参考卖出条件，也不具备操作性，因为会经常产生失误。

止损是描述性语言，是说股票卖出时的状态，不能具体为股票交易的客观条件。我们的操作条件是要定量的，操作条件越具体，买卖股票时越有参考意义，越容易执行。

举个例子：当你止损时，你的依据是什么？有的人是亏损5%止损，有的是股价跌破10日均线止损，还有的是股价跌破30日均线止损等。所谓的止损是股价满足卖出条件而采取的卖出操作，既然如此，为什么不在股价满足卖出条件时卖出盈利，反而要等到股价下跌时止损呢？有的人就是这样，明明股票出现了卖出条件，看看账户还在赚钱，心想，也许这是主力洗盘，反正还在赚钱，等等看，不按股价实际走势操作，总导致由主动变为被动，最终只好无奈止损出局。所以，如果你是老股民，应该把止损这个概念从头脑中抹去，回归最根本的盈利目标！

来股市的目的是赚钱，凡是影响实现此目的的，应穷尽一切手段解决。知己知彼，百战不殆，为了实现在股市中赚钱的目的，你要了解股市是什么，股票为什么涨跌等问题，这是所有交易的基础，并以此建立不同的操作体系。

股市，顾名思义是指股票交易的市场。股票，是股份公司发行的所有权凭证，股票流通市场是已发行的股票按市价进行买卖、转让和流通的市场，交易者对股票的买和卖就是自由转让股票的过程。

如何通过股票交易获利呢？

我们可以把股票看成特殊商品，它具备所有商品的属性。你可以把股票看成西瓜，你就是中间商，怎么通过买卖西瓜获利呢？自然是低价买进，高价卖出，赚取差价。股票比具体商品更简单，更直接，中间没有损耗，你买进多少股，便可以卖出多少股，核心问题是：你怎么知道买进的股票的价格是高是低，又怎么知道买进的股票的价格是否会上涨，能否以高价卖出？对这些问题的不同理解，就形成了不同的交易体系。可以肯定的是，只有认真思考的人，并在自己的逻辑中解决这些问题，才能建立属于自己的交易体系。唯有如此，成为股市中最终盈利的人才有可能。这部分人仅占所有参与者的10%，甚至更低。

这本书算是抛砖引玉，书中以我的视角，对股票涨跌逻辑的理解，建立起相应的操作体系。在这个操作体系中，股票交易变得简单了，一只一只的股票好比是自动取款机，只要你输对了密码，获取财富不再是梦想，做股票也变成了一件快乐无比的事。

第二节　关于价值投资

先澄清一个认识：交易体系没有对错，只有完不完善，适不适合你。

判断交易体系是否成功的唯一标准是能否产生利润，别无其他。当你使用的交易体系不能带来利润时，要么是该交易体系不适合你，要么是你的交易体系还需要完善。那么，交易体系是怎么建立的呢？我们先看一下市场中比较著名的交易体系的建立过程。

股市中最著名的交易体系建立者非巴菲特莫属。巴菲特通过自己的交易体系成为了曾经的世界首富，他的交易体系是怎么建立的？适不适合我们？巴菲特的交易模型，简单说就是建立一个交易体系，先从建立者对股市的认识开始，从自身的知识逻辑出发，并在此基础上建立操作规则，且不断对其进行完善。

巴菲特的投资逻辑是价值投资。顾名思义，他认为有价值的股票才是值得投资的对象，这一观点非常流行，无论何人，言必谈价值投资。价值投资者认为：任何股票都有其内在价值，股价就是围绕着股票的内在价值上下波动，当股价低于股票的内在价值时，股票的价值被低估，此时便可以买进，因为股价必然会回归到它的内在价值，那时就赚钱了。于是，寻找价值被低估的股票便成了巴菲特的日常工作。他不需要看盘，因为股价的日常波动不影响股票的内在价值。有了这种对股票涨跌的理解，交易模型就简单了：寻找价值被低估的股票→买进价值被低估的股票→等待股票的价值回归→股票价格高于股票价值时卖出。

接下来的工作就是围绕这四个过程解决所有遇到的问题。

第一，寻找价值低估的股票。怎样测算股票的价值是否被低估？巴菲特没有告诉我们，我认为，任何公司的内在价值都会随着经营的不断持续而在不断变化。不同的人由于知识结构不同，对公司内在价值的测算或者说判断也不尽相同。巴菲特认为某个公司的价值被低估，而有些人可能认为没有。简单说，巴菲特通过长期跟踪某公司财务报表来掌握该公司的运营情况，如果他认为公司的股票价格偏低，通过买进该公司股票，能够获得公司理想的分红时，便可能会出手。同时通过自己参与公司的运营来提高公司的价值，从而获得二级市场上更高的股票价格和从公司得到更高的分红。

怎么判断公司的股票价格偏低呢？简单讲，如果现在可以在股票市场上买进一亿美元该公司的股票，按投资比例，我们每年可以获得3%或者更多的分红，如果你满意，那就说明股票的价格偏低了。如果此时你需要花3亿美元买进同样比例公司的股票，那么你每年的分红只有1%，如果你不满意，那就说明公司的股票价格偏高了。这是可以测算出的最明显的股票价格被低估的情况。事实上，如果出现这种情况，市场中将有很多人发现并买进该公司股票，股票价格因此被推高，低估也就不复存在。

巴菲特寻找目标股远没有这么简单。比如，他会加上自己介入经营而存在的价值提升。当巴菲特发现一个公司经营不善，其股票无人问津，价格低廉，但是公司所处的行业或者未来发展前景都有很大的想象空间时，他就会介入，然后用很少的资金得到公司大比例的股票，随后自己再介入经营，公司的困难可以因此得到迅速改善，公司价值也将得到极大提升，对应的股票价格也必然会上涨。这种操作方式在巴菲特出手时就已经确保了自己的盈利。

当然，巴菲特也不会排斥那些明确显示被低估的公司。比如，他在香港市场买进中国石油（股票代码00857）。当时买进的价格为1港元多，最终8港元多卖出，这些都是公开信息。需要指出的是，巴菲特买进中国石油后，有近三年的时间是亏损的，最高幅度亏损近50%，但他一直持有，直到8港元多时，他认为股价被高估了才卖出。

第二，买进价值被低估的股票。巴菲特从不看盘，也不在意股价的短期波动。当他发现价值被低估、值得出手的股票时，便会不断买进，直到对自己买进的仓位满意为止。当然，由于巴菲特资金很多，不会像我们一样操作股票，他会通过如大宗交易等方式进行。

第三，等待股票价值回归。在这一步，"等待"是关键词。条件是，巴菲特等得起。在等待的过程中，他甚至可以参与公司管理，以此影响公司价值，这是其他人不可比拟的。很多崇尚价值投资的人，只理解巴菲特所说的表象，从不深究巴菲特内在的投资逻辑。巴菲特的投资核心是价值投资没错，但他的价值投资有很多保障手段，价值投资只是巴菲特分析问题的内在逻辑，如果没有了保障手段，价值投资和其他的任何投资方法一样。

第四，股票价格高于股票价值时，卖出。需要说明的是，测算公司内在价值时不要考虑股票价格，判断股票是否被低估时股价才会被用来做比较。当股票价格上涨时，投入的资金也会相应升值。此时，如果你得到的固定收益率低于你判断的标准时，说明股票价格被高估了。当高估的心理极限被突破时，巴菲特就会卖出股票。这里测算的不是你初始投入的资金，而是当时股票的实际价值。比如，你当时买进1亿美元的股票，年收益率3%。现在股票价格上涨，你的资金变成了5亿美元。即便你的固定收益绝对值在增加，但是相比5亿美元的股票现值，收益率降到1%以内。如果你觉得收益率偏低，说明股票价格被高估了，这时你就可以选择卖出股票了。

巴菲特是最成功的价值投资者，他的方法适合我们吗？要知道价值投资的方法是否适合自己，只要对照巴菲特的投资过程，提几个问题就会一目了然了。

第一，你能找到价值被低估的股票吗？你有没有长期关注一家上市公司，并认真分析公司发布的每一份季报、年报？你是怎么测算公司内在价值的？你有没有去实地调研你关注的上市公司？（巴菲特也许不用亲自调研，一般都会由他的助理团队代劳。）你的意见能影响公司的决策经营吗？你能参与到公司的管理吗？

不要相信道听途说的某一家公司的价值被低估了。

首先，说这话的人自己都可能无法回答上述问题。

其次，他所讲的价值被低估，就真的被低估吗？谁来评判？如果这个人还算诚实，最多也只是按照他自己的分析逻辑说某只股票被低估了，那么，他告诉你他的分析逻辑了吗？你认同他的分析逻辑吗？如果什么都不知道，你怎么确定你买进他所说的价值被低估的股票就能获利？

最后，即便上面的疑问都不是问题，那么什么时候这只股票被高估呢？你买进后什么时候卖出呢？总不至于今天被低估，于是买进，过了一两周就说被高估了，然后卖出吧？公司的价值在一个报表周期内改变，依据是什么呢？如果买进了所谓价值被低估的股票，由于公司经营不善，股价连续下跌，怎么办？此时分析得到的结论可能到那时就成了公司价值被高估了！为什么？我说过公司的内在价值是根据公司的运营而不断变化的，所以，有时巴菲特会介入公司运营来提升公司内在价值。

第二，你的资金足够多吗？你有没有源源不断的现金流补充？如果买进后股票价格长期下跌，你能承受吗？能承受多长时间？

第三，你在看盘吗？股价的波动对你影响大吗？你买股票时是想买的价格低一些，还是不在意股价？当你发现一只据说价值被低估的股票，但是下跌趋势明显时，你是立刻买进，还是等等看？当你持有的一只股票在疯涨，但是据说它的价值被高估了，你是立刻卖掉，还是再等等看？

上面这些问题，只要有一条回答违背了价值投资宗旨，或者说与巴菲特的操作系统不同，就说明你根本就不适合价值投资。你所说的价值投资可能只是个名词，而不是交易体系，因为你没有建立起自己的交易体系，无奈只能借鉴价值投资这个名词。有人用"拿来主义"说服自己：能用的用之，不能用的弃之。这样做最大的可能就是东施效颦，不伦不类，是不可能成功的，中国的近代史已经反复证明了这一点，从别人那里东拼西凑拿来的东西，终归只是皮毛。

第三节　关于长线投资

　　市场中有一种投资叫长线投资，参与者也自称为价值投资者，但仔细观察他们的操作过程，会发现他们与价值投资还是有明显区别的：

　　第一，他们买股票的时机不是公司价值被低估时，而是在股价跌无可跌时，我们发现这些人所买的股票很难出现价值被低估的时候。

　　第二，他们买的股票基本是市场公认的白马股，也就是大家都知道的好股票，比如，公司经营稳健，业绩优秀，有确定的预期，等等。

　　第三，这些人资金雄厚，可以长期持股而不会对自己造成影响，他们不会在股价高于公司的内在价值时卖出，只会等到股价不再上涨时卖出。

　　这些人不一定去研究公司的内在价值，他们的投资逻辑是股价有涨有跌，跌多了就会涨，涨多了就会跌。当发现优秀的上市公司不断下跌且跌无可跌时，就会连续买进，然后耐心持有，直到公司股价出现大涨，且涨无可涨时卖出。它们的操作方法更贴近我们所关注的市场，比较容易得到多数人的认可。

　　只是，这些人基本都实现了财务自由，他们投资的目的不是高额收益，而是让资产保值增值。对绝大多数市场参与者来说，持股三年、五年甚至十年、八年是很难做到的。

　　虽然长线投资仅适合极少数投资者，但是他们的投资思想还是值得借鉴的。我的投资思想吸纳并完善了长线投资的部分内容，并针对有不同资金的人提出了更贴近市场的操作。

第四节　我的投资逻辑

按照巴菲特交易体系的建立过程，我也分四步阐述我的交易逻辑。

先从最核心的问题出发。在我的操作体系中，为什么我会认为股票会涨跌呢？巴菲特认为股票价格会围绕公司的内在价值上下波动，所以它采用"价值投资"的方法。我认为，股票涨跌是市场多空力量对比的结果，所以我采用的是顺势跟进的操作策略。当多方力量强于空方力量时，股价表现为上涨；当空方力量强于多方力量时，股价表现为下跌；当多空力量基本均衡时，股价表现为十字星，小阳线或者小阴线，这种判断不仅适合大盘，也适合任何个股。

多方，是指认为股价会上涨的投资者，这部分人在操作中会买进股票。

空方，是指认为股价会下跌的投资者，这部分人在操作中会卖出股票。

多方强于空方，是指买进股票的投资者多于卖出股票的。此时，多方为了让要买的股票能顺利成交，会把买进价格挂高一点，个股成交价格因此被不断推高。表现在盘面上，个股就会收出阳线。两者是充分必要条件，即盘面收出阳线，表明多方强于空方；阳线实体越大，表明多方力量越强。反之亦然。

空方强于多方，是指卖出股票的投资者多于买进股票的。此时，空方为了让要卖的股票能顺利成交，会把卖出价格挂低一点，个股成交价格因此就被不断拉低。表现在盘面上，个股收出阴线。同样，盘面收出阴线，表明空方强于多方；阴线实体越大，表明空方力量越强。

为什么会有多方和空方呢？举个例子，一家四口去餐厅吃饭，饭毕，你说："饭不好吃，下次不来了。"儿子、女儿和老婆却说："饭很好吃，下次还来。"同样的饭菜，却得出了不同的结论。你属于空方，他们三个属于多方，显然多方强于空方，下次肯定还会光顾此餐厅。

股票同样如此。同一家上市公司，关注的投资者成千上万，由于每个人的知识结构不同，观察事物的角度不同，得到的信息也不同，所以分析出的结论也必然不同。有的人认为公司的股票价格会上涨，于是买进，等上涨后卖出盈利；有的人认为公司的股票价格会下跌，于是卖出，防止损失扩大或者利润缩水，这样就形成了多空双方的博弈，如果多方强于空方，股价会上涨，反之会下跌。

看到多方占优的股票时，可以买进，等股票上涨后获利卖出。如果自己持有的股票出现空方占优的情况，可以卖出锁定利润，或者减小损失，这就是顺势跟进。和价值投资一样，顺势跟进是一种高度概括的投资理念，它是我投资逻辑的核心。

有人可能听过顺势而为，它与顺势跟进有何不同吗？

顺势而为是以趋势作为操作条件。当一只股票的上涨趋势被确立时，执行买进操作；当一只股票的下跌趋势被确立时，执行卖出操作。这个操作思想影响广泛，但是在实际操作中，很少有人做得到，原因如下。

第一，一只股票趋势的确立需要时间，也需要股价上涨或下跌一定的空间才能确认。

比如，一只股票上涨趋势确立时，已经从底部上涨了一段时间，同时有了不小的上涨幅度。此时，投资者对买进操作会有很大犹豫，寄希望于股价回调后再买进，但这可能导致错过机会。下跌时也一样，当一只股票下跌趋势被确立时，该只个股已经下跌了一段时间和一定幅度，持有该只股票的人会希望股价反弹一些再卖出，从而可能错过卖出的最好时机。

第二，顺势而为在遇到较大趋势时，理论上是可以使用的。

比如，牛市或者熊市。在牛市中，个股会有较长时间的上涨，也会有较大的上涨幅度，如果在上涨趋势确立初期买进该股，就可以获得后面股价上涨所带来的利润；在熊市中，由于个股有较长时间的下跌，所以在下跌趋势确立初期卖掉股票，理论上可以回避后续下跌产生的损失。

但是，在股票运行的其他时段，顺势而为很容易出错。比如，在震荡市中，由于个股上涨幅度较小，上涨时间较短，当一只股票确立上涨趋势后，买进去可能就会成为下跌的开始；反之，如果你持有的个股等到下跌趋势确立后卖出，可能又会成为新的上涨波段的开始了；所以，顺势而为的缺点就在于趋势确立的滞后性。这是由它的投资逻辑决定的，无法改变。

顺势跟进的投资思想解决了滞后性的问题，这是与"顺势而为"最根本的不同。顺势跟进投资思想的逻辑出发点是多空力量的对比，多方占优时，买进；空方占优时，卖出。任何一只股票的起涨点，都是从空方占优转为多方占优开始的。任何一只股票的起跌点，都是从多方占优转变为空方占优开始的，无一例外。所以，顺势跟进的投资思想可以使我们买在起涨点上，卖在起跌点上。从这个角度讲，顺势跟进的理论从根本上就高于其他投资思想，以此为核心建立的操作体系自然会比其他的操作体系效果更好，收益更高，这也是我认为自己的逻辑站得住脚的底气所在。

这就够了吗？知道顺势跟进的操作思想，就可以在股市中轻松赚钱了吗？当然不够。操作思想是给我们指明方向的，具体操作中如何落实，遇到问题后如何解决，这都需要进一步制定操作细节，这就形成了操作体系。所以，我的交易系统就是在顺势跟进的操作思想指导下，建立起的一整套具体买卖股票的详细规则以及在执行交易的过程中对所遇问题的解决方案。

到这里，会不会有疑问：顺势跟进是在多方强于空方，股价收阳线的时候买进股票的，如果第二天出现空方强于多方，收阴线，就该卖出股票了，那不就亏损了吗？或者说，第一天多方强于空方收阳线，你怎么会知道第二天多方仍旧强于空方，继续收阳线呢？在实盘操作中，不是经常出现第一天收阳线，第二天就开始阴线杀跌吗？如果你有如此疑问，说明你是老股民了，你在用心读这本书。好，下面就介绍一下顺势跟进操作思想更深一层的逻辑。

大家都知道牛顿三大定律吧？其中第一定律也称为惯性定律，通俗点讲就是物体会沿着原来的运动状态运行，直到有外力改变它的运动状态。惯性不仅适用于物体的运动，也适用于社会的方方面面，包括我们的思维。

这跟顺势跟进的操作思想有关系吗？有，而且关系很大！股市是一个小社会，参与的投资者众多，关注同一只股票的人也成千上万，一旦很多人对一只股票形成统一看法后，思维惯性就会起强大的作用。

这是情理之中的事。比如，当你经过认真分析研究，认为某一只股票是好股票，也就是看涨时，你会很快改变对这只股票的看法吗？不会的。你分析得越仔细，研究得就越认真，而一旦你的判断形成，这种判断就越难改变。这种思维惯性是潜意识的，不会被外力左右，直到你所关注的股票实际走势与你分析的结论长期背离，你才会逐渐改变你原来的判断，形成一种新的认识。

所以，当一只股票出现多方强于空方时，在没有外力的作用下，股价会继续沿着多方占优的方向发展，直到上涨一定幅度后，有更多的人卖出股票，空方开始强于多方时才会终止。

这里特别强调，是在"没有外力的作用下"。事实上，每一只股票都会受到外力干扰，都有一个或多个主力的资金参与其中，这些主力会利用自己的优势，让股价向着有利于自己的方向发展，从而引导散户投资者跟风操作，向主力希望看到的方向倾斜，这就会形成很多骗线，也就是主力故意做出的看似多方占优而形成的阳线，或者看似空方占优而形成的阴线，实际上主力的意图正好相反。

这就是很多人所遇到的，在实盘操作中看着股价上涨，于是买进，结果第二天就开始下跌的原因。面对这些实盘操作中所遇到的问题，在我的操作体系中会很好地解决。

顺势跟进和价值投资以及长线投资相比有什么优势吗？

有，而且优势很明显。以价值投资为例，根据该理论：你发现一只股票的价格低于其上市公司的内在价值，便买进，不管当时股价是否在下跌。对"价值投资"者来讲，不会在意股价的小波动，他们认为，就像一只股票的价格从10元涨到100元，还在意是10元买进的还是9元买进的吗？这就是价值投资者的理念的迂腐之处。

在实际操作中，我们怎么会知道股价从10元跌到9元就不跌了呢，也许会跌到5元呢。也许有人会说：跌到5元也没关系，如果股价将来涨到100元，和赚的90元相比，这5元的波动实在太小了。

事实却完全不是这样。如果股价是10元，你可以买进一亿股，股价涨到100元，卖出后你可以赚90亿元；如果股价跌到5元你买进，可以买多少呢？不再是一亿股，而是两亿股，同样在100元卖出，你将可以赚180亿元，整整多了90亿元。你还能不在意股价这5元的波动吗？

顺势跟进就解决了这个问题。

继续拿上述这只股票举例。如果拥有顺势跟进投资思想的人也发现了这只股票，那么当时股价在下跌，按照顺势跟进的投资思想，不必买进，可以再等等。直到股价不再下跌，出现多方力量明显强于空方力量时，再逐步买进，这样就基本可以买在股价的底部区域了，甚至是股价的起涨点上。至于在此等待过程中股价会跌到哪里,是从10元跌到9元,还是跌到8元,抑或跌到5元、4元,不用去预测,也不必管它。无论股价跌到哪里,只要开始上涨,必然会出现多方明显强于空方的迹象,此时再进最合适。

卖出同样如此。当股价涨到100元时,价值投资者认为股价超过了公司的内在价值,被高估了,所以卖出。他们不会在意股价后市是否会继续上涨,因为相较于10元的买入价,已经有10倍收益了。

可以不在意吗?我们同样可以简单算一下。如果股价从100元涨到了110元,只多出了10%的幅度。但是相较于你的买入价,你已经多赚了一倍的利润了。股价从你的买入价10元涨到20元翻一倍,和股价从100元涨到110元翻一倍,哪个容易呢?所以卖出时的价位更要重视起来。

顺势跟进同样很好地解决了卖出的问题。股价涨到100元,价值投资者认为股价高估,是要卖出的,但是股价还在上涨,作为顺势跟进的投资者可以继续等待,直到出现空方力量明显强于多方力量时,再逐步减仓。至于股价会涨到哪里,会从100元涨到110元,还是涨到120元,抑或是涨到140元、150元,不用去猜,只要股价开始下跌,一定会出现空方力量明显强于多方力量的迹象,到时再卖出最好,这多出的可不是一星半点儿的收益。

所以,顺势跟进从理论上是要优于其他投资理论的。和长线投资以及其他的投资理论比,同样优势明显,大家可以思考一下,这里不再赘述了。简单来说,顺势跟进者可以把握长线投资者持股期间股价的波段操作。别小看这种波段操作的收益,有的甚至会超过长线持股本身,而且会始终保持主动,因此在操作心态上也更贴合广大的股市投资者。

第二章
交易策略

我们不仅要有顺势跟进的操作思想和做股市赢家的良好愿望,更要脚踏实地。就像我们有很好的愿望和设计图纸一样,还需要一砖一瓦的材料以及详细的施工计划才能建成宏伟的大厦。

交易策略属于实盘操作层面的规章制度,是买卖股票时要遵循的交易规则。

我的交易策略是:小单试错,拒绝补仓,顺势跟进,敢于重仓。很显然,顺势跟进是整个交易的核心,是能否进行交易的判断标准;小单试错和拒绝补仓是控制风险的手段;敢于重仓是扩大利润、获取丰厚收益的最终方式。

第一节　小单试错

小单试错：指用小单的方式买进或卖出股票，试探股价的发展方向，进而决定下一步的操作是继续买进还是继续卖出。

什么是小单？多小的单子合适？以买股票为例，小单就是买进的股票数量比较少，如100股、500股、1000股等。多少股票合适没有硬性规定，原则是你买进的股票即使全部亏完，也不会对你的操作造成影响，不会使你心态失衡，所以，小单买进的数量和你的操作资金相匹配。

比如你有100万元资金，有一只10元的股票，那么你买1000股就可算为小单。当然，如果你觉得1000股都多了，你可以再少买一些。这没有定数，可根据自己的交易心态决定。小单试错本来就不是为了赚钱，而是为了防止主力资金的骗线而采取的防错手段。

前文说过，每一只股票都有主力资金参与，他们为了自己的利益，利用资金优势故意制造出多方占优或者空方占优的假象，诱导投资者跟进，从而实现要么吸纳筹码建仓，要么卖出筹码出货的目的。为了防止自己上当，当个股股价出现阳克阴买进K线形态时，我们可以先小单买进，以便观察股价的后续发展。如果股价出现下跌，就避免了出现较大损失的可能；如果股价出现上涨，那就可以继续小单买进；继续上涨，则继续买进。这样，我们就可以用初始小单的盈利来抵御后市可能的风险。

当股价从更高维度显示做多意愿时，也就是从更高维度上显示多方也明显占优，我们就可以放心买进了。当然，如果在此过程中出现了明显的空方占优，即K线卖出形态，我们可以从容地进行减仓，把初始买进且已经获利的小单卖出。我们仍然可以采取"小单试错"的方式，以防止主力骗线洗盘。

这里需要说明一下，有些名词大家可能不知道意思，没关系，后文中会有所解释，为了把问题说明白，这里先用着。

　　小单试错是股票买卖的第一步，这一步非常重要。如果这一步没做好，那么后市中的操作会陷入被动。有人说，小单买进，如果股票涨了也赚不了多少钱，还不如看准买进时机，重仓参与，赚也赚得痛快，这着实不可取。

　　俗话说，财不入急门。股票交易是一个系统工程，绝不是一锤子买卖。一单定乾坤，输赢随他去，那不是做股票，是赌博。股市不是赌场，你用赌博的方式去炒股，未出手，输赢已定，你最后肯定是失败者。在做每一单交易前，我们都要制定详细的操作计划，确定好操作的时间周期和目标收益。在没有明显不利于操作的条件下，我们都应该按照交易系统严格地执行操作计划。我们不去预测股价未来走势，只根据股价当时的实际走势操作，当股价走势满足了操作条件时，我们就可以在资金管理的统一规划下，坚决执行计划了。

第二节 拒绝补仓

拒绝补仓，指在发现操作出错之后，拒绝通过补仓的方式摊低成本，防止一错再错；或者拒绝追高买回，防止踏错节奏。

拒绝补仓和小单试错是一个整体。小单试错是操作的第一步，拒绝补仓是发现出错后的应对措施。

主力资金是股市中主要的资金力量，他们利用自己的资金优势，可以影响个人投资者的方向判断。这种骗线的手段随时随地都会发生，尤其在关键节点处更具迷惑性。比如，股价在关键节点处出现买进信号，按照操作计划，小单买进；小单操作后，股价不涨反跌，此时一定要保持警惕，因为这个买进信号可能就是主力的骗线。

在操作上，股价下跌已经导致出现亏损，很多投资者的第一反应是加仓，降低成本，他们认为只要股价稍作反弹，便可解套出局。事实上，如果主力真的在利用骗线，故意放出买进信号，那么股价的下跌可能才刚刚开始，至于跌到何时结束，我们根本无法猜出，所以当你加仓试图摊低买进成本时，说不定正中了主力圈套。于是，越买越跌，越跌越买，最后严重套牢，无法动弹。

在顺势跟进的操作思想中，没有发现多方明显强于空方的迹象，是不能操作的。当盘面出现阳克阴K线形态，说明多方强于空方，为了防止陷入主力圈套，可以小单买进。若发现股价出现下跌，一定要拒绝补仓，这样，即便主力真的在设圈套，也拿你没办法，无法给你带来明显损失。

在第一单出错后，很多人容易手忙脚乱，第二单乃至后面的操作就会把多方强于空方的买进基本条件扔到一边，顺势跟进的操作思想更是被抛到九霄云外了。试想一下，我们既然是小单试错，即便出错了，能有多少亏损呢？个股只要不退市，跌多了总会涨，只要个股开始上涨，就一定会出现阳克阴的 K 线形态，此时再根据计划小单加仓岂不是更好?!

在卖出操作中，拒绝补仓指的是不要追高买回。在个股上涨的过程中，主力会通过洗盘的方式恐吓散户放弃筹码，卖出股票。由于此时多数投资者处于盈利状态，为了防止盈利变亏损，他们很容易卖出股票，落袋为安，这样主力在继续拉升股票时便会轻松不少，从而减轻了阻力。为防止此情况发生，我们可以采用小单试错的方式，看到 K 线卖出形态，表明多方上攻受阻，空方开始占优，我们可以小单卖出。如果股价继续下跌，说明空方力量增强，根据顺势跟进的操作思想，可以继续加大卖出仓位；但是，如果发现是主力骗线，小单卖出后，股价不跌反涨，此时一定要拒绝补仓，也就是不能再追高买回股票。有的人觉得自己卖错了，还要加大资金买回，这绝不允许。

任何股票，涨多了肯定会跌，至于涨多高、涨到何时才会跌，我们不知道。如果追高买进成为你的操作习惯，那么在股价正式下跌前，你的仓位肯定不降反升，甚至是最高仓位的时候。股市有句话，"辛辛苦苦大半年，一朝回到解放前"，原因就是你被主力骗线不自知，不断加大仓位。

在个股上涨时，根据资金管理要求，我们的仓位是基本锁定的。一般来说，一只股票基础仓位占总资金的 20%，这部分仓位是不动的。当主力洗盘时，我们可根据 K 线卖出形态，小单卖出。如果正中主力圈套，股价不跌反涨，那我们卖出的小单能少赚多少钱呢，是不是可以忽略不计？简单计算一下，你买进一只 10 元的股票，30000 股，股票涨到了 50 元。一天，股价出现了冲高回落的 K 线卖出形态，你根据交易策略，小单试错卖出 500 股，之后股价未跌，反而上涨，涨到了 60 元，你少赚了多少钱呢？只不过 5000 元而已。可是没卖出的 29000 股，让你多赚了 29 万。是不是那 5000 元就可以忽略了？如果你不明就里，看到小单卖出后，股价继续上涨，你在 50 元上方加仓买回，那么当股价涨到 60 元时你仍然不会卖出，因为那时股价的下跌你还以为是洗盘呢，如此，你辛苦赚到的利润，可能在股价正式下跌的第一波便损失殆尽。越是这样，你就会越不甘心，更舍不得卖出。如果你还有资金的话，甚至还要加仓，期望着反弹时卖出，这便是严重亏损的开始。

在股价上涨时拒绝补仓，看似少赚了一些，其实是踏准了股价的节奏，且能逃脱主力的圈套，为大的盈利创造了条件，可谓"舍芝麻捡西瓜"。一旦你开始加仓，打乱了这种节奏，便为将来的亏损种下了恶魔的种子，切记杜绝！

第三节　顺势跟进

顺势跟进，指当股价走势与判断一致时，我们可以加大资金买进或卖出。

拿买进操作举例：当股价出现阳克阴K线形态时，说明多方明显强于空方，可以买进，但是考虑到主力骗线的可能，我们买进时可小单试错。小单买进后，如果发现确实是主力圈套，股价出现下跌，我们可以采用拒绝补仓的方法防止风险的扩大；当小单买进后，发现股价继续放量上涨，说明主力并没有设置圈套，多方确实开始强于空方，股价要上涨了，此时，我们就应该顺势跟进，加大资金买入，因为赚钱的机会来了。顺势跟进不仅是我们操作的指导思想，也是交易策略中最重要的盈利的开始，它和敢于重仓构成了我们盈利的根本手段。

对于卖出操作，当股价连续上涨后，出现卖出K线形态，为防止主力骗线，我们首先小单卖出；如果股价没有下跌，而是继续上涨，说明主力在洗盘，我们要拒绝补仓，不要追高买回，防止踏错股价的涨跌节奏。但是若发现小单卖出后，股价继续下跌，表示这并不是主力的圈套，空方确实开始强于多方，股价要下跌了，此时，我们就应该顺势跟进，加大卖出股票的数量，直到满足资金管理的持仓要求。在卖出操作中，顺势跟进可以最大限度的锁定前期利润。

有了顺势跟进的操作策略作为保障，在实盘交易中，我们便很容易打破心理障碍。例如，股票长期下跌，市场人气异常低迷，有一天，一只股票突然放量拉升，收出扎眼的大阳线，这种阳克阴的K线形态明确了多方开始强于空方，但是你却是犹豫的：一方面，股价长期下跌，这根阳线是扭转股价跌势出现的转折，还是多方力量的负隅顽抗，之后会继续下跌？你搞不清楚。另一方面，你会担心主力在设置陷阱，一旦买进，后市继续下跌，你将再次被深度套牢。就是这种心理障碍，使得投资者错过了一只又一只的大牛股,也使得股市里有这样一句话:行情总在绝望中产生,在犹豫中发展,在疯狂中终结。

现在解决这种心理障碍变得简单了。发现股价放量大涨,阳克阴出现,多方明显占优,没有必要猜测后期走势,或者主力意图,根据交易策略,小单试错式买进即可。因为是小单,即便股价还要下跌,即便中了主力的圈套,我们的损失也有限,因为之后的拒绝补仓设定了我们损失的极限。同时,由于有顺势跟进作为保障,一旦股价开始明确上涨,就迅速扩大买进资金,这样,牛股的起涨点便被我们抓住了。

由此可见,当我们拥有完整的应对股价涨跌的操作策略后,我们的胆子也会变大。我们知道即便亏损,损失也会极小以至于可以忽略不计,而一旦我们判断对了股价的上涨,迅速扩大的买进资金便会给我们带来极大的收益。至此,一只又一只的大牛股出现在我们的资金账户中就不再是偶然,而那些犹犹豫豫的心理障碍也将彻底根除。

对卖出操作更是如此。我经常听到股民朋友叹息:本来盈利的股票,没有及时卖出,想多赚点儿,结果股价下跌,不仅利润损失殆尽,本金也出现了亏损,最后不得已止损卖出。巴菲特说,别人恐惧的时候,我贪婪;别人贪婪的时候,我恐惧。这说明什么?说明人性弱点并不是赚钱的障碍,能不能赚钱,要看交易体系适不适合你,完不完善。本来是应该赚钱的,但因为没有及时卖出,最后反而止损了事,这是股市中绝大多数投资者最常见的操作,这不是因为贪婪、犹豫,而是因为没有一套完善的适合你的交易体系。

这个问题怎么解决?很简单。当股价出现K线卖出形态时,根据交易策略,先小单卖出,这就是小单试错。如果股价没有下跌,而是上涨,没关系,因为你还有绝大多数仓位在里面,卖出的小单让你少赚的钱基本可以忽略不计。此时,你必须执行拒绝补仓的操作,不要追高买回;如果股价继续下跌,你便可以顺势跟进,卖出绝大部分仓位来锁定利润了。如此操作,怎能出现盈利后不舍得卖出,最终无奈止损的情况呢?

在实盘操作中,最关键的是第一单。无论买进还是卖出,只要交易了第一单,你的心理障碍就会被清除,后面的操作就变得简单了。小单试错是我们迈出第一步的最简单有效的方式,而且因为有第三步顺势跟进作为保障,使得小单试错、拒绝补仓操作得会更加坚决,操作中的心理障碍也会消失得更加彻底。

第四节　敢于重仓

敢于重仓：指在经过小单试错、拒绝补仓、顺势跟进的一系列操作后，股价实际走势确定了上涨或者下跌的方向，此时便可以买进大部分资金来盈利，或者卖出所有的持仓来锁定利润。

以买进操作为例：敢于重仓是我们能够大幅盈利的最终手段。在此之前，所有操作都是在试探股价涨跌的虚实，把握股价涨跌的节奏。一旦我们摸准了股价涨跌的脉搏，掌握了股市的取款密码，我们必须要重仓买进，只有如此才能大幅获得利润。丰厚的获利不仅是我们做股票的终极目标，同时也为我们抵御风险提供了坚强保障。

很多人在实盘操作中总是自我束缚。在小单买进，轻仓操作时，会经常盈利，因为这时仓位轻，股价即便下跌，亏损也非常小，这对个人的操作心态也不会产生多大影响，于是，个人开始对股票涨跌的分析更加客观，交易起来更加理性，操作计划和交易体系的执行也更加坚决，这样不赚钱才怪。一旦仓位加重，想赢怕输的思想油然而生，心态失衡愈发严重，操作也会变形，这时亏损就变成了大概率事件。

股市中的奇怪现象——赚小钱亏大钱，就是这样发生的。如果你不知道为什么赚钱，那么亏损时也必然是稀里糊涂。有人说，买进股票，股票上涨，这不就赚钱了吗？怎么会不知道为什么赚钱了呢？显然这不是答案。知道自己为什么赚钱，是指自己买进股票赚钱的方法是可以复制的，只要你按照同样的方法操作，你就会不断地盈利。那些今天股票赚钱，明天就不知能否盈利的朋友，就属于不知道为什么赚钱。这些朋友的最终结局一定是亏损，因为你赚的是小钱，亏损的却是大钱。

如何能亏小钱，赚大钱而最终获利呢？这就是敢于重仓。前文中说过，人的思维惯性会导致行为上的惯性。一只股票在经过不断的试探性操作后，明确了多方强于空方，这是所有参与交易的人，包括买进的人和卖出的人共同行为的结果。多方强于空方，说明买进的人更多。买进的这些人必然认为股票会继续上涨，这就是他们的思维，而思维是有惯性的，并且这种思维惯性会导致他们行为上的惯性，所以他们会继续买进，表现为股价会继续以上涨的方式运行一段时间。

在个股的走势图上，表现为股价重心不断抬高，即股价的最低价不断抬高，最高价也不断抬高，既然明确了股价的强势特征，就不会是今天涨明天跌的股价小幅波动，我们就会有底气在关键节点处重仓参与，以此来顺应这个做多的惯性。

理论逻辑上有强力支撑，心理上能否解除桎梏？在我的操作体系中，前后都有保障，这种心理桎梏压根就不存在。

第一，在前面的买进操作采用的是小单试错，拒绝补仓，顺势跟进的策略。当你在按照这个过程操作时，股市可能发生的所有风险都将会被一一化解，同时你还将会对盘面的运行了如指掌，这就是股市涨跌的节奏，所谓的盘感。所以在股价重心不再下移，多方力量开始明确强于空方力量时，你会立刻感知到，这就为重仓操作增添了第一份保障。这里我想提示各位读者，你在看这段文字时，可能没什么体会，但当你在具体操作后，你会明白我所说的感觉，也会认可我的说法。

第二，当你重仓买进时，说明前面的操作是成功的，股价的走势与我们的判断一致，此时账户中已然出现盈利，这部分利润就是重仓参与后，防止股价波动的一道屏障。有了这道屏障，即便重仓参与后不幸落入主力设计的陷阱，我们也可以平复心态，理性思考，安全脱离险境。

事实上，即便重仓参与后，股价走势出现差错，盘面上会第一时间出现K线卖出形态。我们可以先采用小单卖出的方式减仓，当发觉股价明确走坏，按照交易策略，立刻大幅度卖出持仓，制止风险的扩大。所以，退一万步讲，重仓参与后即便出错，也能及时纠正错误，将风险控制在可承受范围内，保障资金安全，这就是第二道保障。

在实盘操作中，资金的合理聚集和分散，会让我们始终保持操作主动。在买进个股后，由于种种原因，股价不涨反跌，需要降低持仓，此时，只要经过综合分析，认为该股还有参与的机会，并且还在我们制定的操作周期内，在卖出大部分持仓的同时，要留出至少100股来继续跟踪该股运行。要知道，做多力量的出现总不会空穴来风，不能因为股价的意外波动就放弃对该股的长期跟踪，更不能在下次该股出现买进信号时放弃买进操作，这都是不符合操作原则的。

卖出操作执行完毕，个股清仓后，上一个操作周期的操作就结束了。不管赢利还是亏损都不要影响下一个操作周期的操作，即便下一次操作的是曾经亏损过的股票。

如图2-1所示，圆圈处为阳克阴K线形态，表明此处多方开始强于空方，这有可能是上涨的开始。但是因为是在股价下跌过程中出现的阳克阴，股价走势是否就此逆转，无法得知，所以应该采取小单试错的方式买进股票。此时交易的目的不是为了赚钱，而是为了感受股价涨跌的节奏，为后面的操作打基础。

下面，我们通过个股走势图来感受一下交易策略的实施。

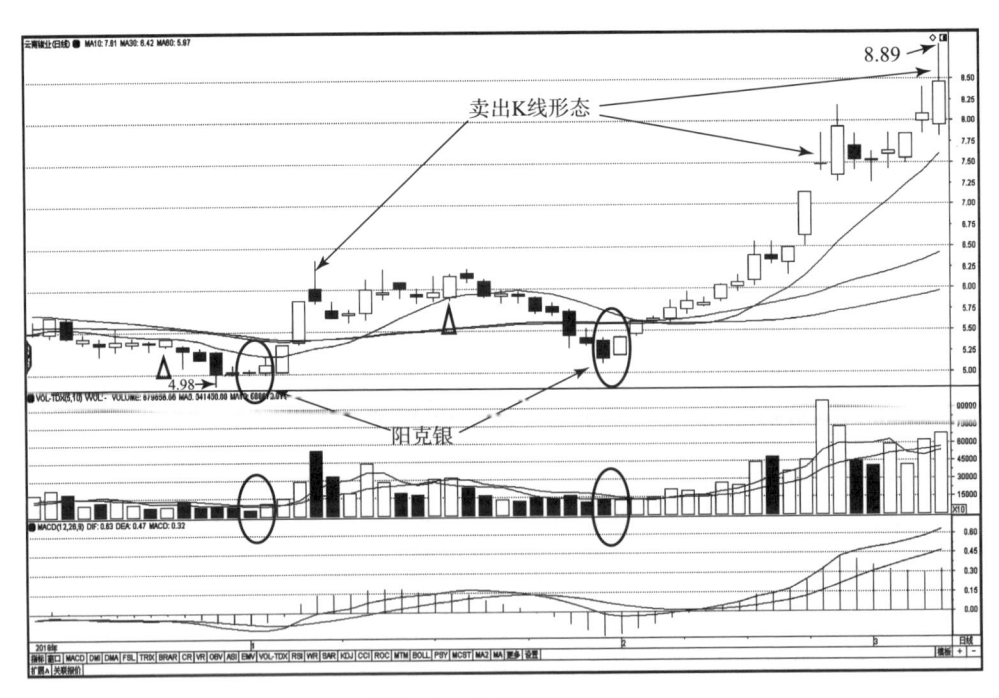

图2-1 交易策略的实施

有些人不明白小单试错操作的意义，认为小单买进既然不是为了赚钱，那也可以不买进，等股价明确止跌回升后再重仓参与，这样既省时也省力。

第二章　交易策略

举个例子，比如你去野外旅游，口渴极了，正好看到一杯茶水，你会怎么做呢？第一反应是不是跑过去拿起杯子大口喝尽？这么做有什么问题呢？第一，茶水可能温度极高，在你大口喝水时可能会把自己烫伤。第二，茶水可能极苦，甚至难以下咽。如果你不考虑这至少可能出现的这两种情况，鲁莽饮用，极可能会付出惨痛代价。正确的方法是嘴唇触碰一下尝一尝，确认可以饮用时，再大口喝水不迟。

这就是小单试错的意义。如果不通过这种方式感受股价涨跌的水温，当你认为股价企稳，可以重仓参与时，你买进后可能就是下跌的开始了。这种一锤子买卖在股市中尤其要不得，看似节省了时间，实则放大了风险。

继续看图2-1。当小单买进后股价确实出现上涨，出现图中圆圈处K线形态，那么就可以顺势跟进，也就是加仓买进。一开始可以继续小单买进，当股价站上10日均线，并且10日均线走平或拐头向上时，加大资金买进。此时，在一只股票上买进的资金不要超过总资金的20%，这部分资金叫基础仓位，是耐心持有来获得基础利润的仓位。

小单买进后，还可能出现第二种走势，即股价下跌，如图2-1中三角形所指的位置。这时要采取另一种操作策略——拒绝补仓。有人对这一步操作也有疑问：股价下跌不应该继续加仓摊低成本吗，这样只要股价稍微反弹就解套了。事实上，很多人越买越跌，直到最后全部买进被严重套牢无法动弹。其实稍作思考便会明白：小单买进后股价下跌，说明空方仍在占优，根据思维惯性决定行为惯性的原理判断，这种股价下跌状态还会继续维持，直到下一次阳克阴K线形态的出现，在股价下跌时加仓只能是越买越跌。什么时候可以再次买进呢？一定是再次出现阳克阴时才可以买进，这其实就是下一次买进操作了，而不是补仓。所以，拒绝补仓是防止风险无限放大的最好方式。

什么时候重仓参与呢？当股价开始上涨，30日均线和60日均线走平或者拐头向上，此时可以考虑重仓参与了。由于基础仓位已经获利，这部分利润会有效抵御重仓参与后的风险。何为重仓？根据资金管理要求，一只股票，参与三成资金最为合适，当你在一只股票上投入的资金达到总资金的30%~50%时即重仓。一定要杜绝看到一只股票上涨恨不得全仓买进的冲动。

这里提一下，每个人重仓的标准不一样，判断是否重仓，可根据两条：

（1）当股票上涨时，你是否有赶快获利了结的冲动？你会担心动作慢了，赚到的钱又飞了。

　　（2）当股票下跌时，你是否整夜难眠？你会担心损失扩大，最后无理由地卖出，却卖在了起涨点上。当你有上述感觉时，说明你已经重仓了，应该立刻减轻仓位。降到多少仓位呢？降到你能重新开始客观分析股价走势，继续用你的操作系统理性操作时，就说明你的仓位合理了。

　　以上是买进操作，卖出操作如何执行交易策略呢？还是以图2-1为例。

　　三个箭头所指为K线卖出形态。当个股按照买进交易策略操作后，股价稳步上涨，直到出现K线卖出形态。此时，股价仍在上涨途中，虽然K线卖出形态表明空方短暂占优，但这是主力上涨途中的小憩，还是股价就此转势，我们无法判断，所以采用小单试错来感受一下股价的涨跌节奏。在卖出操作中，小单试错的操作意义非常重大，甚至远远超过买进时的意义。在买进操作时，股价在上涨，如果没有在第一时间小单买进，还有第二次、第三次小单买进机会。在卖出时，如果你没有在第一时间卖出，股价下跌后你就会更舍不得卖出，而且还经常会出现奇怪的想法，如等股价反弹后再卖出，结果越跌越多，本来赚钱，最后反而变成亏损了。在利润幅度不大时，这种心态更易出现。

　　当你采用小单卖出后，这种心理障碍被立刻打破。如果发现股价继续下跌，很自然地会加大卖出仓位，顺势跟进卖出就会变成水到渠成的事，大家不妨试试。

　　小单卖出后，股价出现上涨，你应拒绝补仓，也就是不要追高买回。其实这一步的操作要分具体情况，在本书后面我会详细讲。简单说就是要根据股价所处的位置决定是否继续加仓买回。如果股价所处位置较低，那么一般调整幅度不会大，在调整结束后是允许按照资金管理要求追高买回的。如果股价处于中高位，此时资金基本处于重仓阶段，就不允许追高买回了。

　　小单卖出后，如果股价下跌，则继续卖出，但是要控制卖出总量。根据资金管理要求，如果股价在10日均线上方，且10日均线方向继续向上，则该股至少要保留基础仓位，也就是总资金的20%。在减仓时，剩余仓位不能低于基础仓位，如果股价明显处于弱势，并且有跌破10日均线的可能，则可在股价确认跌破10日均线的当天卖掉所有仓位，即清仓。

　　下面通过一只股票的完整交易，看看交易策略的作用，如图2-2所示。

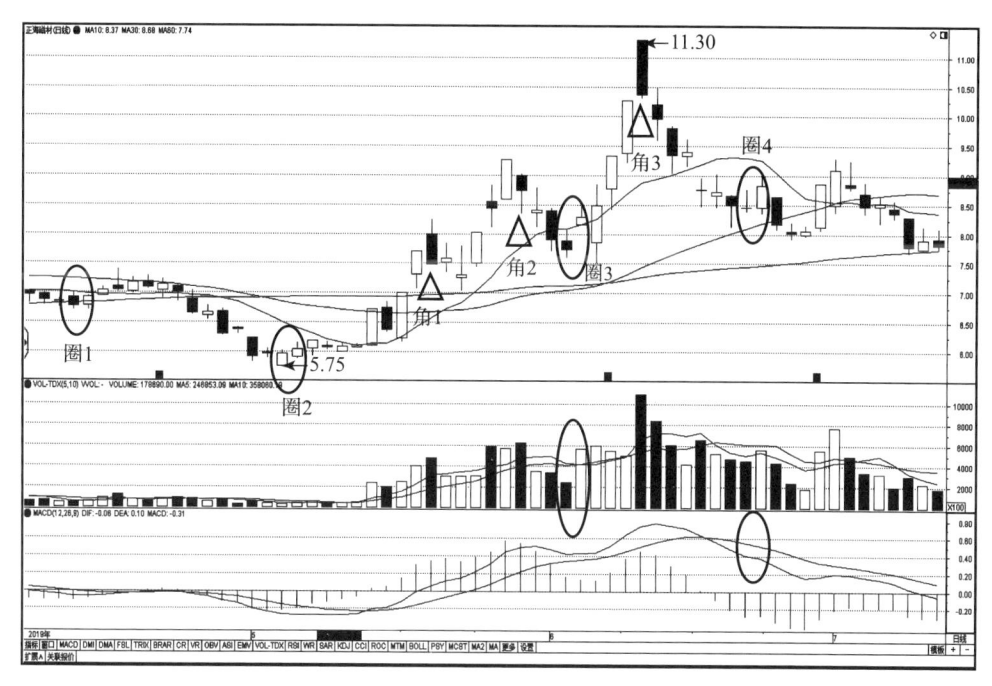

图2-2 交易策略的作用

我们按100万元操作资金，具体讲如何使用交易策略。如图2-2所示，从最左侧起。圈1处出现阳克阴K线形态。这个K线实体很小，同时成交量也很小，表明主力参与热情很低。这种情况，即便股价上涨，涨幅也会很小。但毕竟是出现了多方占优的条件，我们可小单买进，感受股价的涨跌节奏，此时可买进1000股。

小单买进后，股价没有出现放量上涨的情形，不满足顺势跟进、加仓买入的条件，所以持股观望，此时仍为1000股。经过几天运行，股价开始跌破60日均线，这表明空方重新占优，股价有进一步下跌的可能，由于持仓量很小，只有1000股，所以可保留仓位继续跟踪该股运行。如果卖出股票，我们很容易跟丢该股。我操作一只股票，会长时间跟踪，至少会有两个月时间，这是我的操作周期。两个月后，如果该股仍有继续操作的机会，我会进入下一个操作周期。

在接下来的一段时间，股价继续下跌，我们要采用的是拒绝补仓的策略。所以在股价出现下一个阳克阴的K线形态时，我只有1000股。当股价运行到圈2处的位置时，阳克阴K线形态再次出现，我可以再次小单试错，买进1000股，此时总共持有2000股。

之后，股价继续小阴小阳地运行，不具备加仓条件。直到10日均线走平，并在当天出现放量大阳线，说明加仓的机会到了，我们可在收盘前确认K线形态后执行加仓操作。比如，我们可加仓一半的基础仓位。为什么不把基础仓位全部买进？因为股价第一次突破10日均线，一般都有回调确认的可能，只有股价回调时不跌破10日均线，才可以买进全部基础仓位。如基础仓位约20万元资金，此时可买进10万元资金左右。

加仓后的第二天，股价果真调整，会不会跌破10日均线？不知道，所以继续观望。第三天，股价低开，但是没有跌破10日均线，此种情况一般预示着股价突破10日均线有效，所以盘中股价在10日均线附近可以小单加仓。为什么不把基础仓位全部买进？因为盘中K线走势无法最终确认。当股价走了一段时间，从盘中走势基本确认股价站稳10日均线后，我们可将剩余的基础仓位全部买进。如果你的盘感不好，可在收盘前确认K线形态后再操作。对于盘感好的人，可以在盘中基本确认K线当日的最终形态，这样买的股价会低一些。

基础仓位买进后，股价大涨，直到在角1处出现K线卖出形态，这是在股价底部上涨后出现的第一个K线卖出形态。因为股价上涨不久，且刚突破60日均线，股价所处位置很低，所以此时的调整基本可以判断是洗盘。判断归判断，但当时我们是无法预知后市走势的，所以出现K线卖出形态，可小单卖出1000股。

卖出之后股价小跌两天，因为现在只有基础仓位，且股价没有明确大跌的迹象，所以不必继续减仓。在股价调整的这两天内，10日均线金叉30日均线和60日均线，同时MACD指标红柱继续变长，这都说明多方力量在变强。再加上股价回落不跌破10日均线，所以在股价跌到10日均线附近时，可以把卖出的小单买回，同时买进滚动资金约10万元资金。因为这属于低吸动作，不能全部买进滚动资金，只有当股价再次出现阳克阴，表明调整结束时，才可以加大滚动资金的仓位。此时仓位约30万元资金。

滚动资金加仓后的第二天，股价高开，且在盘中突破前一日的最高价，这基本表明会再次出现阳克阴K线形态，所以在盘中就可以用剩余滚动资金买进。买进之后股价连涨两天，直到角2处出现K线卖出形态。这里的K线卖出形态，是非标准阴克阳K线卖出形态，同时股价已经有了一定上涨幅度，出现调整的可能性较大，应该卖出所有用滚动资金买入的股票，卖出后剩余20万元的基础持仓。

卖出用滚动资金买入的股票之后，股价连跌三天，且一度跌破10日均线。基础仓位要卖出吗？不卖。理由是：股价位置很低，突破60日均线后回抽确认60日均线，表明突破有效；同时，由于10日均线和60日均线的间距很近，股价在跌破10日均线后，基本就到了60日均线的位置，所以当时就可判断，股价离调整到位不远了，即便再下跌，幅度也会很小；由于只剩基础仓位，且已经有不错的利润，可以抵御判断错误的风险，所以基础仓位不卖出。

如图2-2中圈3所示位置，再次出现阳克阴K线形态，且成交量明显放大。股价高开直接站上10日均线，表明后市还有一定上涨幅度，所以在当天收盘前可用滚动资金再次买回股票。买进后第二天，股价低开，这种假象会吓退不少人，但是放大的成交量已经表明主力意图，可淡定持有。果然，股价连续拉出大阳线，直到角3位置出现非常明确的K线卖出形态——空中楼阁，不用犹豫，我们要把用滚动资金买入的股票在收盘前全部卖出。其实在长期实盘中，这种明确的空方占优的K线形态盘中就可确定，不用等到收盘前，这样会卖在不错的高点。

把用滚动资金买入的股票再次卖出后的第二天，股价低开低走，可继续减掉一半基础仓位。不是说基础仓位要跌破10日均线再卖出吗？为什么这样操作呢？原因如下：第一，K线卖出形态非常明显，且这根是典型的K线卖出形态，说明空方已经很强势，股价下跌会有一定的幅度。第二，由于股价上涨了很多，这次下跌可能是第一次真正的调整。减掉一半基础仓位，降低这种下跌可能带来的利润缩水。第二天，股价低开低走，继续卖出剩余的基础仓位，直到股价有明确迹象跌破10日均线时再清仓。为什么不提前清仓？因为在实际操作中你并不知道股价后来的走势，也许不跌破10日均线，再次企稳上涨呢。所以，按照应该采取的操作方式买卖股票，不能去猜测股价的未来走势。

减掉一半基础仓位之后股价继续下跌，在10日均线处出现了一根小阳线，这是明显的下跌抵抗形态，此时一定要做清仓处理。再之后股价走出一波长时间的下跌。

需要注意的是圈4位置，此处再次出现阳克阴K线形态。要小单买进吗？不要。理由是：第一，10日均线由上升转为走平，对股价形成压制，这种在10日均线下方的阳线，基本都是下跌抵抗型的；第二，MACD指标死叉后不久，且处于加速下跌期，这也揭露了主力的意图，所以不要被这根阳克阴K线形态所迷惑。

  股价运行千变万化，主力的骗线伎俩更是五花八门，我们建立操作体系，就是为了排除迷惑性，剔除主力千方百计所设计的骗线。比如，上述情况中通过MACD指标死叉，就轻易识破了主力的诱多陷阱。

  以上是我在两个月时间内一套完整的操作过程。在这两个月中，股价几乎未涨，但我的收益却超过了30%，而且此操作过程是按照总资金100万元算的，参与的资金最多只有50万元，属于重仓标准了。

  在这个操作过程中，经常提到的是阳克阴K线形态，下面详细介绍一下这个属于核心要素的买进K线形态。

第五节 阳克阴和阴克阳

合抱之木，生于毫末。任何牛市的开端都来自关键节点的阳克阴K线形态；任何熊市的来临都无法逃脱阴克阳K线形态的加持。重视这两种K线形态，就像抓住了股价上涨和下跌的牛鼻子，如果配合不同操作周期，比如周线、月线等，会使操作效率如虎添翼。

一、阳克阴K线形态

标准阳克阴，通俗点儿讲就是阳包阴，同时伴随放量，称之为双覆盖，也就是K线覆盖前一天的K线，成交量覆盖前一天的成交量。

阳克阴是多方力量对空方力量的逆转，是一切上涨的开始。在没有外力干扰的情况下，根据惯性定律，投资者做多的思维惯性会指导他的行为，从而继续买进股票，这就是行为惯性，所以股价将会在这种行为惯性的驱使下继续收阳线，直到空方力量变强并逆转多方力量为止。这是股市中最小的上涨单元，是日线级别上的起涨点。由于我国目前没有日内回转制度，当天买进只能第二天卖出，所以日线级别就成为整个股市操作的最小单元。

对于使用分钟线操作的投资者，买进后即便赚钱也不能当天卖出，等第二天卖出时股价有可能重新下跌，所以分钟线不是最小操作单元，但它可以在日线级别操作的基础上，寻找当天的相对低点。

由此可见，阳克阴在实盘操作中处于核心地位。其他的所有分析都是对阳克阴K线形态的辅助，都是为了剔除主力骗线等人为因素的干扰。比如，后文"取款密码"中起辅助作用的指标有三个：成交量，均线系统，MACD指标。

成交量反映的是多空力量的强度。在阳克阴K线形态中，如果阳线对应的成交量放大，说明多方力量相对强大。成交量越大，多方力量越强大，后市股价继续上涨的动力越强。如果成交量没有放大，说明多方力量不够强，后市被空方逆转的可能性增大。

均线系统指的是10日均线，30日均线，60日均线。我是根据我的操作体系选择的这三条均线。参数设定是大家最熟悉的10天，30天，60天，这是为了适应绝大多数人使用。有的人会将参数修改，这也未尝不可，只要你用着顺手就行。不过，我认为主力的操作手法是针对广大散户制定的，如果参数被修改，将无法准确得知主力的操作意图。有些书故意修改这三条均线的参数，其实都是噱头，没什么意义。

我的交易体系制定的操作周期是60日，所以我用60日均线作为参考使用的最长周期的均线。有时我也看一下年线，即250日均线，但这条均线对于我只是判断股价所处的位置，在操作中无法具体提供交易指令。三条均线显示的是对应周期的市场平均成本，当出现阳克阴K线形态时，如果三条均线处于即将死叉，或者死叉初期，说明交易成本在下降，做多意愿在不断降低，此时的阳克阴有可能是主力的骗线，这就可以避免一些操作上的失误。

MACD指标也可以反映主力的真实意图，如MACD指标刚死叉，说明市场对空方有利，此时出现阳克阴，基本可以确定是主力的陷阱。

在实际操作中，阳克阴有很多变形。比如，第一天收的是阳线，第二天收的也是阳线，但是第二天的阳线实体超过第一天，且最高点高过第一天的K线，我称之为非标准阳克阴，核心判断依据就是第二天的多方力量明显超过第一天。多方力量增强，自然继续看涨，道理很简单。

阳克阴的K线形态出现在关键节点处，市场意义更加明确。这个关键节点就是三条均线。比如，在60日均线处出现阳克阴K线形态，表明多方力量非常强悍，而且做多意愿坚决。股价突破60日均线，意味着多方让60个交易日内买进的投资者都处于获利状态，说明主力志存高远，股价自然明确看高一线。我的取款密码就是利用均线系统和阳克阴K线形态制定的买进提示。

二、阴克阳 K 线形态

标准的阴克阳 K 线形态，指的是阴包阳，也就是阴线实体完全覆盖前一天的阳线实体，此形态不需要成交量配合。

阴克阳说明空方力量已经处于强势地位，但是，此时有些仍然看好该股的人后知后觉，舍不得卖出，导致成交量有时不会放大。阴克阳出现在关键节点处，意义更加明确。比如，在 60 日均线处，出现阴克阳，股价跌破 60 日均线，说明 60 个交易日内买进该股的人都处于亏损状态，这将会导致恐慌性抛盘的出现，所以股价很容易出现加速下跌。

在实盘中，阴克阳 K 线形态也会变形，如第一天收阴线，第二天也收阴线。只要把握空方力量在迅速增强这一核心要义，阴克阳无论怎么变形都不难辨认。

除了阴克阳 K 线形态外，交易中使用更多的是 K 线卖出形态，这是卖出信号，是卖出股票时主要的参考依据。在本书的第二部分我会有详细说明。

第三章 投资心态

　　心态这个东西，说不清道不明，也极易背黑锅。当你亏损时，首先埋怨的就是投资心态；当你盈利卖出后，股价继续涨，你怪罪的还是投资心态。股价上涨，盈利了，没有卖出，结果股价急转直下，开始出现亏损，最后无奈止损卖出，你长叹一声，都怪我心态不好，太贪了，早点卖出就好了。你买进一只股票，等了好久还是不涨，你忍无可忍，卖出换股，结果第二天开始就连续大涨，你继续说，都怪心态不好，太着急了，多点儿耐心就好了。好不容易买到一只股票，上涨不错，收益也满意，由于担心股价下跌使利润缩水，于是卖掉，获利了结，可是卖出后股价继续上涨，而新买的股票却下跌，你继续怪心态，说自己太恐高了，丢掉了下金蛋的鸡……

　　我还能举出更多例子。只要你操作不顺手，总能找到心态的问题，而且好像真是那么回事，这种看似无法反驳的心态问题，却成了众多散户无法进步的根源。为什么这么说？

　　（1）心态问题无法根除，谁都一样，人，之所以称为人，必有七情六欲，这是与生俱来的，所以，别在自己股市中遇到操作问题时，怪罪操作心态，人家真的很冤。

（2）欲望是与生俱来的。股市是人买卖股票的场所，有人的地方就有江湖，所以股市本身就是一个小社会。在股市中，人只跟钱打交道，没有了面对面时顾忌的情面，所以股市无限放大了我们的欲望。我们来到股市，不就是想占有更多的财富吗？没有这种欲望，就不应该来股市，这无可厚非。

（3）利用好你的心态。股市中，所有操作都是心态的流露，无法根除，无法改变，处理好你的交易心态，就不会成为盈利的障碍。巴菲特无非就是利用好了自己的心态，而不是去遏制所谓的不良心态。

下面，我们通过操作体系的执行来看看如何解决操作中的心态问题。

第一节 犹 豫

犹豫，指在实盘交易中，个股走势让你无法做出买卖决策，导致错过了最佳操作时机。一般发生在个股走势方向不明朗，买进，担心股价下跌，卖出，担心股价上涨的阶段。

有人说：我是在用尽各种方法来分析股价未来的走势，不是去猜测。那请回答我两个问题：第一，股市分析的方法成千上万，你用全了吗？如果没有穷尽所有方法，你怎么能确定你得到的结论是对的呢？第二，你在使用某一种方法进行分析时，你确定你对该方法的使用是准确的吗？这种方法的使用条件以及准确的参数设定等，你都有了解并使用正确吗？第三，你所采用的分析方法，寻找到的信息是否完整准确？依据的数据真实可靠吗？只要有一个问题不确定，那么你分析出的股价未来走势也就变成了不确定。股价走势不确定，不就是在猜测吗？

只要你在猜测未来股价的走势，说明你的交易是建立在不确定的基础上，对此你内心很清楚，所以在交易上才会产生犹豫。

其实，按照我的交易策略，无论股价如何运行，你都有应对方法。做事保持主动，并有各种预案应对突发状况，怎么会产生犹豫呢？除非你的操作体系还不够完善，不能穷尽股价的可能走势，并为此提前做好应对方法。真是这样？那好办，继续完善你的操作体系即可。

举个例子，简单梳理一下：

如图3-1所示，股价在经过一段时间上涨后，开始出现回调。回调到10日均线处，阴线破位，接着股价出现抵抗，但是阳线并未突破10日均线，说明股价还会继续下跌。随后，股价阴线破近日低点，继续下跌，并在30日均线处出现止跌。此时，标准阳克阴出现，该不该买？这里肯定会产生犹豫。

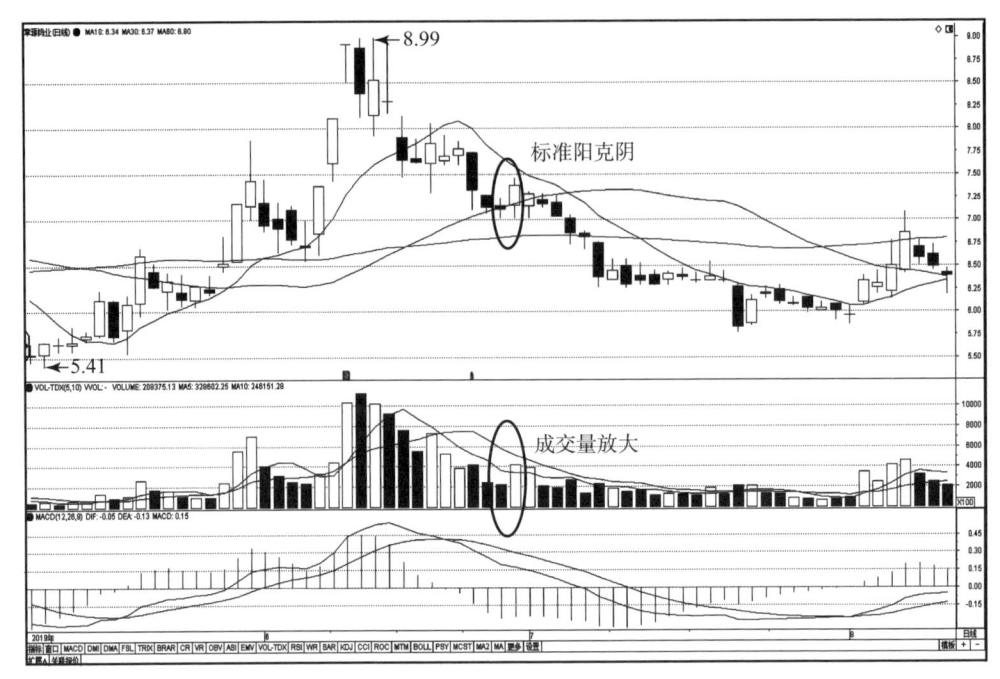

图 3-1　投资心态

买进的理由充分：第一，股价出现阳克阴，多方开始强于空方，并伴随放量，这是多方开始重新积极参与的信号；第二，30 日均线是重要节点，股价已经调整了一段时间，并下跌了较大幅度，在 30 日均线处重拾升势是很可能的；第三，30 日均线刚金叉 60 日均线不久，这也有利于股价回升。

不买的理由也明显：第一，10 日均线刚开始明显下行，并与 30 日均线即将产生死叉，短期市场平均成本降低，这是短期内市场弱势的表现；第二，MACD 指标已经死叉，并处在加速下跌的初期，这有利于空方，表明股价下跌可能还未结束。

当然，这些指标分析只能作为辅助，只要股价重拾升势，那些有利于空方的指标也会发生反转，所以，要不要买进，出现犹豫是人之常情。怎么办呢？小单试买一下呗！通过小单试错，买进后若真的下跌，能亏到哪里去？况且，无论股价怎么运行，你都有后续的交易策略等着呢。

如图 3-1 所示，在阳克阴出现的当天，收盘前买进 1000 股（资金按 100 万元）。买进后，股价没有上涨，两天后阴线跌破 30 日均线，表明股价还有下跌空间。此时你有两种应对方法：一是卖出，因为股价关键节点处阴线破位，说明还有一定的下跌空间，不参与这种股价回调。这时卖出也许是亏损的，但是，你有100万元资金，会在意亏损这百八十块钱吗？如果你真的在意，那只能说明你是守财奴，不适合来股市。二是继续持股，等待下一次阳克阴的到来，以便继续操作。因为只买了1000股，股价下跌也亏损有限，所以如果看好该股的未来，完全可以持股进行一个完整的操作周期，那么收益就变成确定的了。如此一来，实盘交易时还怎么会犹豫呢？根本不会。

第二节 急 躁

买进个股后，长时间不涨，而你关注的其他股票却轮番上涨，时间成本就这样白白流逝，此时，最容易产生焦躁情绪。很多人解决问题的办法就是卖出换股，结果，刚卖掉，股价就连续上涨，而你新买的股票却哑火了。在实盘交易中，这种事情经常发生。

急躁也是人之常情。来股市是为了赚钱，看着那些大把的赚钱机会从眼前流失，怎能不急。

解决急躁的最好办法是资金管理。

试想一下，你为什么会急躁？因为你觉得你的资金利用率被降低了。看着别的股票涨，自己的股票却不涨，而且还占用着资金，导致没有资金去进行其他操作。从理论上讲，只要你还有可用资金，可能对暂时不涨的股票关注度会降低很多，所谓东方不亮西方亮。这本质上其实就是资金的有效管理，合理利用。这是解决急躁问题的有效办法。

我的应对方式是：

(1) 制定交易计划时设定操作周期。

我设定的操作周期是两个月。这样，在选股时我会特别注意，那些交易不活跃，还处于下跌趋势中，或者没有迹象表明要上涨的股票将在第一时间被剔除，因为这些股票很容易黏住资金，较长时间不涨会导致心里急躁。别以为剔除上述股票是理所当然的，你可以看一下自己的账户，让你心烦意乱的股票，十有八九属于上述类型。如果你不设定两个月的交易时限，在选股时，那些长期下跌、开始构筑底部、风险极小的股票很容易成为我们的操作目标。但是，这些股票构筑底部要多长时间，正式上涨前还有没有最后一跌，都未可知，这样的股票是很容易拖住资金的。不卖吧，股价就是不涨；卖掉吧，又担心立刻开始大涨。心想：毕竟股票开始构筑底部，只要不退市，上涨是早晚的事。可是，因为上涨时间未知，必然产生急躁情绪。如果资金仓位过大，看着关注过的股票上涨，一定会彻夜难眠。这样，理性分析就会丧失，出错的概率也将会大幅提高。

（2）同时跟踪三只股票，并重点操作一只股票。

对这三只股票也会有所要求：一是不同板块，避免齐涨齐跌的情况出现；二是三只股票所处的位置要有所区别。比如，一只股票属于底部确立，有可能要反弹的股票。这样的股票暂时可能比较弱，但下跌的风险也很小了，需要一定的耐心等待上涨。第二只股票属于已经突破底部限制、开始出现上涨趋势的股票，这个阶段交易也会比较活跃。第三只股票可以选择热门股。同时，除了重点操作的股票，其余两只股票可以不断替换。这样做的目的是，当你重点操作的股票暂时不涨时，你的资金可以在另外两只活跃的股票上操作，由此形成时间差。

（3）规定个股交易的资金上限。

我在一只股票上可长期持有的资金上限是30%。按100万元资金计算，可长期持有一只股票的资金是30万元左右。当然，根据资金管理要求，我可以利用滚动资金或者备用资金在该股上进行反复操作。但是，这些资金一旦完成操作目标后必须立刻卖出股票，甚至即使没有完成操作目标，只要出现了卖出条件也要及时卖出，保留在一只股票上的长期资金不能高于总资金的30%。

在制定操作计划时，有以上硬性规定，就不会产生急躁的情绪，客观理性的分析将会占据主导，操作时出错的概率也会降低很多。

有人说：一只股票最多三成仓位，万一股票大涨，岂不是错过了赚大钱的机会？我想说，真的不要想一口吃个胖子。股市里最厉害的人，不是抓了几个涨停板，或者一只股票涨了多少，而是那些长期稳定赚钱的人。只做加法，不做减法，这就是复利的威力。而且，如果你重点操作的股票出现明显上涨，你的滚动资金和备用资金都可以用上，你又怎么会错失赚大钱的好机会呢？不会的。

第三节　恐　高

恐高，指当股票开始上涨后，担心到手的利润再还回去，急于卖出股票落袋为安的心理，有时也指股票开始明确上涨后不敢买进。

剖析恐高的原因，大致有两种：

（1）对股市上涨的内在动因认识不够。

（2）对自己的交易体系缺乏信心，或者执行不到位。

股市上涨的内在动因：

在探究个股涨跌的内在动因时，应按照"先大后小，先长后短"的顺序分析。"先大后小"指先看大盘走势，确定整个市场的环境，然后再看个股，分析其走势与大盘同步还是独立运行。"先长后短"指分析个股走势时，先从长时间周期入手，再观察股价的短期走势，并且短期走势分析应放在长期走势环境中。

本书所倡导的投资理念是顺势跟进，其核心逻辑是认为股价涨跌的内在原因是多空双方博弈的结果。当多方占优时，股价上涨；当空方占优时，股价下跌。若最短周期是日线，当某天多方强于空方时，股价上涨，收阳线；当空方强于多方时，股价下跌，收阴线。将时间周期拉长，如果一段时间内多方是占优的，表现为股价不断出现上涨，虽然这段时间不是每天收阳线，但股价的重心在不断上移。一旦这种态势形成，股价还会沿着原有方向运行，在此过程中，短周期多空博弈的结果会服从长周期多空博弈的结果。这很好理解，春天来了，会有"倒春寒"，秋天到了，会有"秋老虎"，这短期的天气变化，改变不了整个气温运行的方向。

股价的重心不断上移，是指一段时间内股价形成的最低点在不断抬高，最高点也在不断抬高，虽然不会每天都这样，但股价不再创新低，却在不断创新高的走势非常明确。

当你持有一只上涨的股票,说明在这只股票上多方已经形成优势,并根据惯性原理,该优势还会继续保持,那么股价的重心也会继续上移,而且这个多方的优势保持的时间越长,空方逆转的难度就越大。当然,这种情况一旦被空方逆转,股价遭受的打击也会越大。所以股市中有句话说,从哪里来,回到哪里去,意思是股价涨得越快,将来跌的时候也会越快。但是,在没有出现空方逆转多方的迹象之前,股价将继续上涨。既然如此,我们持股还有什么恐惧呢?

恐惧一般发生在两个时间段:

(1)长期套牢的股票刚刚解套。

此时股价向下稍作波动,你的账户将重返亏损,所以很多人都非常担心,像脱缰的野马再也不想被束缚一样,只想赶快卖出透透气。这时多方力量已经占据上风,既然作为多方力量的主角,主力已经让你解套了,那么他为了赚钱,必然是志存高远,股价继续上涨也就成了大概率事件。所以股市会经常出现很多人好不容易等到解套卖出,却不曾想股价刚伸了个懒腰,活动了一下筋骨而已,稍作停留便一骑绝尘而去,你再次错过了大牛股。

(2)股价有了一定涨幅,你认为股价涨幅过大。

事实上,你越不买,股价越疯涨,说到底还是对股价上涨的动因认识不透彻。股价既然在大幅上涨,说明多方力量非常强悍,空方完全没有招架之力,那么这种态势一定会继续,直到出现空方反击的苗头。作为只有股价上涨才能赚钱的我们,在没有看到空方反击的苗头前,有什么好担心的呢?有人会说,我担心买入后空方便出现反击,其实稍作思考,这种担心便迎刃而解了。快速上涨的股票就像高速行进的列车,你能让列车戛然而止吗?列车行驶得越快,停下来就越需要更长的时间和更长的距离。股票上涨得越快,空方想要改变这种态势,就需要更多的筹码投入和更久的时间。所以,没有任何一只股票的顶是突然形成的,需要经过一段时间的酝酿。而且在股价酝酿顶的过程中,股价的K线走势早已体现出来了,你有足够的时间做出卖出决策。据我观察,很多人的恐惧其实是担心卖不到最高价形成的那一天,甚至担心卖不到当天形成的最高价。

有人还担心股票涨得快,跌的时候同样快,所以一旦买在了顶部,将来亏损会非常严重,那么,请仔细分析一下任何一只快速上涨后再快速下跌的股票,看看这些股票的顶是如何形成的?事实上,没有一只股票的顶是突然形成的，包括快速上涨的股票，这是股票涨跌内在的动因所决定的。多空力量的逆转必然需要时间，在空转多时会出现阳克阴 K 线形态，而在多翻空的过程中，阴克阳以及 K 线卖出形态必然出现，我们执行交易指令即可。

在我的交易体系中，通过资金管理很好地解决了恐高问题。想一下，除了认知不清，你恐高的原因还有什么？据我观察，这和资金配比有很大关系。仓位越重，越容易产生担心和害怕；仓位越轻，虽然分析问题时会客观理性，但赚不到什么钱。这里就需要找到一个平衡点。

首先要澄清误解，令你产生恐惧通常是个股仓位过重且资金配比不合理。有的人几乎是满仓，但他不会恐惧，就是因为他在具体个股上的资金配比比较合理。那索性就多买几只股票，每只股票少买点，这样就不会恐惧了吧。这就走向另一个极端，会产生新的、更严重的问题，比如，你没有精力管理那么多只股票，导致股票交易质量严重下降；再比如，会被某只垃圾股降低整体收益。

合理的做法是将长期持有的那只股票的投资上限控制在总投资的 30% 以内，如有 100 万元总资金，至多用 30 万元买进一只股票并长期持有。

说明两点：

（1）长期持有并不是说不管股票涨跌、机械地持有某只股票三五年，而是指持有的这部分资金出现的市值变化不会对交易心理产生过多干扰。

比如，一只股票在加速上涨，且已经涨幅较大，此时如果仓位过大，股价稍微调整，你的市值就会出现明显缩水，将会对心理造成很大压力，容易交易变形而卖出股票。如果仓位合理，当大幅上涨后的股票出现洗盘时，对整体市值的影响也在心理可承受的范围内，这样股票要不要卖出，就会做出客观理性的分析，也就不会有恐高的心理了。对我来说，总资金 30% 的比例是我心理承受的上限。

（2）资金上限设定为 30%，并不是说个股操作时只能用总资金的 30% 进行交易，而是说用来持有该股不动的资金最多为总资金的 30%。

在实际操作中，如果股价明确多方占优，完全可以采用顺势跟进的交易策略重仓参与。只是超过 30% 的资金需要在完成任务后迅速卖出股票，即使认为股价还会继续上涨也要这样做，如此就不会错失赚大钱的机会，同时也不会因为股价大涨而出现恐高。

认真按照交易体系的提示操作，能从根本上解决恐高心理。比如，当你持有一只快速且大幅上涨的股票,你开始出现恐惧时,应该立刻按照操作策略执行操作,小单卖出,直到你不再恐惧为止。

再比如,当你发现一只强势股并想买进,但出现恐惧,担心买进后下跌,此时,应立刻按照交易策略执行操作,小单买进。然后根据股价的后续走势采用对应的操作,即拒绝补仓,顺势跟进,敢于重仓。

当通过小单试错方式消除恐惧后,后续操作就会心态平衡,得心应手了。

第四章
取款密码基础条件分析及应用

在自助取款机取款时，要求先输入取款密码，再输入取钱的金额，自助取款机就会吐出钞票。依此类比，每只股票的买进提示就相当于取款密码，在股市中，只有你输入正确的取款密码，你才有资格输入取钱的金额。

输入取钱金额，就像卖出股票一样，只有把股票卖出，我们才能把账面上的盈利转变成真正的利润，所以，我把股票的卖出提示称为取款密码。

取款密码由四个基本指标体系构成，分别是：阳克阴K线形态、成交量、均线系统、MACD指标。我们先分别看一下这四个指标体系以及它们的应用。

阳克阴K线形态是其中的核心，其他三个指标起辅助作用。分析股票是否出现取款密码，首先看是否出现阳克阴K线形态，然后再通过成交量确定多方力量的强弱，以此分析股价上涨的幅度和持续的时间。如果成交量放大，则股价上涨幅度会增加，持续时间也会变长；反之会打折扣。再之后看均线系统的配合情况，如果均线系统利于空方，则阳克阴的作用也会打折扣。最后看MACD指标，该指标能反映K线形态背后主力的意图，我们根据MACD指标的交易规则可判断股价未来的发展方向。

第一节 阳克阴 K 线形态

阳克阴在前文中已有详细介绍，这里通过股票走势图进一步介绍阳克阴 K 线形态在实盘中的应用。

图 4-1 中圆圈处所示为标准阳克阴 K 线形态，表现为阳线实体完全覆盖前一天的阴线实体，这说明多方力量已经完全占据优势。此处为启动型阳克阴 K 线形态，有如下特点：

（1）在出现阳克阴之前，股价连续下跌，空方力量占据主动，阳克阴出现表示多方力量开始逆转。

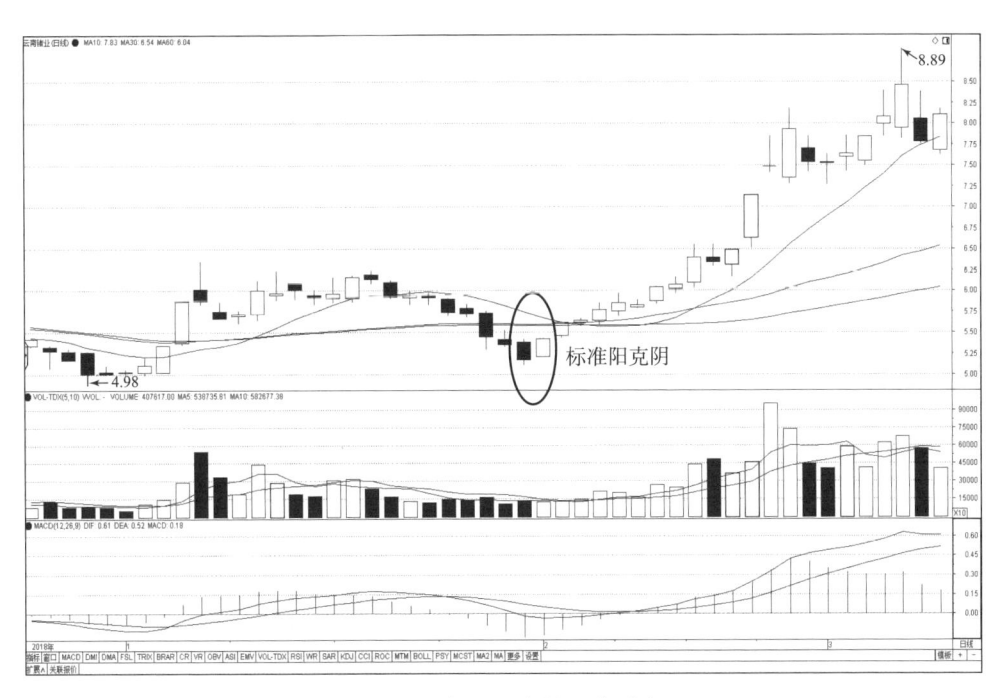

图 4-1　标准阳克阴 K 线形态

（2）出现阳克阴的位置不跌破前期低点，这说明最近的下跌是洗盘的概率较大，这样的阳克阴就很有可能是行情启动的开始。

（3）10日均线，30日均线，60日均线间距很小，且60日均线已经走平，股价距离三条均线很近。这样，一旦阳克阴出现后，股价很容易站上60日均线，形成启动型阳克阴的概率就很高。

观察任何一只股票的走势图，会发现几乎每一次股价的上涨都是从启动型阳克阴K线形态开始的，因为多方力量逆转空方力量是股价上涨的最根本动因，而阳克阴是多方逆转空方的最基本体现，所以，如果你想买在股价的起涨点，就必须精准把握阳克阴K线形态。

图4-2中圆圈处所示也为阳克阴K线形态，但属于非标准阳克阴。特点是：两根K线都是阳线，前一根K线是小阳线，后一根K线实体完成了对前一根K线实体的覆盖，从本质上讲和标准阳克阴是一样的，即多方都完成了对空方力量的逆转。这个阳克阴也属于启动型，满足前面所提的三个条件。

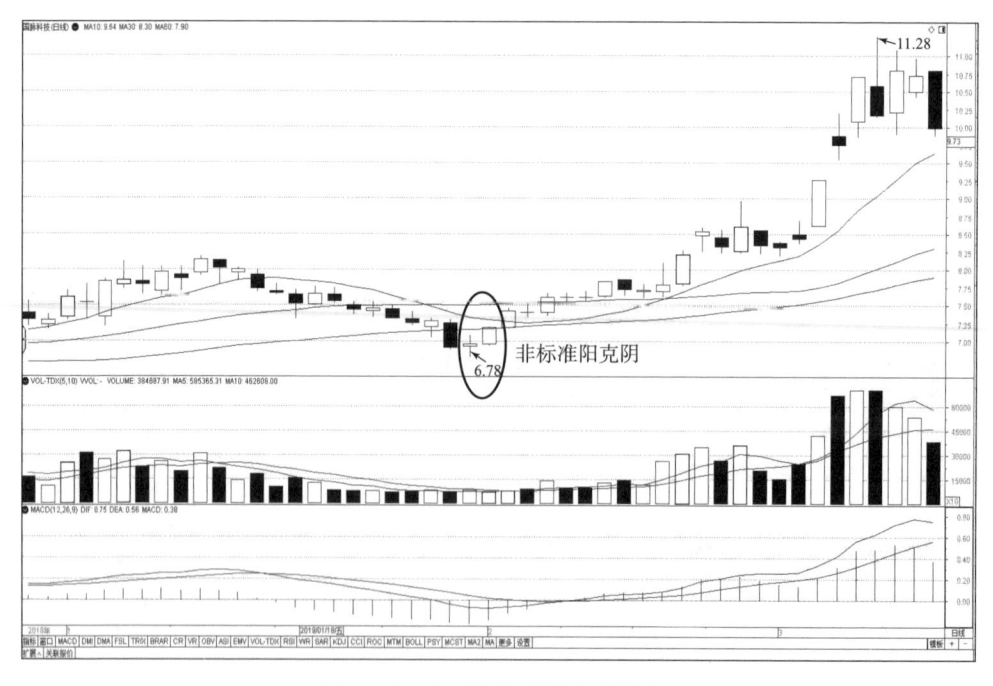

图4-2 非标准阳克阴K线形态

非标准阳克阴是标准阳克阴的变形，在实盘操作中也经常遇到。还有一种变形比较少见，这种变形由两根阴线组成，但后一根阴线是假阴线，这样的非标准阳克阴在股价上涨过程中易出现，它的作用不及前两种。

再看一个启动型标准阳克阴K线形态，如图4-3中圆圈处所示。通过对阳克阴的深刻认识，只要在重要节点处发现阳克阴便可以进入操作程序，根据交易策略先小单试错，再按照股价的实际走势做出相应跟进。

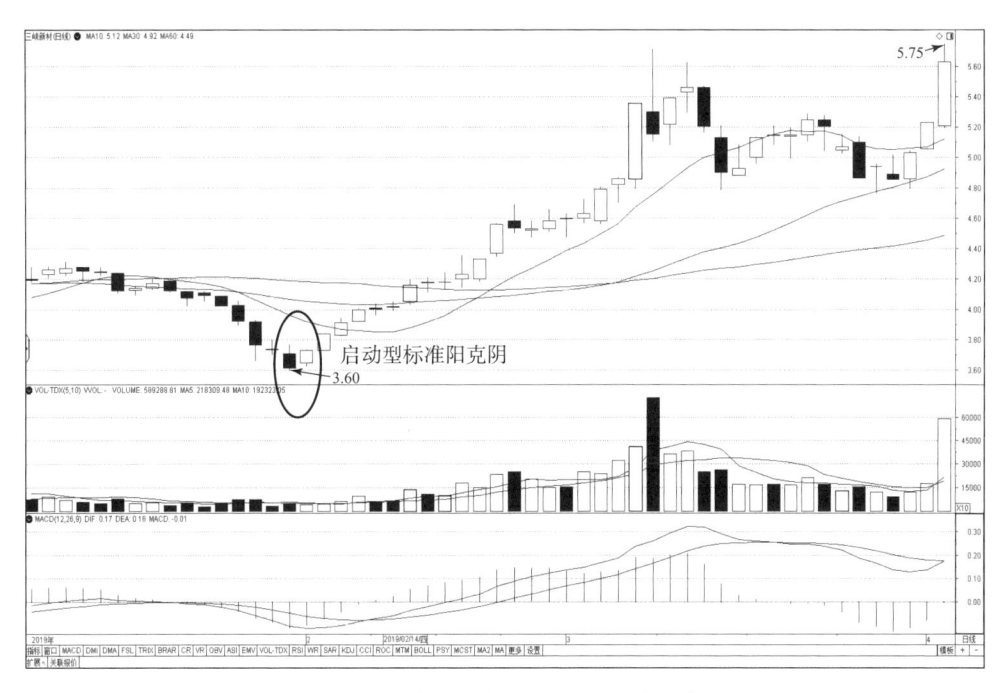

图4-3 启动型标准阳克阴K线形态

在此需要指出，阳克阴K线形态是多方逆转空方的开始，但是在实盘中会发现偶尔出现失真，即阳克阴出现后股价并不上涨，这是主力骗线的结果，实盘中需要其他条件配合来剔除主力骗线。大家可以看一下，任何一只股票，那些主力用作骗线的阳克阴K线形态是不是可以通过另外三个辅助指标排除呢？绝大部分是可以的。对极个别无法排除的，再通过交易策略和资金管理基本也可以将风险排除。

根据阳克阴K线形态所处的位置不同，除了启动型阳克阴外，还有上涨中继型阳克阴。顾名思义，这样的阳克阴出现在股价上涨的过程中。当一只股票形成了上涨趋势，多方力量已经占据了绝对优势，但这也不意味着每天上涨。有些已经获利的散户也会抛售股票，同时主力也会进行洗盘，这些都会导致股价进行调整。当股价调整到重要节点时出现阳克阴，表明调整可能结束，这时的阳克阴K线形态就很可能是上涨中继型阳克阴，如图4-4所示。个股的取款密码就是根据阳克阴K线形态出现的不同位置，再辅以其他三个指标的提示建立的。

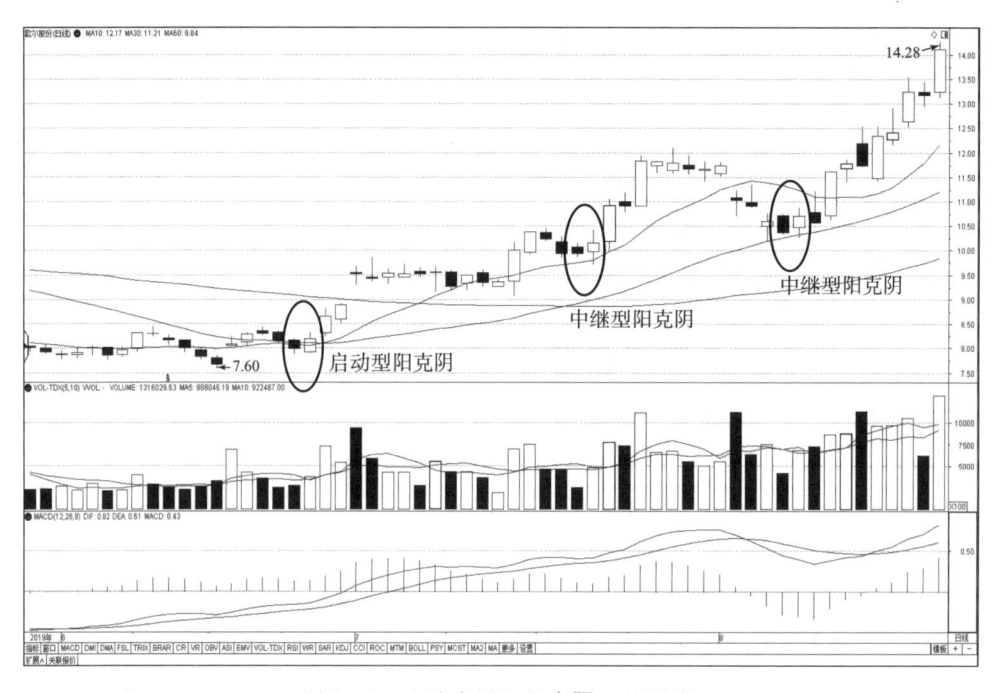

图4-4 上涨中继型阳克阴K线形态

如图4-4所示，启动型阳克阴符合前面讲的三个条件，第一个中继型阳克阴K线形态是在股价上涨过程中调整到10日均线时出现的，第二个中继型阳克阴K线形态是股价在上涨过程中调整到30日均线时出现的。

在实盘操作中，阳克阴K线形态基本逃脱不了以上几种，如果出现未见过的阳克阴，则分析的核心依据是多方是否明确逆转空方，如果是，则基本可确定阳克阴K线形态成立。

第二节 成交量

成交量是多空双方在某一价格自由撮合交易的结果，它反映的是多空双方参与股票交易的意愿。成交量大，说明多空双方参与交易的热情高，意愿强烈，也说明多空双方的分歧较大。如果多方买股票的意愿很高，空方卖股票的意愿却很低，彼此之间无法达成一致，那么成交量也不会太高。

由此可以得到如下解释：

（1）如果成交量很低，说明多空双方对当前股价的运行看法趋于一致，多方不愿意买，或者是空方不愿意卖。

当股价连续下跌，多方认为股价还有下跌空间，不愿意买进，此时，即便空方急切想卖出，也无法成交过多，所以成交量不会大。当股价连续大涨，空方认为股价还会继续涨，不愿意卖出，那么即便多方很想买进，也是无法如愿的，所以成交量也不会多。

（2）成交量放大，必定多空双方开始出现较大分歧。

空方认为股价会下跌，所以愿意卖出；多方认为股价会上涨，所以愿意买进；此时双方成交意愿就会变大，交易量自然也会放大。当股价连续下跌，多方认为股价跌幅过大，将会出现上涨，愿意买进股票；同时，空方认为股价还会继续下跌，愿意卖出股票，这样双方人数越来越多，彼此达成交易，成交量就会放大。同样道理，当股价大涨，空方认为股价上涨过多，会出现下跌，而多方认为股价还会上涨，愿意高价买进，这样也会达成交易，导致成交量放大。

由此可见，只有成交量放大，多空双方分歧严重时，才可能迎来股价质变的节点。单独分析成交量，只能得出市场是否活跃的结论，无法直接指导交易。只有分析较长周期的成交量，并进行横向对比，同时配合股价的实际运行时，才会对实盘交易具有重要指导作用。

例如，当股价长期下跌、成交量低迷时，突然有一天成交量放大，说明开始有双方力量愿意介入了。但是由于此时多空双方分歧较大，股价出现反复几乎是必然的。成交量放大，同时伴随阳线，说明多方力量很强大，股价便会有强烈反弹的要求。如果成交量放大伴随的是阴线，说明空方力量还比较强大，但多方已经开始介入，离股价的最低点也就不远了，股价调整已快到位了，此时，你如果还在持有股票，那就不必再慌了。

同样，如果股价连续大涨，成交量也处于较均衡的水平，突然有一天异常放量，说明空方开始放弃筹码了，同时多方认为股价还会上涨，愿意高位接盘。此时，股价必然会出现剧烈震荡，如果成交量非常大，那么短期高点就形成了。

这里需要说明的是，股份上涨时，巨量形成的股价一般都不是高点，因为巨量是多空双方分歧的结果，多方在接到空方的筹码后，一定会将股价继续推高，真正的高点一定是多方不再愿意买的时候形成的，所以成交量绝不是最大的，而这样的高点一旦形成，股价开始下跌，那就是清洗式的下跌，快速而猛烈。

同样的道理，股价下跌时，巨量形成的股价也不会是低点，空方必然会继续打压股价。真正的低点是成交量长期缩小，然后出现放量并伴随阳线，之后成交量会稳步放大，这才说明多方开始反攻了。此时放大的成交量是多方推高股价与耐不住寂寞的空方撮合交易的结果，所以市场中经常有人说：股价跌了许久都没卖，刚卖掉就开始大涨。

除了高位和低位之外，我们更多的时候关注的是成交量放大和关键节点处阳克阴K线形态相配合，这基本说明新的上涨要开始了。

需要注意的是，上涨一定需要成交量放大的配合，因为只有多方主动买进推高股价，才能促使股价上涨，也只有如此才能赚钱，这可能是因为我国股市没有做空机制的原因。下跌是不需要成交量配合的，股价在经过大涨之后，真正下跌的开始是因为多方不愿意再买进了，而不是空方大幅压低股价卖出，这样就不可能产生大量，所以，在关键节点处出现阴克阳K线形态并不需要成交量放大，却意味着股价加速下跌的开始。当出现放大量股价加速下跌时，反而可能是股价的短期低点要出现了，从交易量形成的根本——多空博弈的本质很容易理解。

第三节 均线系统

均线，又称均价线，是指在某一个时间段内将每天股票的收盘价通过加权平均的方式计算出一个数值，然后把这些数值连接起来形成的一条线，这条线基本反映的是在一段时间内的市场平均成本价。大家知道，每天个股的收盘价基本就是当天买卖双方的平均成本，如果把一段时间内的平均成本加起来再进行加权平均，得到的自然也就是这段时间内的市场平均成本了。

由于我国股市散户占绝大多数，这些人投资的明显特点是特别关注自己买进的成本价，所以均线所代表的相应周期内的市场平均成本在我国股市中具有关键节点作用，能让散户投资者跟风操作，引起群体效应。当股价跌破某一条均线时，意味着在该条均线对应的时间周期内，所有持股的股民处于亏损状态，股民一旦亏损，第一反应是什么？大多是止损卖出股票，这就很容易引起恐慌性抛盘。

同样，当股价向上突破某一条均线时，表示在该均线所对应的周期内，所有持股的股民都处于盈利状态。股民盈利后最想做的事是什么？不是卖出，而是持股，想赚更多钱，这样，空方力量便会大幅减弱，即便此时多方力量没有继续增加，相比较空方，多方也将处于强势地位，所以股价便会有足够的动力继续上涨。同时这也会引来场外关注的资金，多方力量会继续增强。

以 10 日均线为例，当天 10 日均线对应的数值表示从当天起之前的 10 个交易日内市场的平均成本。股价跌破 10 日均线，表示最近 10 个交易日内，买进该股的股民都处于亏损状态；如果股价向上突破 10 日均线，表示最近 10 个交易日内，所有持该股的股民都开始盈利。由于股票交易本来就是群体行为，所以我们的分析也必须立足于群体才具有代表性。若单拿某个股民的交易成本来分析整个市场行为，那是没有意义的。

均线是个股交易的关键节点，在均线处出现阳克阴、阴克阳等 K 线形态，表示多空力量开始出现逆转，进而容易形成对多方或空方的放大效应，形成股价的加速上涨或下跌。在实盘交易中，取款密码和收款密码都是基于在均线这个关键节点处出现阳克阴或者阴克阳而制定的。

一、关于几种均线走势的市场意义

金叉：指短期均线上穿长期均线，称为金叉。比如，10 日均线上穿 30 日均线表示 10 日均线金叉 30 日均线，这对按照均线交易的人来说是买进信号。

金叉的市场意义是：短期市场成本超过了长期市场成本。市场成本为什么会抬高？因为有人愿意出高价买进股票，说明多方的买进意愿十分积极。这是个股短期强势的重要体现。一旦出现金叉，场外资金也会加入多方行列，个股强势特征会被放大，所以金叉是分析个股近期走势的重要参考。

死叉：指短期均线向下穿过长期均线，表示个股的市场短期成本低于长期成本。成本降低，说明空方愿意用更低的价格卖出股票，这是短期空方强势的体现。当出现死叉后，会引起长期做空筹码的松动。比如，10 日均线死叉 30 日均线，这不仅会使以 10 日均线作为成本的短期投资者卖出，也会使以 30 日均线作为平均成本的中期筹码松动，所以一旦出现死叉，可能会出现近期空方的加速抛盘。

多头排列：指短期、中期和长期均线按照自上而下的顺序排列，表现为均线走势向右上方运行，说明个股的短期、中期、长期成本都在不断抬高，多方表现出强烈买进意愿。

空头排列：指短期、中期和长期均线按照自下而上的顺序排列，说明市场成本在不断降低，空方认为股价还会继续下跌，宁可打低价格，以期迅速成交。空头排列一旦形成，多方想要扭转颓势，需要花费更多财力和更多时间，所以，在空头排列初期，切忌抄底。

均线由下跌转为走平：说明个股的市场平均成本拒绝降低，多空双方开始趋于平衡。一旦多方开始向上突破均价线，说明多方力量开始反超空方，这会形成群体效应，股价的上涨将会慢慢形成。

均线由上涨转为走平，说明个股的市场平均成本拒绝升高，多空双方在高位趋于平衡。由于股价处于高位，随时会引来恐慌盘的抛出，届时空方力量会迅速扩大。一旦股价跌破均价线，则股价加速下跌不可避免，尤其是股价在高位跌破中长期均线，更是如此。

由于均线系统反映的是市场的平均成本，因此也就表示了股价的运行方向。由于均线是通过计算一段时间内个股的收盘价得出的，所以均线对股价的实际走势的反应是滞后的，周期越长的均线反应越滞后。在实际操作中，均线系统一定是和及时反映股价走势的K线配合使用才能产生良好的效果。下面通过几张图具体看一下均线的使用。

如图4-5所示，均线由下跌转为走平，且短中长期均线间距很小，呈黏合状，这说明市场成本趋于一致，拒绝继续降低。市场成本不再降低，意思是空方认为股价已经足够低，不愿意再用更低的价格卖出股票，多方也认为股票的价格足够低，可以买进股票建仓了，这样多方和空方就达成了平衡。

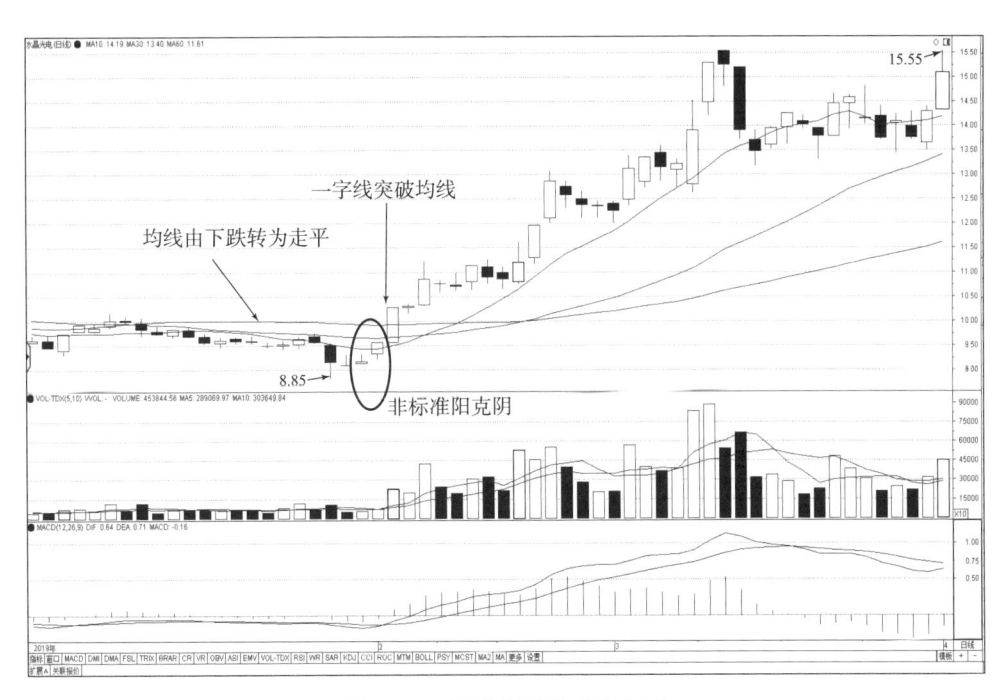

图4-5 均线由下跌转为走平

由于持股方（即空方）的力量不再变化，但是随着时间的推移，关注该股的人不断增多，这些人会成为新的多方力量，所以筹码会向多方不断倾斜。当出现阳克阴 K 线形态后，表明多方力量开始强于空方了，股价上涨开始有了内生动力。当出现一根大阳线向上突破了各均线时，说明在各均线所代表的时间周期内，所有的持股者都赚钱了，此时空方力量进一步减少。作为多方力量，既然敢于让长期套牢的空方解套，说明多方是不惧空方抛盘的，同时，股价的上涨会引起更多市场人士的关注，这些人会继续增强多方力量，于是该股便进入了稳步上涨的周期中。

随着股价的上涨，空方的卖出意愿不断增强，当空方力量与多方力量再次达到平衡时，股价停止上涨，均线系统从短期到长期依次开始逐渐走平。当股价开始有效跌破均线系统后，上涨周期完成，下跌周期开始了。

如图 4-6 所示，10 日、30 日、60 日均线由下跌转向走平，三条均线间距非常小，呈黏合状，表明市场成本趋于一致，也表明空方不想用更低的价格卖出股票。出现此种情况，说明空方力量不会再增加了，剩下的只有多方力量的增加。均线系统走平说明多空双方趋于均衡，接下来随着多方力量的不断增加，这种平衡被打破，于是出现了阳克阴 K 线形态，表示多方开

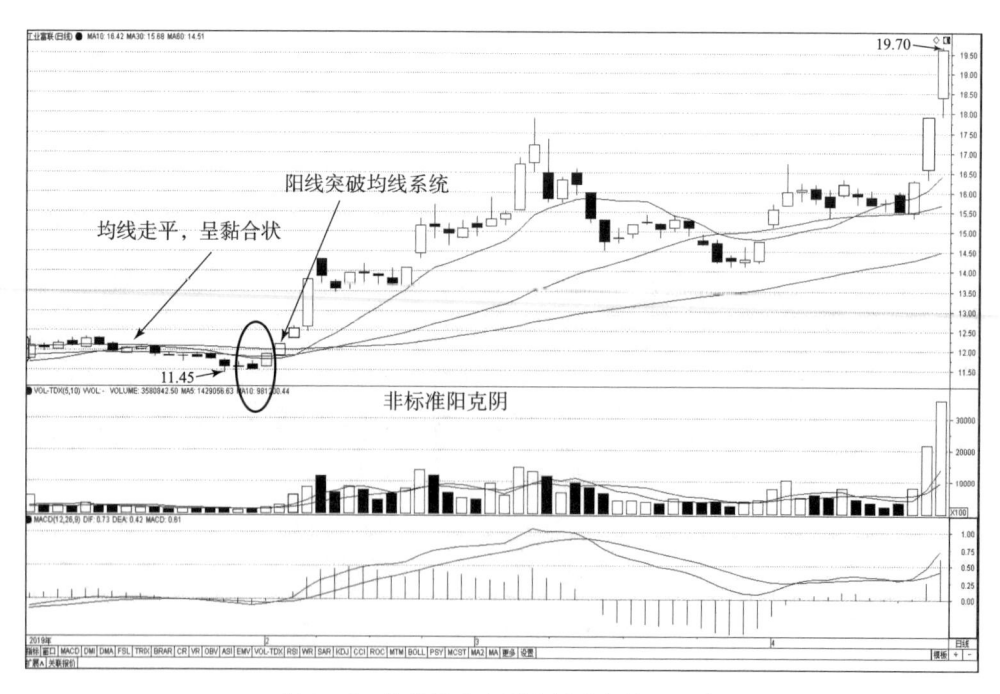

图 4-6 均线黏合表明市场成本趋于一致

始逆转空方力量，股价将向着对多方有力的方向发展。

当出现一根阳线突破均线系统的压制后，说明在三条均线所处的时间周期内，所有持股者都开始赚钱。为了赚更多的钱，原来的空方力量也开始出现部分观望，做空力量开始减少。与此同时，多方力量的上攻会引来市场更多的关注资金，做多力量因此会不断增强，股价正式上涨由此展开。

在实盘操作中，当发现有个股经历如下三个明显的运行过程时，你不用有任何怀疑，立刻将其纳入个股的操作周期中，两个月10%的收益目标将会很稳定地完成。

（1）发现10日、30日、60日均线由下跌转为走平，表明空方力量已经衰竭，多空双方暂时达成平衡，多方力量在不断增强中。如果三条均线间距很小，甚至呈胶着状，则很容易被多方一举攻破均线系统的压制，这表明多方的反击会随时到来，应立即加入目标股，密切跟踪。

（2）当在上述目标股的运行中发现阳克阴K线形态时，说明多方开始逆转空方，股价正式上涨即将开启。但是，由于空方长时间占据优势，即便多方力量开始占优，也需要时间等待更多做多力量的聚集。

（3）在阳克阴出现后，股价继续发展并出现一根中大阳线，一举突破三条均线（尤其是60日均线）的压制，表明多方开始解放众多前期被套牢的空方，同时也会吸引更多的多方加入，做多力量在反攻。

当个股出现以上三个过程后，后市股价上涨将确定无疑，即便由于各种原因股价出现短暂回落，甚至有些主力凶狠地打出新低，也不会掩盖多方主力真正拉升股价的意图。

如图4-7所示，第一个条件，均线系统由下跌转为走平，市场成本趋于一致，空方力量极度衰竭。随着时间推移，多方力量在不断累积并开始超越空方力量，在出现第一个阳克阴股价突破均线系统之后，说明多方开始反攻了，但是由于股价长期下跌，空方解套后由于各种原因，可能会出现筹码的松动，比如耐不住寂寞想换股了等，这些松动的筹码都撼动不了股价运行的本质，即均线代表的市场成本拒绝下降，空方力量总体在减弱，而多方力量随着时间推移在不断增强。阳克阴表示多方力量开始强过空方力量，后面的股价走势无论如何波动都改变不了这个本质。所以，在出现第二次或第三次阳克阴及在均线系统附近第二次或第三次出现中大阳线时，都表明主力开始反攻了。

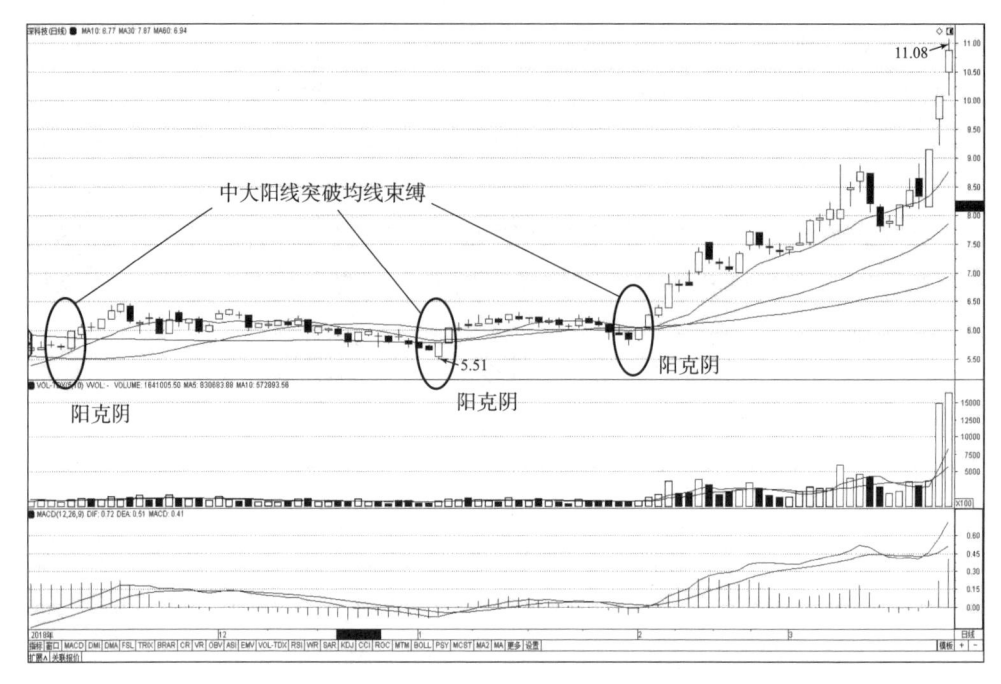

图4-7 中大阳线突破均线束缚

从图4-7可以看到，这个过程持续了两个多月，然后股价开始大幅拉升。所以，你不要怀疑满足这三个条件后股价会不会拉升，而应该把精力放在对操作周期的把握上，不要因为自身原因在大幅拉升前被主力清洗出局，把操作周期设定为两至四个月是非常必要的。无数次的操作已证明，在此操作周期内，你的收益至少会超过10%，如果能把上涨过程研究透并把握好，收益将远超10%。所以，在操作周期内对一只股票的耐心专注是非常值得的。

这里必须强调的是，虽然满足上述三个条件后股价必然上涨，但是由于股价所处的位置不同，导致上涨的幅度也不同。比如，在股价经历一波牛市之后，开始进入熊市下跌阶段，再经过一段时间，我们发现三条均线开始走平，并出现胶着状态，之后阳克阴出现，中大阳线开始突破均线束缚，三个条件满足了，股价会涨吗？一定会涨。但是你会发现，上涨没多久股价就结束上涨，你还以为是顺势洗盘呢，持股等待接下来的大涨，却不曾想股价跌破均线展开了新一波大跌。是这三个条件失效了吗？当然不是，而是股价所处的位置较高而已。

在实际操作中，一定不要猜测股价走势和预设上涨或下跌幅度，满足上述三个条件后，我们可以按照交易策略和资金管理要求不断买进操作。但是，当出现卖出提示时，我们一定要该减仓的减仓，该清仓的清仓，等下次满足买进条件后，再进行相应操作，这样就不会因为股价所处的位置不同而落入主力的陷阱。

同时，当股价进入上涨周期后，我们也不能预设上涨幅度或者自己吓唬自己，应该仔细研究股价运行，吃尽主力的主要上升波段。如果上涨过程能把握好，资产将会快速增长，这是我们主要的获利阶段，是我们所有操作中最该参与的阶段，你可能跟踪一只股票半年时间就为了这两三个月的上涨，此时如果不认真把握，以前所有的努力将付之东流。

二、均线系统揭露主力骗线

在实盘操作中，均线系统可以在上涨初期和下跌初期揭露主力骗线行为。我在我的取款密码和收款密码中很好地利用了这个作用，并把其放在了相应的操作条件中。

原理是，均线系统体现了一段时间内的市场平均成本价，它和K线代表的股价即时走势有时间差。主力利用资金优势和操作技术可以影响一天或几天的K线实际走势，但无法及时影响均线系统的走势。

当均线长期下跌并开始逐步走平以后，说明市场成本已经趋于一致并拒绝下跌，同时，多方力量也开始逐步聚集，此时，多空双方是基本平衡的。当股价开始突破均线系统压制，表明多方开始进攻，这时，均线系统将会出现金叉，市场成本开始逐步抬高，这就是股价上涨的初期。如果此时股价突然之间出现连续几日的大幅下跌，但因为均线系统有一定的滞后性导致下跌不明显，说明市场成本并未受太大影响，多空双方的意见仍然是一致的，这基本就可以确定为主力的洗盘骗线行为了。如果按照我们的交易系统，这时不是该卖出股票，而是该逢低吸纳筹码，只不过不是在股价下跌的时候吸纳，而是在股价下跌结束、出现阳克阴K线的时候吸纳。

同样道理，当股价连续上涨后，均线系统由上涨开始走平，表明多空双方在股价高位趋于平衡，而且时间越长，空方的卖出意愿越强。当股价跌破均线支撑后，说明空方开始放弃筹码，多方无力反击了，此时均线系统会出现死叉，这表明市场成本开始降低，空方的卖出意愿强烈。如果此时出现阳克阴或者连续几日阳线，但对均线系统影响不大，那也基本可确定这是空方陷阱，是主力的骗线。在操作体系中，如果持股者反应迟钝还没有清空筹码，遇到这种情况，不是应该加仓买进，而是应该清仓走人了。

如图4-8所示，均线由下跌转为走平并呈胶着状，表明市场平均成本基本一致，空方力量衰竭，同时多方力量增加并与空方力量趋于平衡，此时中大阳线出现并突破均线压制，多方力量开始上攻，均线系统开始有金叉出现，之后出现了几日股价的连续杀跌，因为均线走势并未受到实质影响，所以可以确定这是主力的骗线，是主力的洗盘动作。

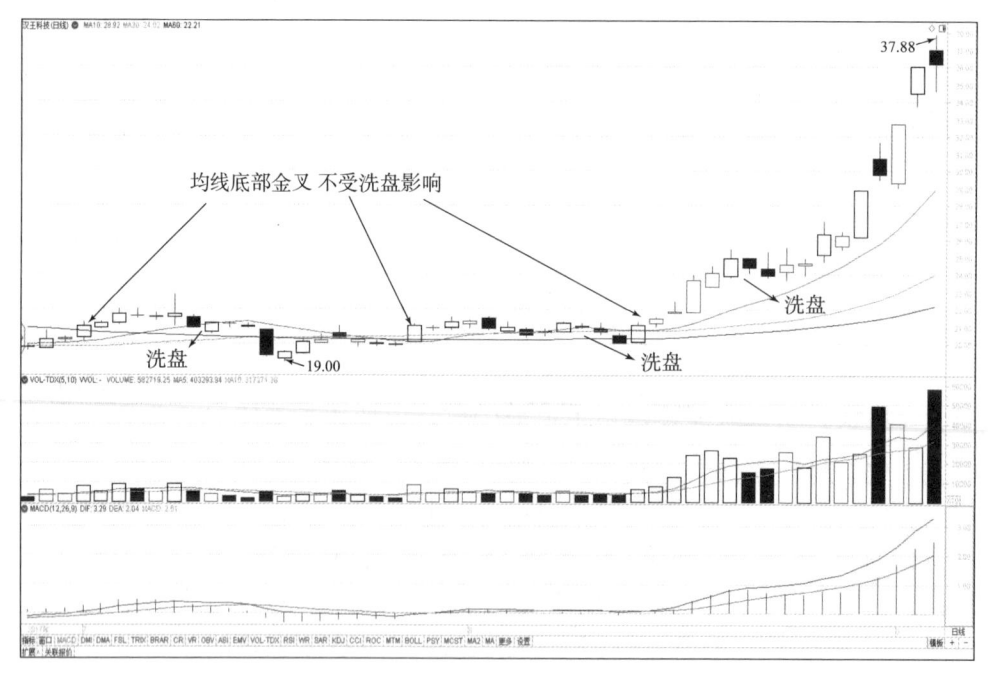

图4-8 均线底部黏合后下跌为主力骗线

有时主力的洗盘很凶猛，10日均线与其他均线会再次形成死叉。这里需要强调，10日均线是操盘线，也就是在实盘操作中，10日均线是配合K

线形态买卖股票的，不能作为判断股价运行方向的依据。判断股价运行方向的是 30 日均线和 60 日均线。我们判断主力是不是在洗盘，要看洗盘的动作对 30 日均线和 60 日均线有没有影响。即便可以确定主力是在洗盘，在操作中也不意味着可以持股不动，我们还是要按照交易体系的要求在出现卖出信号时减仓或者清仓。判断是洗盘的作用在于我们可以提前做好操作准备，等洗盘结束后再次出现阳克阴等买进信号时，提高持仓水平。如果不能排除是不是洗盘，即便再次出现买进信号也只能按照交易策略小单试错，等股价走势明确后再决定下一步如何操作。

如图 4-9 所示，股价经过大幅上涨后，均线系统由上升开始走平，说明多方认为股价过高，不愿意再追高买进；空方也认为股价过高，有部分筹码开始松动，多空双方力量此时趋于平衡。随着时间推移，空方看到股价不能继续上涨，于是更多的人开始卖出股票，空方力量开始强于多方。当股价开始跌破均线支撑后，说明空方开始加速抛售。多方由于看到空方如此强悍，且股价处于高位，更不会买进股票，于是多方力量继续减弱，股价下跌，空方更会恐慌性抛盘，导致均线系统开始出现死叉。

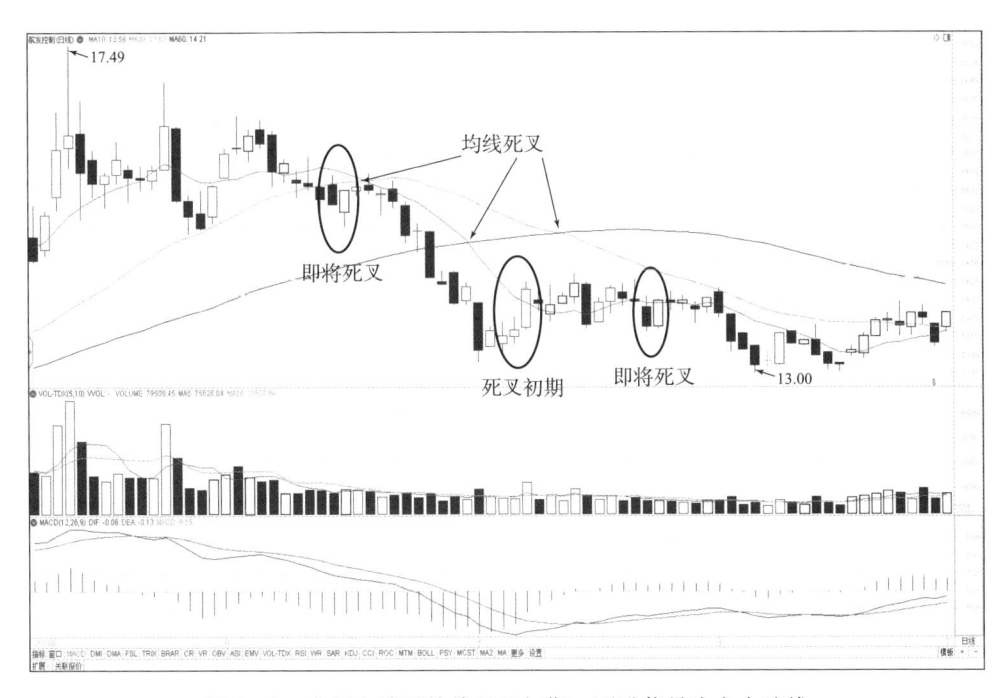

图 4-9　大幅上涨后均线死叉初期，买进信号为主力骗线

此时，如果出现阳克阴或者连续几天的阳线，但没有影响均线系统的走势，基本可以判定是空方陷阱。在均线死叉初期，空方强势已经形成，多方是不会在股价高位接筹码的，所以股价的拉升只能是空方为了自己手中筹码卖个好价而采取的欺骗手段，通过均线系统可以很好地剔除主力的这种骗线，从而减少操作中的失误，也使操作系统更加完善。

第四节 MACD 指标的使用

MACD 指标在我的操作体系中是非常重要的辅助指标，它能非常好地探得股价的底部区间，剔除主力的骗线行为，反映主力操作背后的意图。这里需要说明，我采用 MACD 指标作为分析工具是由我的操作系统决定的，其特点是在两个月的操作周期内寻找高度确定性的机会，并获得至少 10% 以上的收益。

这就要求：

（1）操作计划必须是一段时间，而不是今天买进几天内就卖出换股的脉冲式操作。

这就要求分析工具为趋势类指标，能反映一段时间内多空力量对比结果以及股价运行方向。均线系统、MACD 指标都为趋势类指标，它们之间可以相互补充。趋势类指标的优点是确定性比较高，可以重仓参与，收益比较丰厚。有人认为趋势指标比较滞后，反应很慢，这是仁者见仁、智者见智的事。我认为正是因为趋势指标反应没那么迅速，才给了我们反应时间以及反复操作的机会。而像 KDJ 等随机指标虽反应很快，操作中失误率也会较高，即便有人能很准确把握买卖点，但因为其变化非常快，操作中也是不敢重仓参与的，否则可能会得不偿失。

（2）MACD 指标能够反映交易中多空力量转化的过程，一旦多空力量逆转，必将会持续一段时间。

正因如此，一旦发现这样的机会，那么在两个月的操作周期中便可以伺机重仓参与，收益自然也会非常丰厚。确定性的机会并不是说今天买进明天大涨，而是说在未来一段时间内，多方强势特征是确定的，股价重心抬高是确定的，可以利用资金管理将操作资金合理地聚集和分散来获得这个确定性的机会。

（3）趋势类指标提示的个股上涨幅度要比较大，容易把握中间丰富的收益机会。

比如，某只个股一旦形成多方强势占优的情况，上涨幅度多半会有20%，甚至30%以上，那么获得其中10%～15%的收益是很有可能的，也就是说，在一波近30%的波动幅度中，我们完全可以使总资产增值10%～15%，这是利用随机指标操作的思路无法比的。

比如，利用KDJ指标操作，可能需要成功操作很多次、换过很多只股票才能获得10%～15%的收益。有人说，我可以利用KDJ指标全仓买进啊，这样要比MACD等趋势类指标收益多多了。这是理论上的，实际中不会发生。首先，满仓操作无异于赌博，这种一锤子买卖不是长久获利的手段。其次，满仓操作小资金可以，但资金略多，盘中市值波动所产生的浮动亏损，足以击溃你的心理承受力。如果你强忍硬撑，期待股价上涨，就有可能产生大幅亏损，被死死套牢，无法动弹。最后，在实盘操作中，所有满仓操作的人都会发现，你盈利时急切卖出，赚钱较少，而浮亏时，一定是焦急等待，却最终大幅亏损，无法挽回，所以经常是赚了九次还没有一次亏损的多，这种情况在根本上是无法改变的。一旦满仓，你的心理承受力会导致失去客观分析，刚涨一点，就担心股价跌回去；当股价开始跌时，又急切盼望股价涨回来，完全是凭感觉走，失去了理性客观分析的基础条件。

一、MACD寻找短期买进区域

当你将操作周期设定为两个月时，你会发现交易成功率呈指数级上升，收益既稳定又丰厚，资金使用也十分高效。为什么是两个月？这是市场本质决定的。我们知道，股票交易本身是人的行为，那我们在做事情时是不是会走神、会烦躁、会疲劳？这就是所谓的盛极而衰，否极泰来。不管是大到人类社会，小到个人生活，都会有明显的周期性和起伏，因此也就可以明白股票为什么会有波段，会有明显的牛熊周期。通过反复的市场验证，两个月是我们进行交易的一个重要的时间节点，大家都知道60日均线的重要性，原因就在这里。

操作周期确定了，收益目标是多少呢？10%。即在两个月的操作周期内，要让总资金收益达到至少10%。这并不是说在这段时间内股价上涨

10%，而是说要让资产总值增加10%。这两者之间有何不同吗？非常不同。在操作中，因为我们不可能全仓买进，然后被动持股等待，所以，并不会出现股价上涨百分之多少，我们的资产就增值百分之多少的情况。不全仓买进，是为了使操作上更主动，收益也更加稳定。我们根据股价的实际走势，把资金进行合理的聚集和分散，这样，不管股价在操作周期内是上涨还是下跌，我们都有机会完成收益目标。有人说，股价下跌了，怎么还能完成收益目标呢？这是因为，股价下跌时我们轻仓，而股价止跌回升时我们可以重仓参与，这就是资金管理和交易策略。所以，只要在操作周期内股价有超过15%的波动区间，我们就有机会获得10%的资产增值，最后完成收益目标。

为什么定为10%？因为几乎每一个小波段的上涨都会超过10%的涨幅，这会让我们在操作中更容易完成目标。追求成功率，只做加法，就会实现复利的惊人效果，而且，10%的收益在心理层面不会产生压力，觉得容易完成，更会增强交易信心。事实上，如果你能确保完成这些收益，十年内你的资产将增加超过300倍，如果你有10万，十年后你将有3000万。把简单的事情重复做好，你就会成功！

MACD指标的作用之一就是寻找能够在两个月内完成10%收益的目标股。研究MACD指标的人知道，该指标买卖提示信号内涵丰富，但对我来讲，只选择能达到我要求的、成功率最高的几个买卖信号来辅助做好我的交易系统，寻找短期买进区域就是其中之一，这里的短期指的是至少两个月时间，而不是几天。下面通过具体例子说明MACD指标的应用。

如图4-10所示，当MACD指标在空方区域出现金叉时，表明做空力量开始衰减，多方逐渐形成优势，此时便进入可操作区间。

必须说明，由于MACD指标金叉的位置是空方区域，尽管此时多方开始占优，但无法确定这种优势是暂时的还是就此开始彻底逆转空方。在实盘中，很多情况尽管MACD指标出现金叉，但股价涨幅不大便开始继续下跌，无法获得有效利润，甚至还会出现亏损。

剔除此种无效金叉的最好办法是与均线系统配合使用。我对这两种趋势类指标的使用定义是均线系统用于判断股价运行方向，MACD指标用于确定股价短期可操作区间，当均线系统显示股价将向上方运行，同时MACD指标底部金叉表明股价进入可操作区间时，便可判断股价进入了上涨周期，未

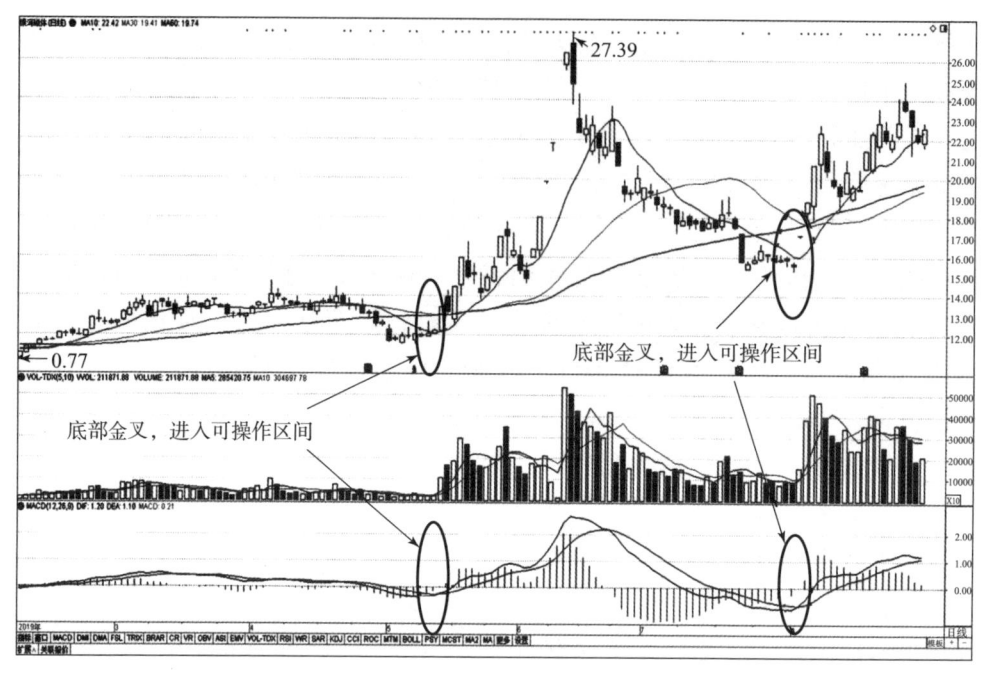

图 4-10　MACD 底部金叉，进入可操作区间

来两个月内将获得至少 10% 的收益。如果通过资金管理再加上合适的交易策略，那么这个收益成功实现的概率将无限提高。

如图 4-10 所示：

（1）MACD 指标在空方区域出现金叉，表明多方开始占优，股价进入可操作区间。

（2）均线系统走势表明市场成本在提高，多方愿意用更高价格买进股票，说明多方力量占优不是暂时的，股价将沿着上涨的方向运行。具体表现为：①60 日均线方向由下跌转为走平，或者向上运行；②30 日均线向上运行最好，如果向下运行，应该距 60 日均线越近越好；③10 日均线应该走平或拐头向上，同时股价站上 10 日均线。

满足以上条件后，就可以将该股纳入目标股，同时以两个月操作周期制定交易策略，先小单买进，如果股价出现下跌，则拒绝补仓。如果股价稳步上涨，则在出现阳克阴等买进提示时顺势跟进，并在上涨明确后重仓参与，思想上不能期盼买进后立刻大涨，应把操作重点放在两个月的操作周期内，反复高抛低吸，如此可稳定完成10%的收益目标。

在众多的买进提示中，MACD指标底部金叉配合均线系统是最有效的一种。如果你把操作周期放在两个月当中，并利用交易策略进行操作，会发现即便某次出现底部金叉后，股价还会出现偶尔的下跌，但很快便会出现止跌回升，同时伴随第二次底部金叉，这就是非常明显的启动信号了。

除此以外，MACD指标其他的金叉买进提示看似股价也有所上涨，但是盘中却很难把握，原因是持续时间短或者上涨幅度小，操作中应去除细枝末节，别被那些看似机会却很难把握的表象迷惑，选择跟踪满足操作条件的股票实现确定性收益，这才是根本。

如图4-11所示，这是该股14个月的走势图，基本反映了所有股票的运行情况。

图中圈1及所对应的位置：MACD指标底部金叉，均线系统30日均线死叉60日均线，同时60日均线有向下运行的迹象，所以，这个位置不是底部可操作区间。

圈2、圈3、圈4所对应的位置性质相同：MACD指标底部金叉，均线系统运行方向向下，这里也不是可操作的底部区间。需注意的是，圈4及对应的位置MACD指标出现了底背离，这说明股价开始构筑底部了，但是由于均线系统方向还在向下，这个底部构筑需要一些时间，所以此时还没有进入可操作区间。随后，我们看到股价出现了一段时间的上涨，但涨幅不大，持续时间也不长，如果此时操作收益很难保证，所以应该放弃一些看似可能的机会，只抓住高度确定的机会。有舍才有得，股市中存在的机会太多，应该懂得取舍。

真正的可操作区间出现在圈5所对应的位置：MACD指标底部金叉，同时均线系统已经由下跌开始走平，预示着股价离上涨不远了，应该会在两个月的时间周期内实现至少10%的收益预期。在发现圈5所示的MACD指标底部金叉后，我们可以制定计划进入操作阶段了。按照交易策略，首先小单试错，小单买进后，如果股价继续上涨，我们可以顺势跟进，先把基础仓位买完；如果股价出现反复，则可以拒绝补仓，控制风险。有人说，既然这个买进区间确定性概率这么高，为什么不全仓买进呢？确定性概率无论多高也不是百分之百，全仓买进无疑放弃了自主权，一旦股价波动会产生极大的心理压力，让你随时可能落荒而逃，从而丢掉到手的大牛股。我们的交易策略证明，只有控制住了风险，我们的收益确定性才会被无限提高。

进入可操作区间后，发现股价并没有迅速上涨，而是围绕着均线系统盘整，经过两周的盘整，股价不涨反跌，出现了跌破均线系统的情况，这是多方的最后洗盘。股价向上突破60日均线后，市场中60日内买进的投资者在均值上处于获利状态，这些人在等待股价进一步上涨，是不会卖出的，当看到股价开始跌破均线，为了防止再次长期亏损，这些人便会落荒而逃，但均线系统走平已经表明空方力量已成强弩之末，多方力量开始反扑，所以股价的这种下跌只会增加多方参与的力量。

我们看到股价破位后不久便止跌回升，圈6位置，MACD指标再次底部金叉。圈5和圈6出现的时间间隔只有三周，通过交易策略的执行可以捡到更廉价的筹码。在圈6及对应的位置出现后，股价开始稳步上行，两个月的操作周期内收益超过了20％。这个收益不是被动等待获得的，而是在股价波动的过程中通过将资金有效地聚集和分散，不断按照买进信号、卖出信号的提示进行相应操作而获得的，所以这20％的收益是实实在在完全可以得到的，更重要的是这样的操作是可以复制的。这个收益已经超出了收益目标一倍之多。

再看圈7及对应的位置：MACD指标底部金叉，60日均线向上运行，但幅度不高，这一点很重要。如果60日均线已经大幅向上运行，那要另当别论了。这里是满足底部操作区间要求的，但是有一点瑕疵，即30日均线由上涨转为走平，这说明从中期来讲，市场做多力量在休整，股价有可能继续休整。不过，这只是在操作层面须注意的，不能否定该股可纳入目标股。遇到这种情况，我们在操作上可以小单买进，等股价站上30日均线，且30日均线开始向上拐头时再加大仓位。

在圈7及对应的位置出现后，股价出现破位并大幅下跌，但均线系统已经表明多空博弈结果，表明股价离上涨不会太久了。在经过两周的大幅下跌后，股价开始止跌回升，圈8及对应的位置再次出现MACD指标底部金叉，表明多方开始反扑。之后一个月的时间股价上涨翻倍。从圈7及对应的位置出现MACD底部金叉到这波行情的最高点出现，40天时间收益超过50％，而且这50％的收益是完全可以拿得到的收益，就是说股价在运行过程中给出了明确的买进和卖出信号，我们有足够的时间和机会买进卖出。如果通过交易策略在圈8出现时不断买进，然后重仓参与，可在一个月左右获得超过

70%的利润——这已经超过收益目标很多倍了。最关键的是，这样的收益是高度确定的。

最后看圈9及对应的位置：MACD指标底部金叉，但均线系统中30日均线死叉60日均线，即便股价可能有所反弹，也要放弃，应该有只做确定性机会的意识。

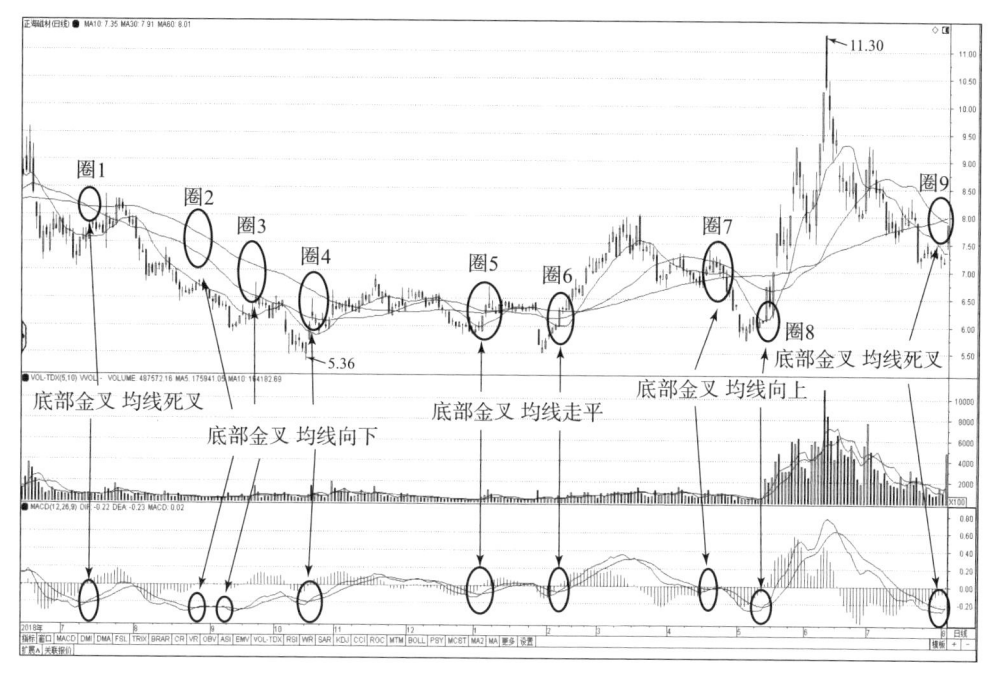

图4-11　MACD底部金叉与均线系统配合使用

这里需要强调几点：

（1）MACD指标出现底部金叉，意味着股价进入可操作区间，但并不代表能立刻买进股票。

何时买进股票要看K线形态。当出现阳克阴K线形态或者取款密码时，才可以买进，具体方式是按照交易策略小单试错，拒绝补仓，顺势跟进，敢于重仓。

（2）判断股价进入可操作区间的根本依据是空方力量出现衰竭，多方力量开始聚集并逐步占优，预示着股价将会出现一段时间上涨。

MACD指标出现底部金叉，表示空方力量衰竭，多方力量开始聚集。均线系统由下跌转为走平，表示空方不想用更低的价格卖出股票，市场成本拒绝降低，同时也表明多方力量开始变强大，愿意用更高的价格买进股票，说明股价将会出现一段时间的上涨态势。有这个基本判断，当MACD指标和均线系统出现些许不规范运行时，也可以认为股价进入可操作区间。

具体分为三种情况：

①均线系统出现由下跌转为走平，MACD指标出现不规范金叉，即金叉的位置在0轴线附近，或者是在多方区域，有的甚至会在多方区域多次出现金叉、死叉的反复，这都不影响股价进入可操作区间的判断。

②MACD指标出现底部金叉，但均线系统出现不规范形态。

如上涨的中期阶段股价已经出现了一段时间的上涨，然后开始一段时间一定幅度的调整，这种调整是股价的上涨趋势被逆转，还是上涨中途的调整，暂时无法判断。均线系统形态不规范主要是60日均线向下运行，但10日均线和30日均线开始向上拐头，甚至出现金叉，此时的操作条件是60日均线已向下运行一段时间，而不是刚向下拐头；股价不能离60日均线太远，越近越好；60日均线下行趋势开始减缓，越接近走平越好。出现这种情况时即判断股价进入了可操作区间，并且很可能会出现较大幅度上涨，因为这将是上涨过程中的主升浪行情。

③MACD指标和均线系统都出现了不规范。这种情况应从可操作目标股中排除参与机会，此时即便有的个股出现偶尔上涨，但对大多数个股而言是不会出现明显可操作阶段的。

二、MACD指标揭露主力意图

主力：顾名思义，是推动一只股票涨跌的主要力量。由于主力资金庞大，操作中有统一的组织和行动，所以容易引导股价的运行方向，实现自己的获利意图。同时，由于主力掌握的资源丰富，可通过市场调研及研究团队的分析获得公司运营相对真实的情况，可制定股票投资的长远规划。

若主力通过调查研究认为某个上市公司未来具有较大发展空间，符合市场公认的热点题材，便会开始制定操作计划；如果股价所处的位置适合操作，便会积极布局。在主力建仓期间，由于资金庞大，且有组织地买进，必然导致股价稳步升高，成交量逐步放大，此时，主力为了能用更低的价格吸纳较多筹码，会利用前期买进的股票故意卖出诱空。不明就里的人会卖出股票，主力便会积极低吸，使自己的仓位不断抬高。

在主力完成收益目标，准备出货时，会采用与建仓时相反的操作，用一部分资金买进股票，抬升股价，场外其他股民认为股票还会继续上涨，积极跟进，殊不知买进的筹码就是主力抛出的，这样，主力用诱多的方式完成了出货。

通过MACD指标可以很好地洞察主力的这种意图，从而做出合理的操作。和均线系统比，MACD指标提示得更明确，反应更快捷，为操作预留的反应时间也更充分。

散户是主力的主要对手盘，主力的利润就是散户资金重新分配的结果。散户的资金没有合力，容易被主力资金引导。散户赚谁的钱呢？只能赚其他散户亏损的钱。通过什么途径呢？唯一的办法是贴紧主力，跟着主力资金起伏，当发现主力有出货迹象时，散户要毫不犹豫地卖出。散户资金少，动作快，即使在发现主力明确出货迹象后操作，收益也是极其丰厚的。

怎样贴紧主力？这要从主力获利的本质说起。主力要想获利，只能通过三个操作阶段实现，即建仓、拉升、出货，每一个阶段的股价走势特征都非常明显。发现主力运作特征并跟紧其趋势制定出两个月周期的操作计划，利用交易策略稳扎稳打，收益一定不会差。

我认为这里面的关键之处有两点：一点是两个月的操作周期，另一点是交易策略，二者同等重要，缺一不可。至于其他条件，重要性略低，比如选择的目标股不是很好，操作的时间点不理想等都只会影响收益幅度的大小和实现收益的时间，不会影响收益的根本。

两个月的操作周期杜绝了期盼买进就涨的操作思想，以及一锤子买卖的错误做法，培养资金管理的正确交易方式及持久稳定获利的心理预期。小单试错，拒绝补仓，顺势跟进，敢于重仓的交易策略可以遏制风险，让利润奔跑。

主力运作的三个阶段，股价走势有什么明显特征呢？

（1）建仓阶段：

最明显特征有几个：

①股价拒绝创新低，且最低点不断抬高。

②成交量会有量堆出现，但每一个量堆持续时间不长，主要是因为主力

在买进筹码，不希望被场外资金过早关注。

③均线系统由下跌转为走平，表示市场平均成本拒绝下降，做空力量衰竭，做多力量开始不断累积，这个做多力量自然是主力资金占绝大多数。

④股价在底部区域反复振荡且涨幅不大，没有出现一倍甚至更高幅度的连续上涨。绝大多数个股的底部区间波动幅度在80%以内，也就是最低点到最高点的涨幅。一般来说从最低点算起，上涨30%～40%的幅度是主力主要的成本区间，主力建仓成本区间控制在最低点上浮20%的很多。

（2）拉升阶段：最明显的特征是股价突破底部平台后不再回调，而是出现连续快速拉升，洗盘在当天或者几天内完成。

在一到两个月后出现一倍甚至两倍的涨幅。任何一只有主力参与的股票，其拉升阶段必不可少，这也是主力能否完成收益的关键阶段。所以，当你发现一只股票有主力建仓痕迹，那么一定要跟牢，因为主升浪必定会出现，哪怕多花几个月的时间，千万不要跟丢了，哪怕跟一年才能等到主力拉升阶段出现，也要有耐心，到时你将获得一倍以上的收益，何乐而不为呢？关键是这个收益是高度确定的。至于如何把握主力拉升阶段的操作，不被洗出去，后面再详细讲。

当发现股价出现拉升特征，明白主力进入了拉升阶段，但此时股价已很高了，该如何操作呢？了解主力运作股票的三个阶段目的，是在分析个股的走势时明白主力对个股的操作处于什么阶段，以便做出合理应对。比如，看到主力进入了主升阶段，如果股价刚突破底部平台，就要果敢追进；如果看到股价突破底部平台后，出现了超过50%以上的涨幅，那么参与时一定要控制仓位。如果看到股价已经出现主升浪，开始进入高位震荡阶段，那就不要刀口舔血了。

其实，在实盘中，操作从主力建仓阶段就开始了。利用均线系统找出主力建仓的个股，利用MACD指标找出底部可操作区间开始制定计划，然后利用交易策略，操作就开始了。当个股进入主升阶段时，我们早已为此做好了充足准备，要做的仅是按计划重仓参与，因为此阶段收益高度确定，且十分安全。如果在主力建仓阶段没有发现目标股，而是在拉升阶段才发现，怎么办呢？策略是先小单买进，在确定股价进入拉升阶段并了解股价涨跌节奏后逐步加仓。但是，因为此时获利幅度不大，如果发现股价出现卖出K线形态应快速及时减仓，不必等到股价进入出货阶段时再卖出，因为我们无法判断主力拉升个股的最终目标价以及进入出货阶段的时间。

（3）出货阶段：最明显的特征是股价不再创新高。

主力做出的所有努力都是为了将筹码在获利状态下卖出，所以，出货兑现利润，是一切操作的终极目标。既然是出货，主力就不会将股价向新的高点推进，所以只有股价不再创新高了，才说明主力要出货了。

股价会不会出现一个高点后直接下跌，不再出现第二个高点呢？不会。因为股价的涨跌由多空力量博弈的结果确定，当主力把股价引导进主升阶段后，市场的多方力量迅速聚集强大，空方无力还手，随着股价的上涨，股价越来越高，持有股票的空方收益越来越丰厚，导致卖出意愿越来越强，想要卖出兑现利润的人越来越多，场外资金作为多方力量，在看到股价不断上涨后开始犹豫，想等股价回调后再买进。当股价上涨到某一个节点，持有、买进和卖出想法的力量达到平衡，股价不再上涨，第一个高点出现。当看到股价不再上涨后，想要卖出的人担心股价下跌而损失掉利润，会迅速卖出股票，于是空方力量会快速增强。作为场外资金，想买进股票的人看到股价不再上涨也会暂时打消买进计划，这样多方力量会出现减弱，一增一减就会促使股价迅速下跌。这就是第一个高点形成的必然过程。

由于股价仍处于强势上涨阶段，场外多方对股价的下跌会解读成调整，这样，随着股价的下跌买进意愿会不断增强，多方力量再次聚集，而持有股票的空方——在第一高点处没有及时卖出的人会期盼股价反弹时再卖出，所以股价第一阶段的下跌会导致空方力量减弱。一增一减使股价下跌到某一位置时再次达到平衡。场外资金作为多方，看到股价不再下跌，自然开始执行买进操作，股价出现反弹又会引来更多的买进资金，于是多方力量重新迅速变强。而持股的空方看到股价拒绝下跌有出现反弹的迹象也会减少卖出行为，等股价反弹后再卖出，这样空方力量开始减弱，加速了股价的上涨。关键是，当股价升至第一高点附近时，由于持股的空方完全满足了收益预期，重新开始大批卖出，场外的多方资金由于已经认为第一高点处股价过高而拒绝买进，所以多方力量重新开始减弱，这样在空方力量的推动下，股价再次下跌，第二高点形成。由此可见，第二高点的形成是多空博弈的必然结果，是股市运行的本质体现，不以人的意志为转移。

任何一只股票，其价格头部必然会有两个或两个以上的高点组成，无一例外。在实盘操作中，当怀疑股价进入头部出货阶段时，我们可以降低仓位至三成以内,当发现第二个高点无法突破第一高点时,坚决清仓。

三、MACD 指标洞察主力骗线

了解了主力操作个股的不同阶段,利用 MACD 指标便可剔除主力在操作中的某些骗线,减少被洗出去的风险。

如图 4-12 所示,个股处于主力建仓阶段,判断依据是股价不再创新低,底部在不断抬高,同时均线系统已经由下跌转为走平,表明市场平均成本不再降低,空方力量衰竭,多方力量开始聚集并逐步强于空方。此时的股价下跌,很大程度上是主力在刻意打压股价吸筹,如图中圈1及其对应的位置所示,股价跌破均线系统,出现两波下跌并创出近期低点,但 MACD 指标却拒绝创新低,并在最低点出现之后的第三天金叉,从这里可以看出主力的真实意图——打压股价,逢低吸筹。了解了主力的洗盘行为,我们在操作上就可以有效应对了。

图 4-12 建仓阶段 MACD 指标与股价背离为主力骗线

如图 4-12 中圈 2 所示,股价快速拉升,突破了均线系统压制并创出近期新高,然后出现了典型卖出 K 线一针见血(后文介绍),并在第二天跳空低开，大幅下跌。大多数情况下这种走势都属于正式拉升前的洗盘动作，通过观察 MACD 指标更印证了这一点；虽然股价下跌迅速，但 MACD 指标仍处于多方区域，且下跌不明显，由此可见主力意图是在正式拉升前诱空，最后清理不坚定的筹码。

如图 4-13 所示，股价进入拉升阶段。主力为了提高资金利用率，用更少的资金达到更好的拉升效果，在进入拉升阶段后也会伴随着故意打压股价来清洗浮筹，图 4-13 中所示几次调整就是在不改变股价上行趋势中的洗盘动作。通过 MACD 指标的运行可以观察出主力意图。只要 MACD 指标一直运行在坐标轴上方，即多方区域，就表明股价主升阶段还未结束，其间的调整只是主力刻意为之的洗盘。即使 MACD 指标出现死叉，也会在坐标轴上方很快再次金叉。

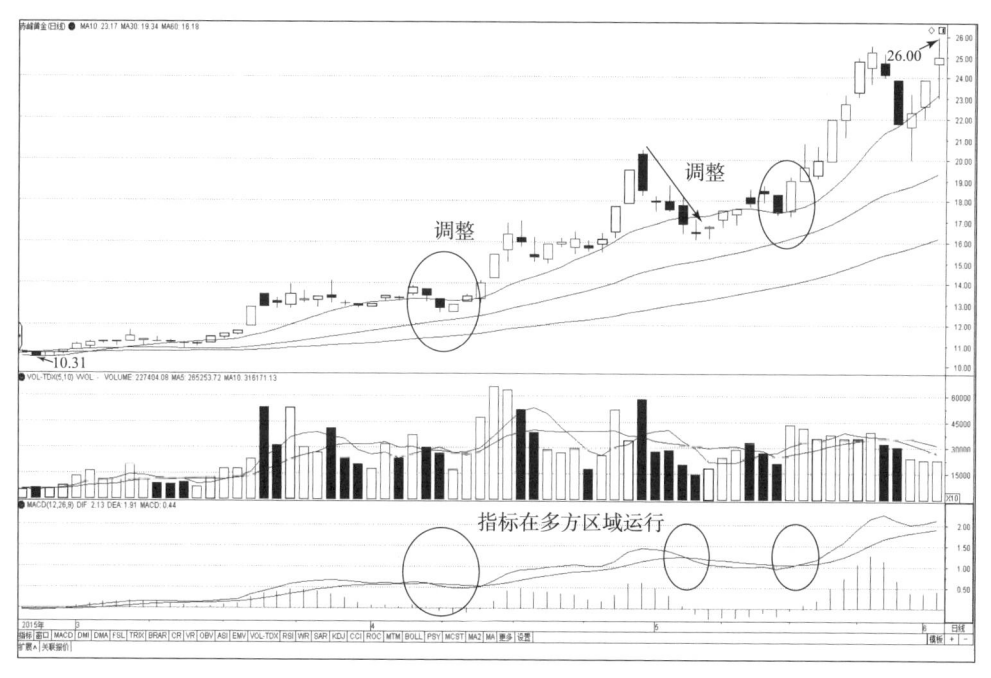

图 4-13　拉升阶段 MACD 在多方区域股价下跌为主力骗线

如图 4-14 所示，股价进入头部区间，主力开始不断出货，判断这个阶段最明显的依据是股价不再创新高。有人认为只要股价的最高点在不断被打破，股价上涨就未结束，这是不对的。股价头部之所以来临，是因为多空双方在这个价位区间达成一致，只要股价进入这个区间，空方就会抛出筹码兑现利润，多方也不愿意用更高的价格买进股票，所以当出现第一高点后，股价开始调整，之后股价再次到达第一高点的位置，即便盘中股价最高成交价突破了第一高点，只要空方在这个位置的意图不变，抛售力量不减，都可以说明这个高点区间是成立的。

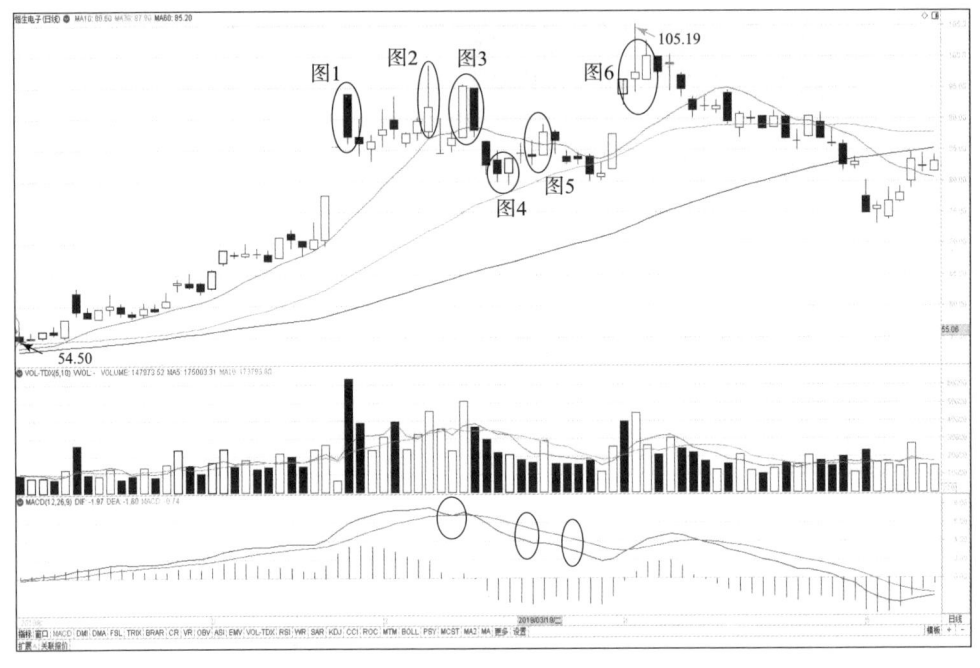

图4-14　高位阶段MACD走弱但股价上涨为主力骗线

在图4-14圈1位置，出现了典型的K线卖出形态，称之为空中楼阁，第一高点出现。这个第一高点成不成立呢？在股价经过几天休整之后，圈2位置股价再次上冲到第一高点附近，并且在盘中突破了第一高点，但是，空方力量再次发威，股价冲高回落，出现了非典型K线卖出形态，称之为金针探顶，说明多空双方对这个股价是认可的，第二高点出现。

再看圈3位置，股价再次冲击第一高点和第二高点，在此区间再次受到空方打压，并出现了高位阴克阳典型的K线卖出形态，随后股价进行了一段时间整理。在圈6处，第四次对这个高点发起冲击，虽然盘中股价再次创出新高，但很快被空方再次打回原形，又一次形成了非典型K线卖出形态，我称之为金针探顶，并在之后两天出现了典型的K线卖出形态高位阴克阳。经过了四次反复冲击，主力也基本完成了出货，头部被确立，股价正式下跌不可避免。

在此过程中，通过分析MACD指标能了解主力的意图：在圈2处形成第二高点后，MACD指标也出现了新的高点，之后股价调整两天，MACD指标却迅速接近死叉，在圈3处的第一根大阳线出现时，MACD指标无动于衷，并没有跟随股价明显上涨，反而在第二天的阴线出现时，出现死叉，这表明主力已经开始在出货，高点区间已经形成。圈3之后的股价调整中，MACD指标一直处于死叉状态，此时如果股价出现买进提示是不能参与的，因为通过图中圈4、圈5的位置及对应的MACD指标发现，这是主力的骗线行为。

圈6位置出现后，MACD指标也出现了顶背离，此时可确认头部区间的完成，果断做空，那么后面的股价大跌就可以很好地避免了。

提示一下，MACD指标在操作中是作为辅助条件使用的。在K线形态出现买卖提示后，需要通过MACD指标和均线系统做最后确认，但不能直接利用MACD指标的金叉或死叉指导买进和卖出操作。

第五章
五种致胜取款密码

通过前一章分析了解了取款密码应用的基础条件，本章介绍五种致胜取款密码，其划分依据为股价所处的位置以及不同的关键点。

取款密码一指个股在均线系统下方出现阳克阴K线形态，同时满足其他辅助分析工具（主要是成交量、均线系统和MACD指标）的要求。取款密码二相对于取款密码一而言，股价不再创新低，多数情况股价处于均线系统下方，并满足其他辅助分析工具的要求。取款密码三指在60日均线处出现阳克阴K线形态或者放量中大阳线，同时满足其他分析工具的要求，包含两种情况：一种是股价从60日均线下方上穿60日均线，另一种是股价回调到60日均线处止跌企稳。取款密码四指在30日均线附近出现阳克阴K线形态并满足其他分析工具的要求。取款密码五指在10日均线附近出现阳克阴K线形态并满足其他分析工具的要求。

关于收款密码，后面再详细介绍，本章重点介绍五种取款密码。

第一节　取款密码一

一、取款密码一的特征

取款密码一的特征如下：

（1）股价长时间、大幅度下跌，均线系统处于空头排列中，并且没有任何走平的迹象，处于加速向下的过程中。

（2）MACD指标处于0轴下方的空方区域中，而且位置很低，多数情况下与此前的临近低点形成底背离。同时，MACD的绿柱开始变短，有出现金叉的迹象。

（3）出现阳克阴K线形态。一般阳线涨幅会超过3%，不要求阳线上涨幅度有多大，但上涨幅度越大，说明取款密码一成立的可能性越高。

（4）成交量多数情况不会有明显放大，但如果明显放大，则取款密码一的可靠性更高。

如图5-1所示，圆圈所示的位置是取款密码一出现的位置，这是该股长期下跌后出现的最低点，也是新的上涨起点，具备取款密码一所要求的四个特征：股价长时间大幅下跌，导致均线系统单边下跌；MACD指标长期处于空方区域，而且出现了底背离；阳克阴K线形态出现；成交量没有明显放大。

取款密码一是最具争议、也是最重要的取款密码，请思考如下问题：

（1）通过图5-1可以看出，在股价下跌的过程中有很多次机会满足取款密码一所要求的四个特征，为什么仅在最后一次出现阳克阴的位置才算取款密码一？

（2）实际操作中，取款密码一出现在股价大幅下跌时，如果进行买进

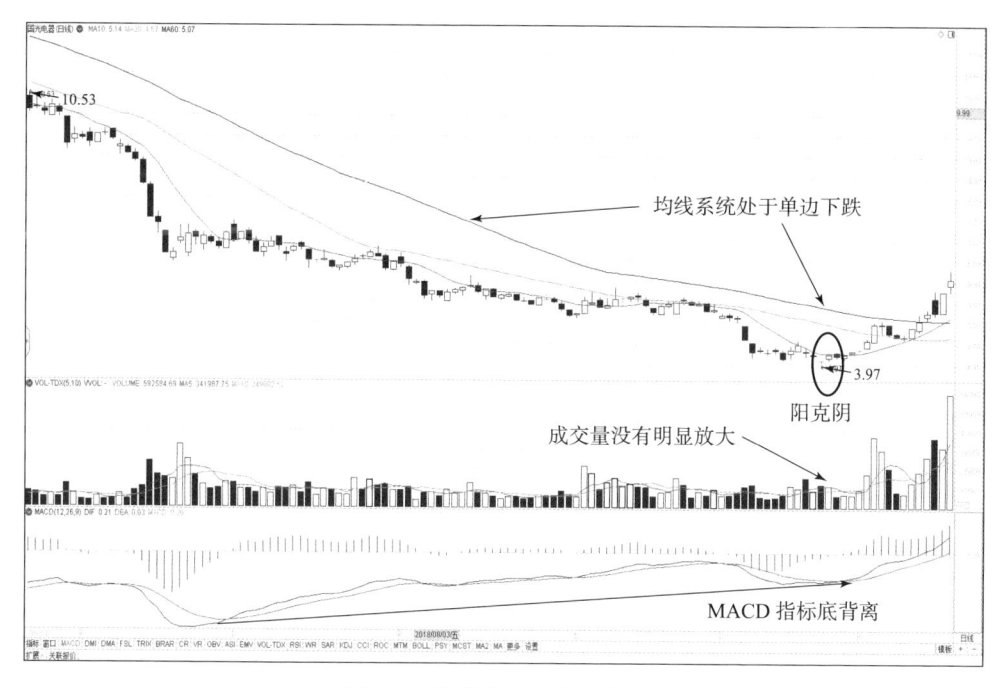

图 5-1 取款密码一的四个特征

操作,势必会冒极大的风险。此时的技术形态对交易有何意义?

(3) 取款密码一出现后,若股价再创新低,该如何解释和应对?

以上问题均客观存在,所以我们要对取款密码一的定位和作用精准把握。在我的交易体系里,取款密码一有不可替代的作用,表现如下:

(1) 取款密码一的定位是下跌的结束、上涨的起点。

也就是说,只要股价不是最低点,那它就不是取款密码一。这种定位在操作中有什么意义?

取款密码一的意义在于:它是参照系,是坐标,是数轴的原点。有了这个参照坐标,你才能知道所分析的股票的价格处于什么位置,发展到了哪个阶段,有没有参与的价值。

取款密码一的作用在于选股,不在于买进获利。

当均线系统由下跌转为走平,股价进入上涨阶段时,取款密码一所确定的最低点已经出现;当 MACD 指标提示股价进入可操作区间时,取款密码一也必然出现。事实上,股价进入上涨周期以及进入可操作区间的判断都是

· 85 ·

基于取款密码一所确定的最低点做出的。确定了最低点，根据主力操作股票的三个阶段才能知道任意一个时间点的股价是处于主力操作的哪个阶段，也才能做出具有针对性的操作或者布局。

（2）取款密码一是熊市的终结和新牛市的开始。

但对于个股，取款密码一并不一定是上市以来的最低价，但却是一波熊市长期下跌后的最低价，自此，股价重心不断抬高，新的牛市周期启动。

（3）取款密码一出现位置的最低价是主力打压出来的，也是主力建仓的起点。

作为个人投资者，如果能从取款密码一开始跟随主力同步建仓，并伴随主力完成建仓、拉升、出货三个阶段，收益将非常稳定且丰厚。由于个人投资者资金灵活，建仓成本会低于主力资金，卖出的平均价格也会高于主力，所以收益率甚至会比主力还高。但是，并不是所有投资者都能同主力一起完成这三个阶段，因为主力在确定运作某只股票之前会经过长时间市场调研以及对该企业财务报表的跟踪，做出建仓决定后，如果该股处于长期下跌的熊市中，主力先会小部分买进仓位，利用这部分筹码加速打压股价，使之出现自己想要的底部区域。取款密码一所要求的最低价位会在此阶段出现，之后，股价虽然仍会反复震荡，但不再出现最低价，股价重心也在不断上移，主力开始进入实质建仓阶段。这一过程时间短则半年，长则一年甚至两年之久，但散户绝大多数都熬不过这么长建仓时间的。

能够和主力同步建仓的个人投资者可用资产规模一般会有数千万或者亿元级别，这部分人实现了财务自由，生活无压力，他们投资的目的是让资产保值增值，所以他们会拿出部分资金较长时间地跟随主力建仓，并享受主力拉升的收益，实现更稳定的资产增值。

不同的投资者参与主力运作的阶段不同。数百万或千万元左右资金的投资者一般不会参与整个建仓阶段，而是在有迹象表明主力即将建仓完成时才会参与。从走势图上看，这个迹象也很明显，那就是均线系统由下跌转为走平。这时即便股价仍会反复，大多数情况是股价正式拉升前的最后洗盘。为什么更大级别的资金不从这个阶段开始参与呢？这样不是节省了很多时间吗？

首先，股价正式拉升前，市场平均成本同底部建仓比已经较高，这与大级别资金保值增值的目的不符。成本越低，意味着风险越小，而时间对他们来讲不具有约束力，所以，众多大级别资金的投资者宁可多用一点时间也要确保资金能够保值，尽可能降低成本才是他们的首选。

其次，大级别资金由于资金较多，在主力即将拉升时开始建仓，无论采用何种方式都会被主力发觉，因为这些资金的调度具有统一性，和"小散"在盘面中留下的交易痕迹完全不同，会徒增不必要的风险。如果为了规避这样的风险只参与很少的资金，那么无疑会增加手中股票的数量，精力上也是一大考验。

百万元以内的投资者，只参与主力的拉升阶段是最好的选择。但是很多投资者由于知识和操作水平有限，此阶段是不敢参与的，因为恐高。因此，在股市里很多小散很难赚到钱。

跟随主力建仓对投资者的操作水平要求很高，尤其是资金管理和操作纪律要求更高，而且这些人还要有自己完备的交易体系才有可能做"常胜将军"。

二、跟随主力建仓

不管资金多少，当你准备操作股票时，首先应了解股票所处的阶段，即处于主力建仓期、拉升期还是出货期，根据个股所处的不同阶段，采用不同的资金管理方法，利用交易策略实现资产的稳定增值。在分析个股所处阶段时，先找准参照坐标，也就是取款密码一。如果取款密码一还未明确，说明主力建仓期还未真正到来，操作上需要谨慎。

确定了股价所处的阶段后，如何具体交易，比如，参与多少资金，两个月的操作周期从什么时候算起，首批参与资金如何安排，是追着买进，还是调整到重要节点时买，卖出应该采用什么策略，滚动资金和备用资金能不能参与，等等。解决这些问题需要复盘，也就是从取款密码一开始，遮挡之后的所有K线图，然后再一天一天地释放K线，根据当时K线的走势，一步一步地进行正式模拟交易，直到你要真正操作的时间点，这时，你的模拟交易提示要怎样做，你的正式交易就怎样做。这个过程越认真，越真实，对你正式的操作帮助越大。

具体做法是：在电脑行情软件上选择取款密码一之前的K线走势图，然后利用键盘上的方向键"→"，一天一天地释放后面的K线，再根据所释放的 K 线形态做出对应的交易决策,包括对应的资金管理要求,就像真实交易一样。直到你真正交易的当天模拟交易显示你应该持有多少仓位,当天就一次性买入多少仓位,之后根据股价的真实走势,按照模拟交易时已经建立的操作计划继续执行即可。

比如,通过复盘,从取款密码一到正式交易当天应该持有两成仓位,那么真正交易时你就直接买进两成仓位。以后的操作就根据操作计划,按照股价的实际走势执行即可。这个复盘非常重要,它能让我们切身感受主力建仓的节奏,对主力的运作手法也更加了解,收益自然会更稳定、高效。

下面通过个股具体走势图说明复盘的步骤。

如图 5-2 所示,主力从取款密码一处开始建仓,复盘时也从取款密码一出现时建仓,目的是跟随主力建仓步伐,把握股价涨跌节奏。虽然是复盘,也要把它当成真实交易进行,资金管理、交易策略的应用以及对操作计划的执行都不可或缺。

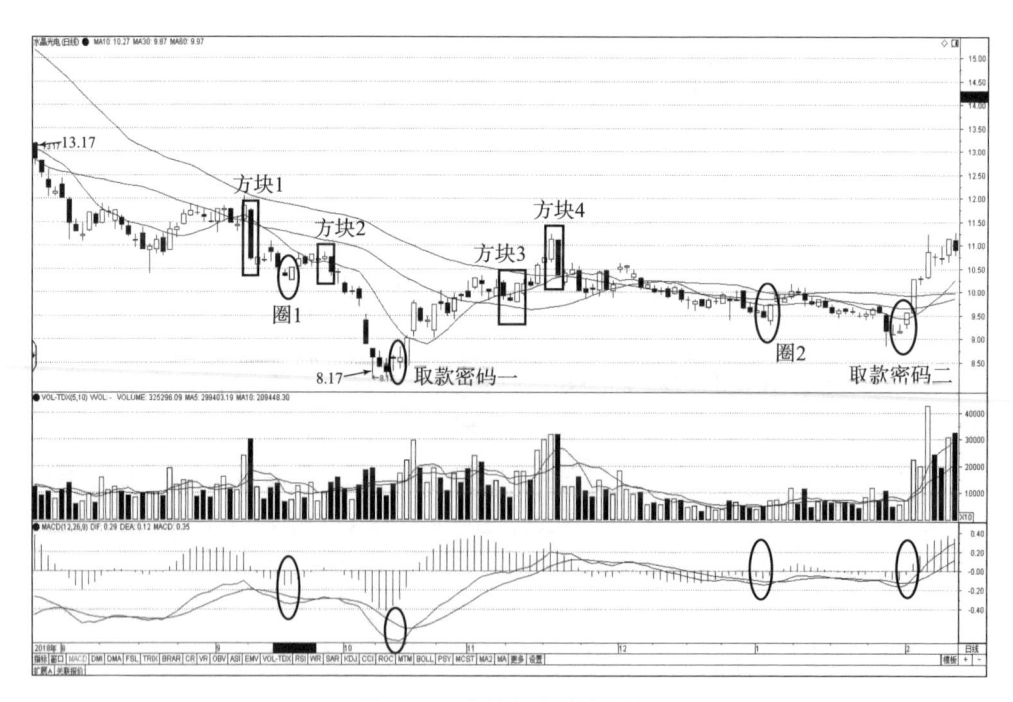

图 5-2 完整复盘建仓过程

如图 5-2 所示,在取款密码一出现后,根据交易策略先小单试错,买进1000股。按照总资金100万元，此阶段可参与资金为10万元，约可买进股票上限为10000股。次日，股价继续上涨，在明确K线形态后再加仓1000股，此时总仓位2000股。在疑似取款密码一出现后，股价在10日均线下方，且10日均线仍处于下跌状态，则买进资金的上限为可参与资金的20%。这2000股，就是该股此时能买进的上限。

第三天，股价继续上涨，突破10日均线，表明股价有进一步上涨的可能。很多人喜欢抄底，这里要明确，股价不突破10日均线那就不是底。只有股价站上10日均线时，股价的底部区域才可能到来，这里只是可能，并不意味着一定是底，所以，在股价未突破10日均线时，不要有任何抄底的想法。

股价突破10日均线后，不要急于加仓，因为第一次突破10日均线时都会有回调，这是对10日均线的确认。当股价回调不跌破10日均线时，可再加仓1000股，此时总仓位为3000股。如果股价回调很凶，出现较大继续下行的可能，不仅不要加仓，还要把之前的加仓卖出。当股价明确站上10日均线后，可将买进资金的上限提高到可参与资金的50%。也就是说，此时该股最多可买进5000股左右。

之后股价稳步上行，并在10日均线附近出现阳克阴K线形态，此时再加仓2000股，总持仓5000股。由于股票本身处于弱势当中，这种在出现取款密码一之后的短暂上涨必将再次回归，所以不可过多买进，如此小单操作，就是为了感受股价涨跌节奏，跟随主力建仓步伐，不是为了获利。真正的获利是在主力完成建仓后的拉升阶段，那时已经掌握了股价涨跌节奏，并基本把握了主力运行该股的方式，才是重仓参与并获得主要利润的时机，所以此时不能急。

继续看图5-2方块3所示位置，该位置出现了阴克阳K线形态，而且在10日均线附近，股价有进一步下跌并确认取款密码一的可能，所以此时要减仓。如何减仓？仍采用小单试错的方式，先减仓1000股，如果股价继续下跌，或者有明显要大跌的迹象，再继续加大减仓力度。所以，此时先卖掉1000股，目前持股4000股。

减仓后的第二天，股价并没有大幅下跌，而且还有在30日均线处止跌的迹象，所以不再继续减仓。减仓后的第三天，股价没有创新低，而且盘中逐步上涨，有出现阳克阴的可能，所以盘中把减掉的1000股再买回来，此时仍持仓5000股。

　　后面几天，股价连续拔高。在股价突破60日均线时，把剩余的5000股全部买进，此时持仓10000股。这里必须注意，股价出现取款密码一后不断走高的这种走势不可持续，这是由多空双方较量的本质决定的。在股价长期下跌、空方长时间占优的情况下，多方的反扑必将引起空方的抛盘，使空方力量不断增强，作为多方的场外资金，在长期下跌的股票上不敢贸然买进，且随着股价的反弹有一部分买进的资金也加入到空方行列，这必将使空方再次变强，股价也必然会再次回落。所以，最后买进的这5000股就像备用资金一样，一定要及时卖出，即使没有获得利润，在发现股价有下跌迹象时也要第一时间减仓。

　　股价运行到图5-2中方块4的位置，股价低开并逐步下探，没有任何反弹迹象，弱势非常明显。这种情况下不要有任何犹豫，要立刻卖掉最后买进的5000股。在股价继续下跌、覆盖前一日的阳线时，阴克阳再次出现，基于对这段股价上涨的定性，认为股价可能要下跌，确认取款密码一，所以应该加大减仓力度，把原来的仓位再减仓2000股，此时总持仓3000股。

　　图5-2所示方块4出现后的两天收出两根小阳线，这明显是下跌抵抗性阳线，股价下跌的可能越来越大，但是由于只剩3000股，可以继续持仓观望。第三天，盘中再次出现猛烈下跌并覆盖前一日小阳线，而且同时跌破10日均线和60日均线，这属于关键节点处的阴克阳，弱势越发明显，继续减仓2000股，此时只剩下1000股。这1000股需一直保留，因为我们的目的是找准股价涨跌节奏，所以留着这点仓位为下一阶段的操作做准备。

　　此后，股价在60日均线附近反复震荡，60日均线也逐步由下跌转为走平，在此过程中，出现过几次阳克阴K线形态，能不能加仓买进？通过分析MACD指标发现该指标处于死叉状态，所以暂时不能买进，直到图5-2中圈2的位置出现阳克阴，通过分析发现MACD指标也出现底部金叉，说明此时该股进入了可操作区间，即MACD指标底部金叉，均线系统由下跌转为走平，且处于胶着状态，市场平均成本不再降低，多方开始不断增强能量，空方力量在逐步减弱，放量阳克阴出现。

　　股价进入可操作区间后，可以制定两个月的操作计划并进行建仓动作了，这适合资金数百万到1000万元左右的投资者。因为此时股价还没有真正进入主力建仓的尾声，而且要等多长时间也不知道，资金在100万元以内的投资者可以继续等待。这样虽然建仓成本高些，但节省时间，这对资金较小的人很合适。

由于均线系统已经走平，在图5-2圈2位置出现后，可参与的资金由原来总资金的10%提高到20%，也就是100万元，此时可最多买进20万元。这部分资金在满足买进条件后可完全作为基础仓位买进。

圈2位置出现后的第二天，股价跳空高开并站上60日均线，可继续加仓，在60日均线附近买进2000股，此时持仓7000股。因为股价在第一次突破60日均线后反复的可能比较大，而且30日均线有死叉60日均线迹象，这对股价上涨有压制作用。

第三天，股价低开，且没有突破前一天的高点，收盘也在60日均线下方，有走弱迹象，所以没有继续加仓，仍持有7000股。

第四天，股价跳空高开再次站上60日均线，但在收盘前冲高回落，出现上方压力，而且30日均线将死叉60日均线更加明显，此种情况不要急于减仓，也不要急于加仓，仍持仓7000股。

第五天，股价收小阴线，有回调迹象，这是对突破60日均线的确认，可持股等待走势明确。

第六天，股价跌破60日均线，突破无效，30日均线死叉60日均线，弱势明显，盘中应及时减仓，至少减仓2000股，也可减仓6000股，只留1000股，等待下一个阳克阴K线形态的出现。

之后，股价跌破10日均线，30日均线死叉60日均线，可剔除部分阳克阴的主力骗线。在这一阶段的下跌中，股价跌破了图5-2圈2所示的低位，取款密码二出现，股价连续两次不再跌破取款密码一的低点，表明底部已经来临，主力建仓开始进入后期，可提高参与资金比例，并在条件满足时把基础仓位全部买进。

再看图5-2所示，股价阳克阴站上10日均线的当天，可以把基础仓位资金全部买进，即20万元资金，然后进入到可实质性操作的阶段，即利用滚动资金反复操作。

在大阳线突破60日均线后，结合其他各条件可知，操作资金不再受限制，只是在操作中要注意滚动资金和备用资金的使用区别。整个复盘过程结束，至此可知道买进股票的当天应该补充多少仓位。

此复盘是从图 5-2 中取款密码一处开始的，但在实盘操作中，取款密码一也许是圈 1 所示的位置，也许是方块 3 所示的位置，也许是方块 1 或者 2 所示位置，这几种不同位置应对方法与上述讲解过程中的操作方法大同小异，即看到股价在下跌，保留着底仓 1000 股，其余资金不动，拒绝补仓，直到下一个阳克阴 K 线形态出现，或者疑似取款密码一出现后再小单买进。如果发现股价继续下跌，则卖掉买进的小单，继续保留 1000 股，等待下一个疑似买点的出现。这就是小单的作用——控制住了风险，一旦明确底部来临，主力开始进攻时，便可大举参与了。

第二节　取款密码二

一、取款密码二需要满足的条件

取款密码二需要满足以下条件：
（1）股价不再跌破取款密码一的低点。
（2）出现阳克阴K线形态，同时成交量放大。
（3）均线系统由下跌转为走平，且各条均线间距不大，呈胶着状。
（4）MACD指标底部金叉，或金叉不久，或即将金叉。

取款密码二表示主力已经进入建仓尾声，在实盘中，这是众多投资者极好的建仓位置：一方面，建仓位置比较低；另一方面，等待主力拉升的时间也不会太久。如图5-3所示。

图5-3中，取款密码二和取款密码一相比，股价不再创新低，这是对主力底部建仓的确认；出现放量阳克阴K线形态，表明多方开始占据优势，具有上攻的可能；均线系统已经由下跌转为走平，各均线的间距很小，处于胶着状态，表明市场平均成本拒绝降低，空方力量在衰减，而多方力量在不断累积，股价进入上涨周期；MACD指标在底部金叉，我们结合均线系统可知，股价进入可操作区间。以上四个特征是取款密码二的标准，预示着股价可以进行实质性操作了。

可见，取款密码二比取款密码一可靠性高很多，理由如下：
（1）有取款密码一作参照坐标，取款密码二的股价不再创新低，这就是对主力底部建仓的确定，也是对股票下跌趋势终结、上涨趋势确立的初步印证。
（2）均线系统由下跌转为走平，说明市场成本不再降低，市场资金开

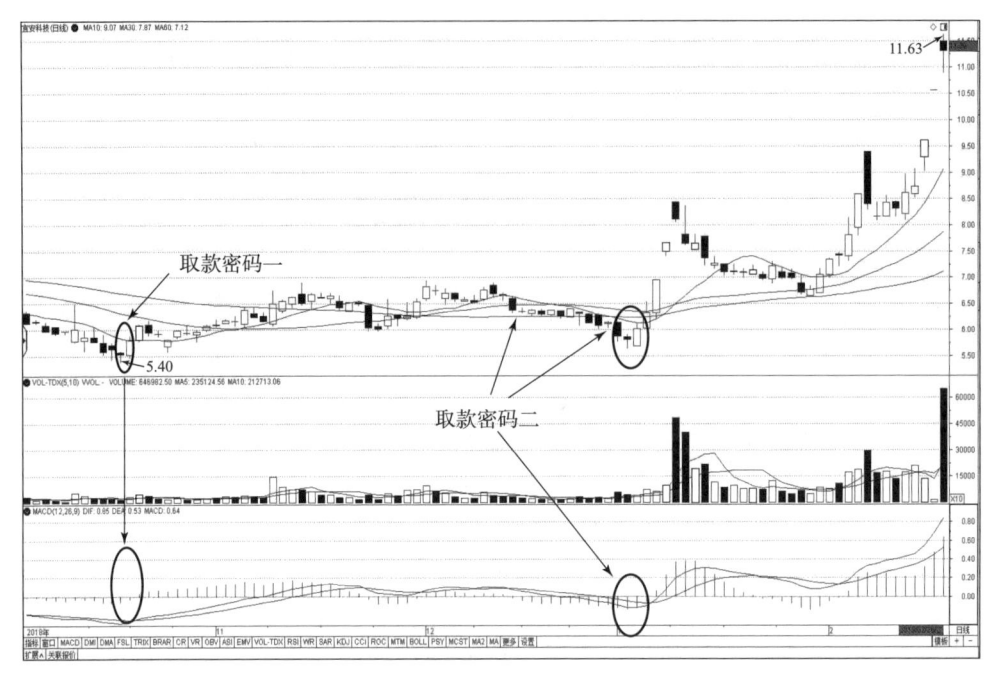

图 5-3 取款密码二的四个条件

始普遍认为股价过低,有修复的需求,这本身就是多方的明确态度。

(3) MACD 指标底部金叉说明多方资金至少在短期内已经做好了上攻准备。所以,从对取款密码二框定的这些条件,已经说明股价有极大的上涨预期。再加上我们的操作周期是两个月,在取款密码二出现的未来两个月的周期内,获得 10% 以上收益的概率极高。这是一个可以立刻制定操作计划、进行实质性交易的信号。

既然有这么高的胜率,我们是不是可以满仓买进,等待赚钱了呢?绝对不是。股市是一个风险市场,即使我们有超过 99% 的赚钱概率,那也应建立在稳健操作的基础上,绝不是一锤子买卖。取款密码和收款密码是整个操作系统在个股买卖时的提示信号,在资金管理和交易策略的指导下,能够发挥巨大的作用。但是,离开了交易体系作保障,取款密码和收款密码也和其他技术指标一样,发挥不了独特优势了。

二、取款密码二的应用

取款密码二的应用应遵循以下原则：

1. 资金管理原则

（1）疑似取款密码二出现时，可参与资金上限为总资金的20%。这里的总资金指的是计划参与某只股票操作的资金，而不是所有的资金。比如，你所有的资金是500万元，计划参与某一只股票操作的资金是100万元，那么当这只股票出现疑似取款密码二时，你可买进的资金上限是100（万元）×20% = 20（万元）。

（2）出现疑似取款密码二后，股价上涨，并突破10日均线，同时10日均线由下跌转为走平或者拐头向上，可参与资金上限提高至计划参与该股操作的总资金的50%，其中的20%为基础仓位，另外的30%仓位是滚动资金。基础仓位是指买进该股后持仓不动的仓位，除非该股大涨后股价在10日均线处明确出现收款密码时应该降低基础仓位，直至清仓，或者该股基础仓位买进后并没有走强，而是反向走弱，此时也应该迅速减仓，但是不要清仓。

2. 交易原则

（1）遵循的交易策略为小单试错，拒绝补仓，顺势跟进，敢于重仓。

当疑似取款密码二出现时，我们可小单买进，如买进1000股。如果股价上涨，我们则应不断加仓，但根据资金管理原则，在股价明确站上10日均线之前，买进的总资金不得超过计划操作该股的资金的20%。买进后，如果股价下跌，我们要拒绝补仓，但也不必卖出已经买进的1000股，耐心等待下一个阳克阴K线形态的出现，然后再按照小单试错的交易策略操作。

（2）股价突破10日均线，并确定站上10日均线后，基础仓位基本全部买进，账户会有浮盈，滚动资金才可使用，应采用顺势跟进的交易策略。

根据股价运行的活跃程度以及安全程度，可以将滚动资金分成若干份进行买进操作，如果股价比较强势，可以多买些；股价运行比较迟缓，则可少买些。滚动资金买进的时间点是：股价突破10日均线后，一般都会回调确认对 10 日均线的突破，当股价回调到 10 日均线附近时，如果盘面走势不跌破 10 日均线，则可小单买进，比如买 2000 股，5000 股等。当股价确认 10 日均线后重新开始回升时，在出现阳克阴的当天可以加大用滚动资金买进，此时的买进总量可与基础仓位持平，目的是如果盘中有快速上涨的机会，可以做 T+0 操作，当股价明确开始上涨后，可将剩余的滚动资金全部买进。

根据滚动资金的使用目的，在用滚动资金买进后，当出现股价上涨受阻或 K 线卖出形态时，迅速减仓。减仓时也采用小单试错的策略逐步实施。当股价止跌回升或者回调到重要支撑点位时，减掉的滚动资金可以伺机买回，从而完成滚动操作。如果滚动资金减仓后股价不跌反涨，不可追高买回，这也是另一种拒绝补仓，因为采用的是小单卖出策略，所以即使股价上涨也不会少赚多少钱，不必介意。此外，如果追高买回会打乱股价操作的节奏，得不偿失。

（3）在基础仓位和滚动资金交易的过程中，不必每天操作。

只要确保不同阶段参与的资金总量不出现混乱，就不会出现大的风险。

另外，股价每天的小阴小阳都属于正常走势，不具有特别意义，不必大惊小怪，只有在关键节点处出现的 K 线形态才具有引导股价未来走势的作用，在操作上应特别重视。出现明显的 K 线卖出形态需要及时操作卖出，其他的时间操作与否不做必然要求。

（4）买卖交易时间多在下午收盘前的半小时。

此时 K 线形态基本确认，多空双方的较量胜负已分，操作时出错概率小，这是主要资金交易的时间段。其他的时间段如果发现机会可小单操作。但是，如果确定要卖出操作，应当在上午开盘后的半小时内完成，还有一种情况是盘中突发大跌，如果股价出现在关键节点处，可不必等到收盘，应该及时减仓或者清仓。同样，如果在关键节点处突发大涨，也应该及时追进。

图 5-4 是豫光金铅（600531）部分时段走势图，取款密码二所在位置的时间是 2019 年 1 月 3 日，下面我们通过具体跟踪操作来体会取款密码二在实盘操作中的应用。

如图 5-4 所示，取款密码二出现后，可参与资金为计划参与资金的 20%，计划参与资金按 100 万元，那么此时最多可买进 20 万元资金。

第五章 五种致胜取款密码

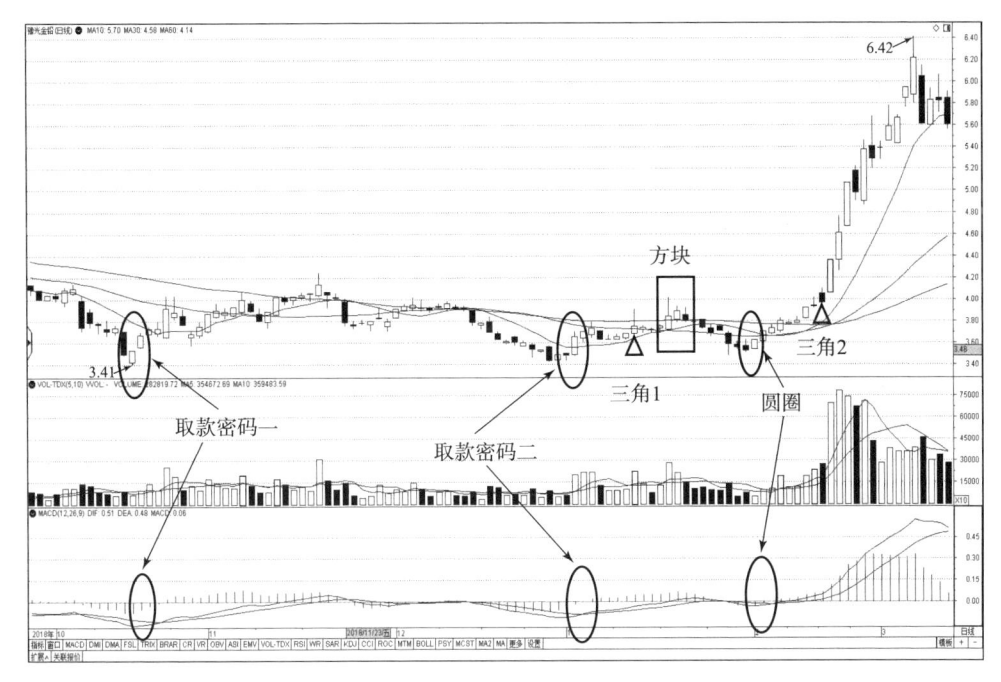

图 5-4 取款密码二在实盘中的应用

取款密码二是通过后来股价走势确定的，在当时出现阳克阴 K 线形态后，当其他辅助条件都满足取款密码二的要求时，也并不能百分百保证取款密码二一定成立，这是实盘操作中常见的问题。回头看股价走势，涨跌有序，轨迹清晰，似乎很容易把握，但参考意义不大，因为你只能赚未来股价走势的钱。难的是，股价未走出来之前，无论你如何以其历史走势做参考，都无法笃定股价未来上涨或下跌。

具体到图 5-4 中个股的走势，在疑似取款密码二的位置出现阳克阴 K 线形态时，虽然不能百分百确定取款密码二已经出现，但是通过对股价的整体分析，对比其历史走势也能判断出该股底部基本确立，多方力量开始不断累积，即使股价还可能创新低，下跌幅度也有限，这些判断才是买卖股票的真正依据。实盘操作中不能期望取款密码二出现后买进股价就立刻大涨，因为有这种想法就意味着要确定取款密码二，现实中这是不可能的，这种悖论必然会导致操作上的混乱。

正确的做法是：在可能出现取款密码二的位置出现了阳克阴 K 线形态

后就可以利用交易策略第一时间操作了,再根据股价后面的走势决定是加仓还是减仓,取款密码二不断明确就不断加仓,如果出现取款密码二失败的迹象,再决定是减仓或者等待下一个阳克阴的出现。

再看图5-4,在取款密码二处出现了阳克阴K线形态时不用犹豫,立刻考虑小单买进1000股。仔细分析这个阳克阴K线形态的特征,发现非常强势,收盘站上了10日均线,同时10日均线由下跌转为走平,甚至是向上拐头(这在交易日当天就可发觉)。出现这种情况,操作上一定是加大仓位的,只要不超过资金使用上限,买多少都可以,如买10万元资金。

由于股价第一次突破10日均线,一般都会对10日均线做确认式回调,而且取款密码二也还在确立过程中,所以先买进一半的基础仓位,等股价回调不破10日均线时,再买进另一半基础仓位。

第二天、第三天股价微幅上涨,由于不在关键节点处,属于正常走势,可操作,可不操作。如果操作可小单买进,因为股价此时处于上涨过程中。

第四天,股价出现阴线,并覆盖第三天的阳线,而且是在30日均线的位置,说明股价有确认10日均线的可能,甚至也会跌破10日均线,此时是要引起注意的,在操作上由于只买进了一半的基础仓位,所以暂时可以不用减仓,继续观察。

第五天,股价没有继续下跌。第六天,股价出现小阳线。第七天,股价与前一天比不创新低,且收出小阳线,同时,10日均线已经明确向上运行,说明股价开始站上10日均线,此时买进剩余的一半基础仓位。

第八天,基础仓位买进后,股价出现了强势上涨,并站上了30日均线,如图5-4中三角1所示的K线。在盘中,股价一举突破60日均线,但上方压力较大,出现了冲高回落。由于股价仍在10日均线上方运行,且10日均线向上运行良好,而且目前只持有基础仓位,没有用滚动资金买进,所以不用减仓,继续观察。但是,如果股价出现阴克阳K线形态,且股价有跌破10日均线的可能,就要减掉部分基础仓位,因为这时的回调可能会对取款密码二进行确认,由于无法判断股价是否会跌破疑似取款密码二处的低点,所以减仓会更安全。

第九天、第十天、第十一天股价在30日均线附近休整,最低点到达10日均线附近便止跌回升,这说明10日均线的运行良好。此时,10日均线明显有金叉30日均线的迹象,说明多方比较强势,在操作上可以动用少量滚动资金，如用10万元资金买进，之所以不能动用全部滚动资金，是因为股价仍在60日均线下方还没有完全走强，操作上需要保持谨慎。

滚动资金的操作原则是在遇到任何上涨乏力的迹象时都可以小单卖出，当出现明确K线卖出形态时可全部卖出。

第12天，股价大涨突破60日均线，但在盘中出现明显的冲高回落，操作中，滚动资金可在盘中冲高回落时逢高小单卖出，不要想着盘中卖在最高点，看到股价无法再继续冲击高点时可小单卖出，如果股价继续回落，则继续小单卖出。在收盘前，如果K线图是经典的卖出形态，滚动资金可以全部卖出；如果K线图是非典型卖出K线，可在第二天判断是否继续卖出剩余的滚动资金。

图5-4中方块所圈出的三根K线分别是第十二天、第十三天和第十四天的形态。第十二天的K线是非典型性卖出K线，再加上处于刚突破60日均线，位置很低，所以不必全部卖出滚动资金仓位。第十三天，股价出现一定回升，但高点并未突破第十二天股价的最高点，这需要引起警惕，说明第十二天K线所形成的高点确实压力很大，如果后一天股价仍无法突破第十三天的高点，那股价就有可能出现调整，需要卖出剩下的滚动资金。实际走势是第十四天，股价盘中无法突破第十三天的最高股价，预示着股价可能会出现调整，那么在盘中就应该减仓滚动资金，仍采用小单卖出。当收盘前不断明确股价走弱且可能出现阴克阳K线形态时，基础仓位全部卖出。

第十四天最终收出阴克阳K线形态，而且是在60日均线的关键节点处，同时还是股价突破60日均线后的回调，这都说明股价有可能要回调一段时间，要做好减仓基础仓位的准备。如果后一天股价仍出现下跌迹象，就要卖出部分基础仓位。

第15天，股价上冲乏力，无法站上60日均线，这是明确股价要回落的信号，此时应果断卖掉至少一半基础仓位，在收盘前确认弱势后可继续卖出，只保留1000股，以便跟踪和后续操作。

第十六天到第二十一天股价持续下跌，根据操作策略，拒绝补仓。

第二十二天股价出现阳克阴K线形态，此时股价的最低点未跌破取款密码二位置的低点，说明取款密码二被确立，同时也说明主力建仓接近尾声，股价后市将进入上涨阶段，如图5-4中圆圈所示的位置。遇到这种情况不要犹豫，第一时间把基础仓位买进，所以在图5-4圆圈所示的位置，应全部买进基础仓位，因为这一天股价并未站上 10 日均线，所以暂时滚动资金不参与。

第二十三天，股价站上 10 日均线，此时 30 日均线走平，10 日均线与 30 日均线纠缠在一起，但未完全由下跌转为走平，所以可用少量滚动资金买进，等股价明确站上 10 日均线且 10 日均线完全走平后，可用全部滚动资金买进。

第二十四天，股价继续上涨，站稳 10 日均线且 10 日均线走平，用全部滚动资金买进。

需要指出的是图 5-4 中的三角 2 处 K 线，因为股价上涨刚启动，位置很低，这种走势就成了明显的洗盘动作，操作时可以不卖出，也可以小单卖出，保持操作节奏，但是，因为极有可能是洗盘动作，所以做好随时买回甚至是加仓买进的准备。

注意：取款密码二出现是主力建仓后半段的开始，股价反复震荡仍会经常出现。有时候，股价虽然不再跌破取款密码二出现时的低点，但会出现两次甚至更多的股价下探，这对普通投资者来说是很难熬的。同时，主力骗线也会经常出现，在分析取款密码二是否成立时，除了阳克阴 K 线形态以外，还要特别留意其他辅助指标是否满足要求，如果不满足要求，就有可能是主力骗线，应果断剔除，以此提高判断的准确率。

第三节 取款密码三

在股价运行的标准过程中，取款密码三会在三个关键节点处出现。

第一个关键节点是拉升阶段的启动点（称之为 A 节点）。取款密码三在此节点出现，标志着主力建仓阶段的完成，也标志着主力拉升阶段的开始。

第二个关键节点是股价"快速拉升"的启动点，（称为 B 节点）。在此节点出现取款密码三，预示着股价将进入快速拉升行情。股价进入拉升阶段后，标准走势是先进行稳步推升股价，这是第一阶段的上涨。当股价上涨到一定幅度后，会进行整理、洗盘，标准走势是调整到 60 日均线附近，然后会出现取款密码三，这就是 B 节点所出现的取款密码三，预示着股价调整结束，将进入快速上涨时段。

第三个关键节点称为 C 节点，此处出现取款密码三，预示着股价正式进入拉高出货阶段。股价经过加速上涨后出现回调，并在 60 日均线处止跌，此时股价不再下跌，而是出现阳克阴 K 线形态，有继续上涨的迹象，这就是 C 节点，60 日均线处的阳克阴 K 线形态也是取款密码三的关键要件。

这里需要强调：

（1）任何一只股票进入拉升阶段后，都会有 A、B、C 三个节点出现。

A 节点是股价进入拉升阶段后第一阶段上涨行情的起点；B 节点是股价进入第二阶段上涨即快速拉升阶段的起点，也称为主升行情的起点；C 节点标志着股价进入第三阶段上涨，称之为出货阶段上涨行情的起点。

（2）在 A 节点出现，一定是取款密码三的信号，但 B 节点和 C 节点则不一定。

当取款密码三出现时，我们首先要判断它出现在股价上涨周期的哪个阶段，是 A 节点、B 节点还是 C 节点，然后再制定对应的操作计划。

一、取款密码三 A 节点

取款密码三 A 节点是主力从建仓阶段到拉升阶段的转折点，取款密码三的出现是主力进入拉升阶段的标志，之后股价的节奏就是上涨—洗盘—再上涨三部曲。

A 节点特征如下：如图 5-5 所示。

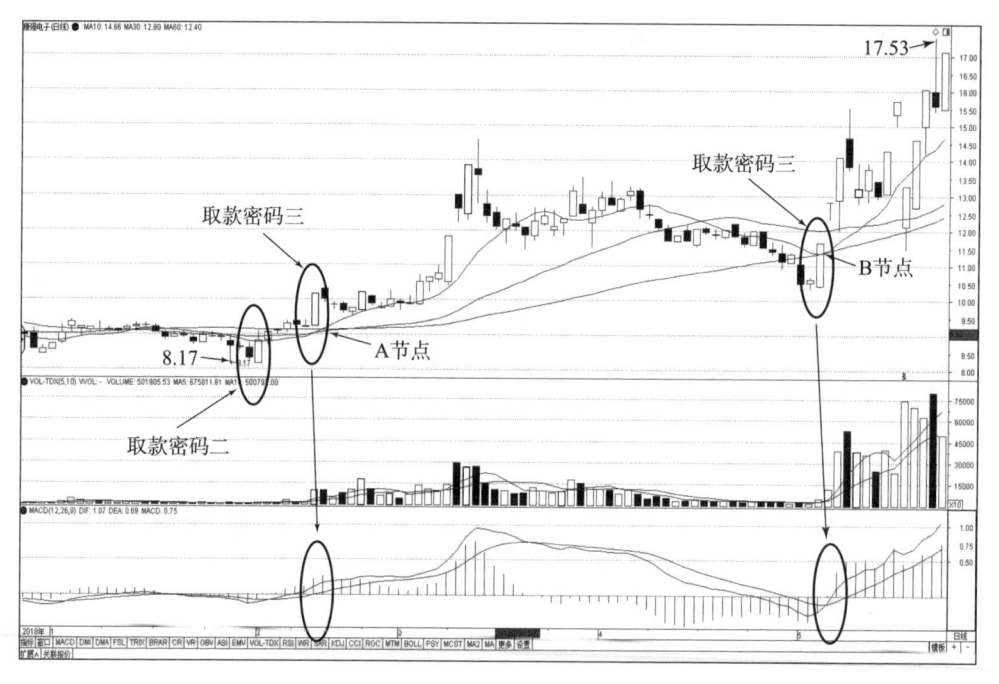

图 5-5　大阳线确立 A 节点处取款密码三

（1）股价在 60 日均线处出现中大阳线、阳克阴 K 线形态或者一阳穿三线 K 线形态，同时伴随放量。

（2）均线系统由下跌转为走平，取款密码二已经出现。如果没有出现取款密码二，取款密码三的作用将会减弱。

（3）MACD 指标金叉或处于金叉初期，也可能处于多方区域。如果 MACD 刚死叉，需要 K 线形态进一步确认。

取款密码三是股市中众多散户参与个股操作的最佳时点，是资金使用效率最高的阶段，也是资金收益率最高的时期，尤其是取款密码三 A 节点处，由于股价位置很低，风险很小，必然会出现在任何一只股票的运行过程中，所以是操作的最佳节点。

需要强调的是：取款密码三在 A 节点不需要确认，只要出现就说明主力建仓基本结束，股价将进入拉升阶段，之后即便股价出现调整，极端情况甚至跌破取款密码二的低点，也表示主力在为拉升做最后洗盘，操作上甚至可以寻找机会继续低吸。

如图 5-6 所示，取款密码三 A 节点处有如下特征：

和图 5-5 不同，图 5-6 中 A 节点出现的取款密码三核心特征是一根一阳穿三线的大阳线，同时，均线系统已经由下跌转为走平一段时间，取款密码二已经出现，MACD 指标处于底部金叉初期。

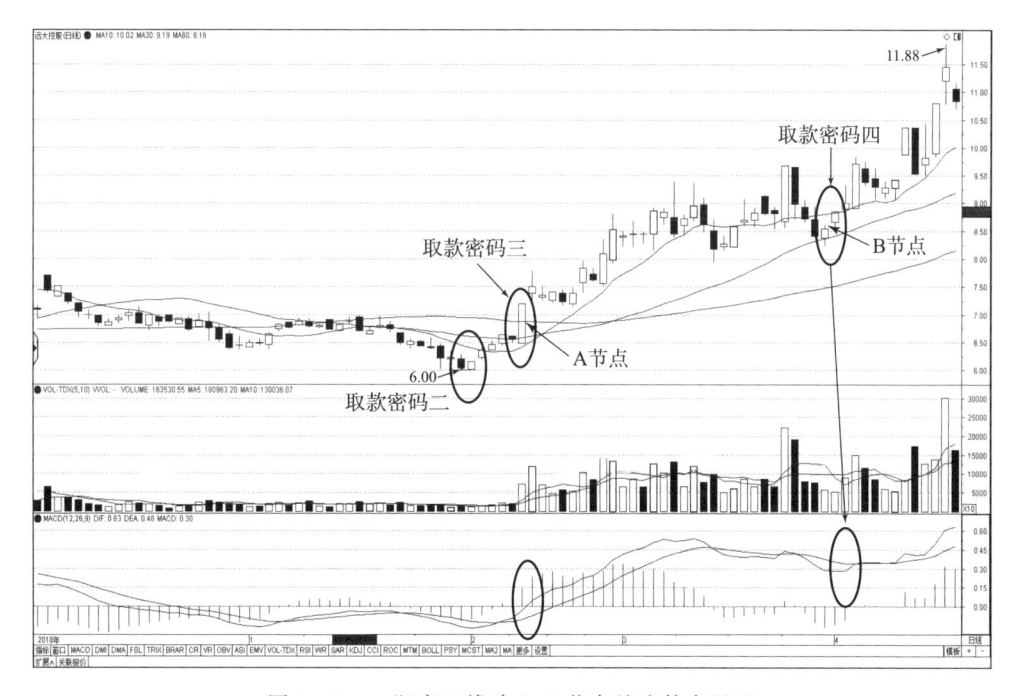

图 5-6　一阳穿三线确立 A 节点处取款密码三

再如图 5-7 所示，取款密码三 A 节点处的特征如下：

A 节点处取款密码三出现了两次，K 线形态一次是大阳线，一次是阳克阴。

图 5-7 中阳克阴 K 线形态出现的位置也称为 A 节点是因为在取款密码三第一次出现后，股价并未大幅上涨，均线系统只是稍微向上拐头，不具备 B 节点形成的条件。

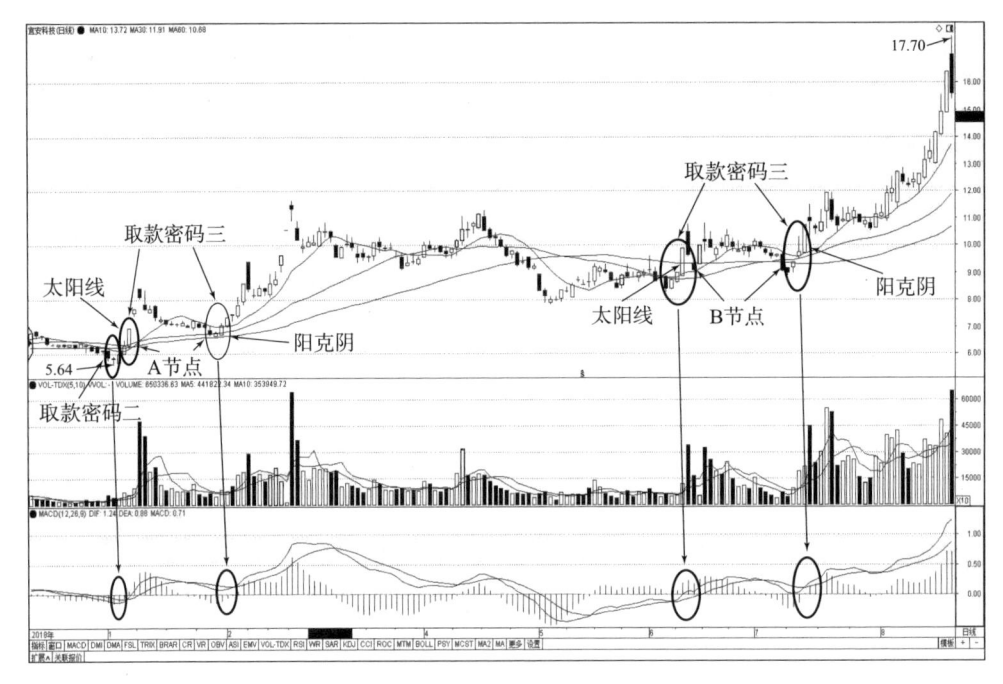

图 5-7 底部 A 节点处取款密码三可多次出现

当你在选股时发现了处于取款密码三 A 节点的买进信号，应该毫不犹豫地进入操作节奏。具体做法是：

（1）制定操作计划，包括建立两个月的操作周期，归拢资金，制定资金管理计划，如能够用多少资金运作。

在两个月的操作周期内，除了重点参与这只出现取款密码三的股票外，还要选择两只正处于活跃期的股票，当重点参与的股票处于洗盘或者休整期时，可参与这两只活跃的股票，以提高资金利用率。

（2）收盘前发现取款密码三信号可立刻买进，如买 1000 股，目的是先持股，等收盘后制定好操作计划再继续跟进。

如果心中已经有操作计划框架，可以把基础仓位全部买进。其实，若从出现取款密码一开始复盘，到出现取款密码三时早已把基础仓位全部买进。

第五章　五种致胜取款密码

如果在收盘后发现取款密码三信号，第二天开盘集合竞价时至少可买进半仓基础仓位，再根据盘中走势寻低点或者收盘前再买进另一半基础仓位。

（3）依据操作策略反复交易，即小单试错，拒绝补仓，顺势跟进，敢于重仓。

基础仓位买进后，如果股价出现下跌，拒绝补仓，直到股价止跌回升出现阳克阴K线形态时可动用滚动资金小单买进；如果股价回升确定，则可在盘中顺势跟进，全部买进滚动资金。

此时股价的运行特点是不断拉升，然后洗盘。用滚动资金买进后，股价出现上涨，在出现K线卖出形态时，可小单卖出，直到滚动资金全部卖完。如果股价在盘中有确定性的波动机会，可利用滚动资金和基础仓位之间做T+0交易。需要强调的是，做T+0交易所使用的资金最多只能和基础仓位资金相同。

如果股价上涨态势明显，均线系统已经多头排列，可重仓参与，动用备用资金，利用一小时交易法进行交易，以扩大获利空间。

在A节点出现取款密码三之所以说风险小，是因为有整个操作体系作保障，而不是说出现取款密码三后股价不再下跌或者立刻大涨。

在操作体系中，对资金管理不是指全仓买进然后被动等待，所以可以化解波动下跌的风险。对时间管理是指在两个月的操作周期中把收益目标分散在一段时间内综合操作，降低了偶然操作失误所带来的风险。对交易策略管理指出现买进条件时先小单买进，如果出现下跌则拒绝补仓，这样杜绝了风险的扩大；当股价止跌回升时，顺势跟进，扩大持仓，同时滚动操作，不断锁定利润。如此，在发现取款密码三A节点时，操作完全没有了后顾之忧。

具体操作如图5-8所示：

图5-8中取款密码一、取款密码二相继出现，在A节点处出现了取款密码三，复盘时发现此股，立刻进入操作节奏，具体做法是：

（1）马上在盘中买进基础仓位。

取款密码二出现后，该股已经进入可操作区间，复盘后会发现，基础仓位早已全部买进。

（2）准备好滚动资金，如果股价出现回落，可小单买进。

当股价回落后再次出现阳克阴时，可加大仓位，直到滚动资金全部买进。如果取款密码三出现后股价稳步上涨，则可用滚动资金全部买进，然

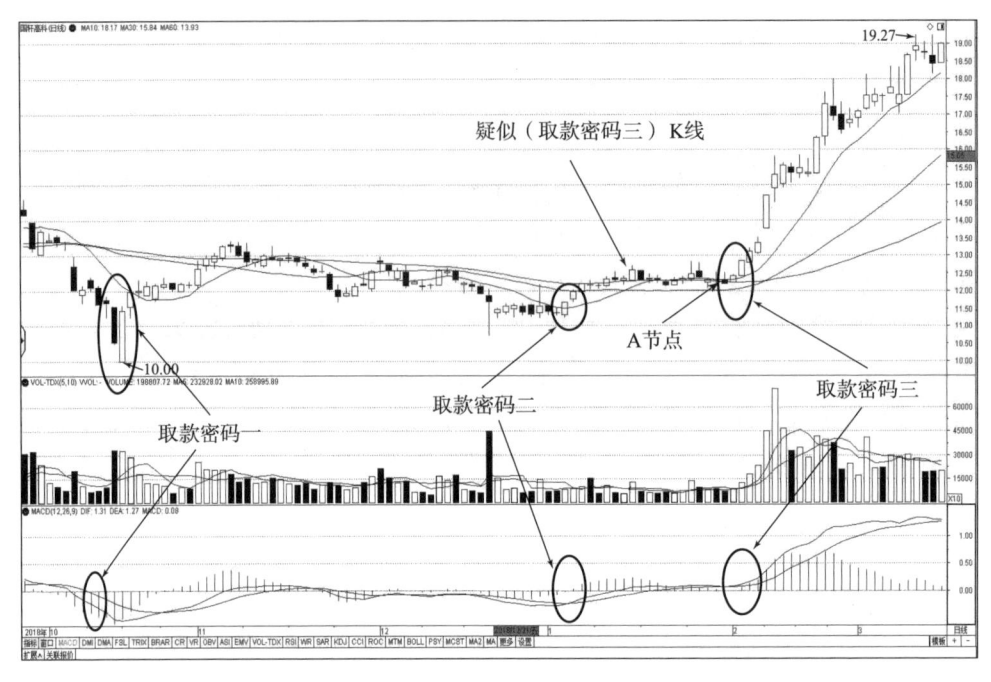

图5-8 取款密码三的具体操作

后，滚动资金可按照K线卖出形态操作。所以，图5-8中取款密码三出现后的第二天，用滚动资金可全部买进，此时持仓为计划参与资金的50%。

如果是在收盘后发现的该股，则操作时间可顺延一天。

(3) 在用滚动资金买进后，若该股一直沿着10日均线稳步推升，并未出现K线卖出形态可一直持有。

此过程中，可以根据当时的交易情况，用一小时交易法及时使用备用资金，扩大利润。

由于不同人操作水平不同，对盘面的理解不同，对如图5-8所示盘面形态恐慌，可小单卖出降低仓位，直到不再恐慌为止。既然你有志在股市中有所作为，就要按照交易体系努力提高自己的交易水平和看盘能力。

需要提示的是，在图5-8中，有一根疑似取款密码三的K线，如果你在复盘时看到的是这根K线，仍可按A节点取款密码三的要求把基础仓位买进。之后，股价出现继续整理，滚动资金可小单参与，也可以利用滚动资金和基础仓位配合做短差或者盘中做T+0操作，直到下一次阳克阴出现，用滚动资金再加大仓位，迎接真的取款密码三信号。

如果此过程中股价调整的幅度较大，根据交易策略，不用滚动资金大量买进，这是实盘中经常遇到的情况，不要奢望只要出现取款密码三信号股价就大涨，还是要通过操作体系确保资金主动权，确保收益稳定。

二、取款密码三 B 节点

取款密码三是在 60 日均线附近出现明显多方占优的 K 线形态，包括 60 日均线上方的一根中大阳线，突破包含 60 日均线在内的均线系统的一阳穿三线 K 线形态，或者 60 日均线附近的阳克阴 K 线形态。

A 节点的取款密码三出现后，股价开始第一阶段的上涨。第一阶段的特点是股价进二退一，边拉升边洗盘，有时洗盘的幅度还比较大，根本原因是股价进入拉升期后，市场筹码都处于获利状态，主力此时要清理掉尽量多的散户获利筹码，抬高市场总体成本，为之后的大幅上涨减少障碍。

经过第一阶段上涨后，股价会进入休整期，休整期的目的有两个：①主力主动换手锁定一部分利润，腾出一些滚动资金为后面的主要上涨做准备；②通过休整，清理掉前期绝大部分获利盘，进一步抬高市场成本。

当股价调整到 60 日均线附近出现了止跌回升的 K 线形态时，则 B 节点的取款密码三就会出现，这是股价即将进入主升行情的标志，表示股价将进入第二发展阶段。

需要强调，B 节点并非一定会出现：在牛市中，B 节点大概率会出现；在熊市或震荡市中，个股的上涨不一定是完整的三部曲，很多时候是一次涨到位，股价休整后再上涨就进入了拉高出货阶段。所以在操作时，应注意分析大盘所处的环境，对 B 节点可能失效的情况做出预案。

取款密码三 B 节点有如下特征：

（1）股价在 60 日均线附近出现阳克阴 K 线形态或者中大阳线。

（2）均线系统由上涨转为走平，且上涨时间并不长，上涨幅度并不大。

（3）MACD 指标刚出现金叉或即将金叉或处于多方区域但并未死叉。

如图 5-9 所示，B 节点出现取款密码三后，股价出现了主升行情，时间短，上涨幅度大，这是资金使用效率最高的一段，是最应该把握住的一段操作。当然，必须明白，股票涨势好是"回头看"的判断，在当时的操作中，每一天的股价走势似乎都很难把握，我们学习的目的就是了解股价运行所处的阶段，通过资金管理和交易策略尽可能多地把握利润，同时不至于过早地被主力清洗出去。

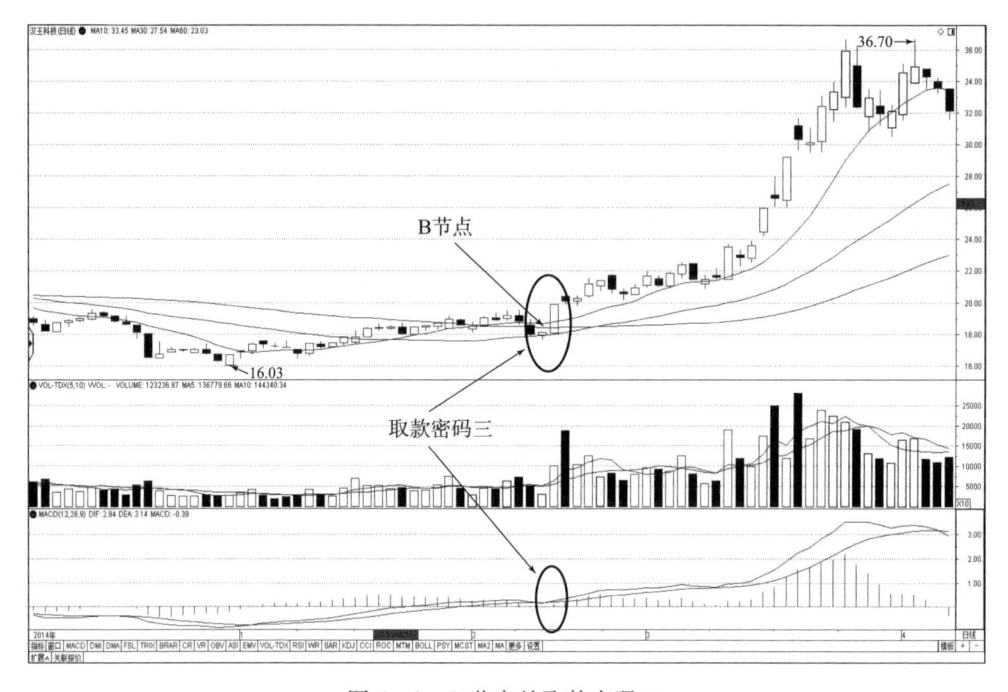

图 5-9　B 节点处取款密码三

图 5-9 中，B 节点出现取款密码三时，当天可把基础仓位全部买进，对拉升阶段的股票必须时刻跟踪，尤其第一阶段上涨已经参与的个股，绝不能在调整阶段跟丢了。股价第一阶段上涨后进入调整阶段，看似资金在闲置，事实上比你换股操作的资金使用效率更高、风险更小、收益更大。

由于 B 节点有失败的可能，基础仓位买进后，只能用少量滚动资金参与操作，当均线系统明显多头排列后再加大参与资金。股价突破调整前的高点时，表明主升行情开始，此时可积极使用备用资金，抓住扩大利润的机会。

图 5-9 显示，个股在基础仓位买进后，股价沿着 10 日均线稳步上行。其间，出现两次阴克阳 K 线形态，操作时要很警惕，不然很容易被洗出去。同时，由于阴克阳之后的第二天股价没有跌破 10 日均线，表明了主力意图是洗盘骗线，因为参与的是少量滚动资金，资金管理到位，所以我们才会保

持定力。

当股价在10日均线出现一根大阳线，同时突破调整以来的高点，可加大参与资金，同时，备用资金可派上用场，因为此种走势预示着后面股价大概率会加速上涨。图5-9中便是加速上涨的开始，快速且丰厚的收益尽在其中。

股价进入主升行情后，并不意味着持有股票等待上涨结束，事实上我们无法预测股价何时结束上涨。正确做法是：保持警惕，遇到疑似卖出K线形态时小单试错式减仓，下跌逐步明确后再逐步加大卖出仓位，直到收款密码出现，清仓走人。

在图5-9中，该股上涨中出现两个疑似K线卖出形态，小单卖出。当第一个高点出现后，股价未跌破10日均线便再次回升，但是未突破第一高点，则第二高点形成，此时K线卖出形态出现，应加大卖出仓位，直到股价跌破10日均线，出现收款密码，清仓卖出。至此，该股操作基本完成，后市即便股价有波动，很大概率也是主力拉高出货，可忽略，如果想参与也应该是轻仓。

需要说明的是，个股主升行情结束后进入调整是为出货做准备，此阶段的股价上下波动，非常活跃，但是股价重心却不再抬高，或者上涨非常缓慢，成交量整体处于较高水平，但是不会出现天量。正常情况，天量在主升行情结束时已经出现。主力出货绝不是等到最后，会提前出掉一部分，甚至是大部分，在最后阶段，主力留有一半仓位就不错了。对经过完整上涨周期的个股研究来看，股价经过第一阶段上涨后，有些个股会调整到60日均线，随后出现主升行情。但是主升行情过后，股价再次调整到60日均线，这基本就意味着上涨行情结束，之后便是涨少跌多。

第四节 取款密码四

取款密码四为中继（上涨中继或者下跌中继）形态，以 30 日均线为关键节点，会出现止跌型 K 线形态或者阳克阴 K 线形态，并伴随其他辅助条件。其具体要求为：

（1）股价在 30 日均线附近出现止跌型 K 线形态，或者阳克阴 K 线形态。

（2）均线系统呈多头排列，且 60 日均线必须向上运行一段时间，以此确保股价处于拉升阶段。

（3）MACD 指标处于多方区域，但是需要排除死叉初期的情况；或者 MACD 指标在多方区域有再次金叉的迹象，即 MACD 死叉一段时间后绿柱开始变短；或者 MACD 指标已经出现金叉。

图 5-10 所示，股票走势稳健，股价一直沿着 10 日均线稳步运行，调整幅度也较小，在 30 日均线上方便止跌，随后取款密码四出现，股价再次出现明显上涨。还有一类股票较活跃，股价上涨较快，幅度也大，调整时间也长，股价时常会跌破 30 日均线，但不会离 30 日均线较远，很快便回到 30 日均线上方，此时也会出现取款密码四，此种类型股票后市上涨会很快，幅度也会很大，此位置也是股价拉升阶段基于 30 日均线所出现的 B 节点。

如图 5-11 所示，取款密码四是中继形态，需要确认。取款密码四出现后，股价出现回升，如果股价突破第一阶段上涨的最高点，上涨中继被确认；如果股价无法突破前高便回落，说明取款密码四可能演变为下跌中继，或者至少股价会调整到 60 日均线附近，操作上需要做出应对。

第五章 五种致胜取款密码

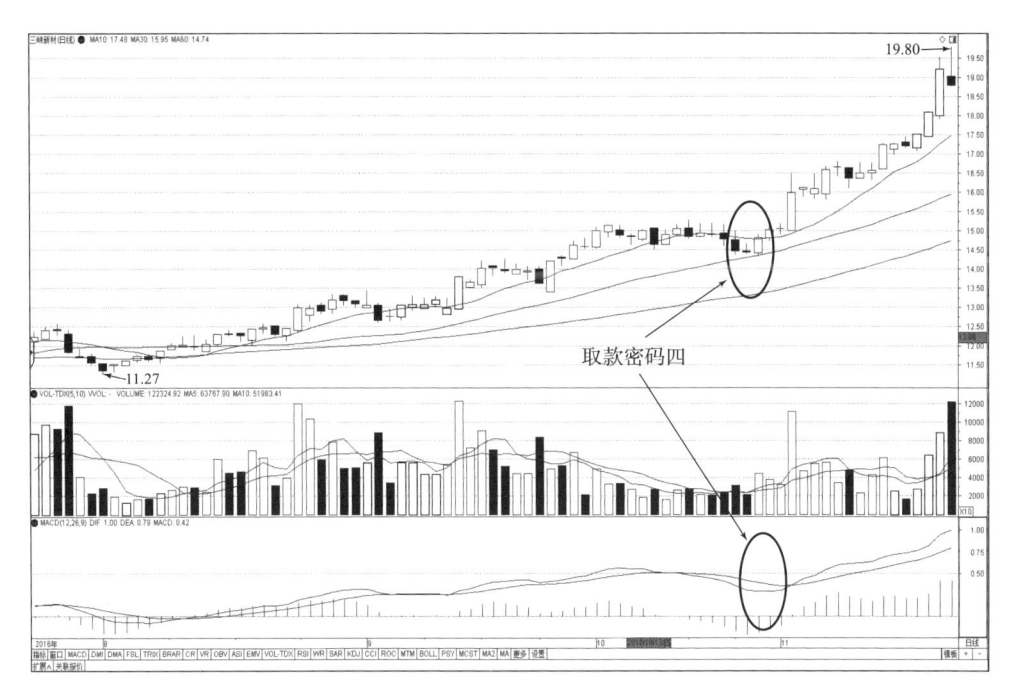

图 5-10 取款密码四的特征

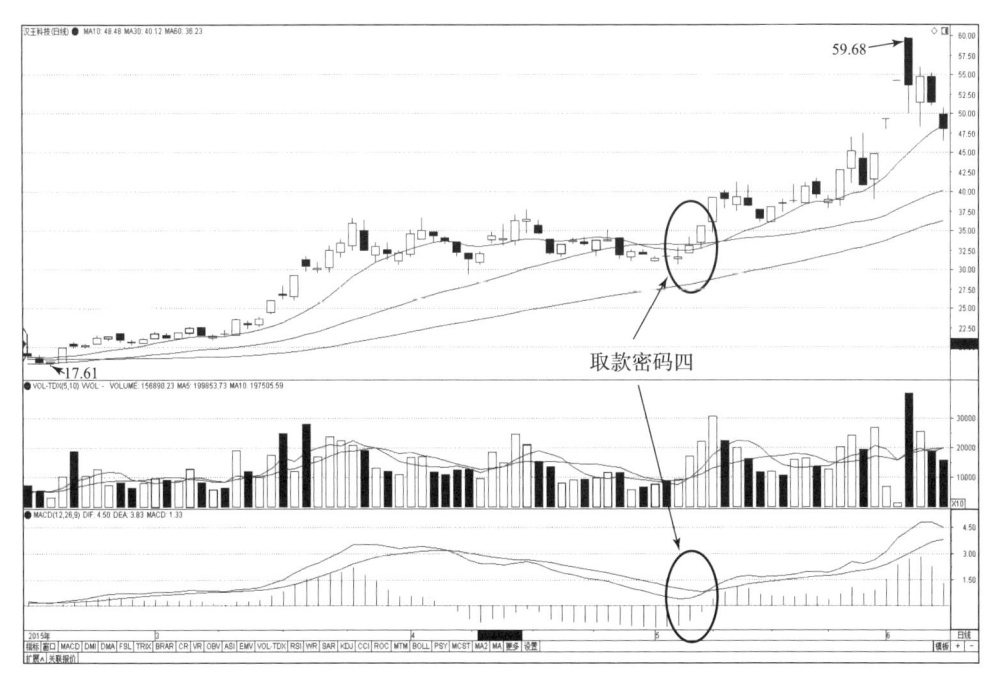

图 5-11 上涨中继中的取款密码四

取款密码四更多出现在 10 日均线与 30 日均线之间，如果股价跌破 30 日均线，则股价调整幅度可能加大，调整时间可能延长，即使在 30 日均线附近出现疑似取款密码四形态，则该形态失败可能性较大，或很有可能向取款密码三演变。

尽管如此，取款密码四有一个成功率极高的情况，通过用基础仓位和滚动资金操作，会获得不错的短线收益，具体要求是：股价在进入拉升阶段后第一次跌破 30 日均线并出现阳克阴 K 线形态，取款密码四出现，短线上涨随即展开。尽管这个上涨幅度不一定很大，也许只有 10%，甚至更低一点，但成功概率极高。当然，也可能是新的主升行情的开始，这是由取款密码四的中继形态本质决定的。

遇到此种情况，操作上应该把握几点：

（1）取款密码四出现当天，即阳克阴确定出现时全部买进基础仓位。

（2）股价上涨并站上 10 日均线，且 10 日均线走平或向上，可用滚动资金全部跟进，至少可买进跟基础仓位相同的仓位。

（3）在出现 K 线卖出形态时，卖出用滚动资金买进的股票，锁定利润。

若股价上涨中继形态确认，则可再用滚动资金伺机买进；若股价无法突破前高点，则在股价重新跌破 10 日均线时，卖出基础仓位。

特别说明：如果第（2）点不成立，则滚动资金不必参与，只用基础仓位参与即可。比如，10 日均线未走平股价便突破 10 日均线，此种情况表明股价仍会反复，或者上涨幅度有限，用滚动资金参与可能会踏错股价涨跌节奏。

在图 5-12 中，股价沿着 10 日均线稳步上涨，取款密码四所示位置是股价第一次跌破 30 日均线，在出现阳克阴 K 线形态当天可买进基础仓位。如果是在复盘时发现这样的 K 线形态，可将交易时间顺延一天。需要指出，我们复盘时，不能只盯着出现立刻买进 K 线形态的个股，更多个股应该是即将出现 K 线买进形态，通过及时跟踪，可在出现买进形态时第一时间跟进。

第二天，股价站上 10 日均线，且 10 日均线走平，用滚动资金全部跟进，至少可以买进和基础仓位相同的股票。

之后股价继续稳步上行，直到前期高点附近，股价上涨遇阻出现冲高回落，连续三天无法突破前高，这种非典型性卖出 K 线形态组合提示要把用

第五章　五种致胜取款密码

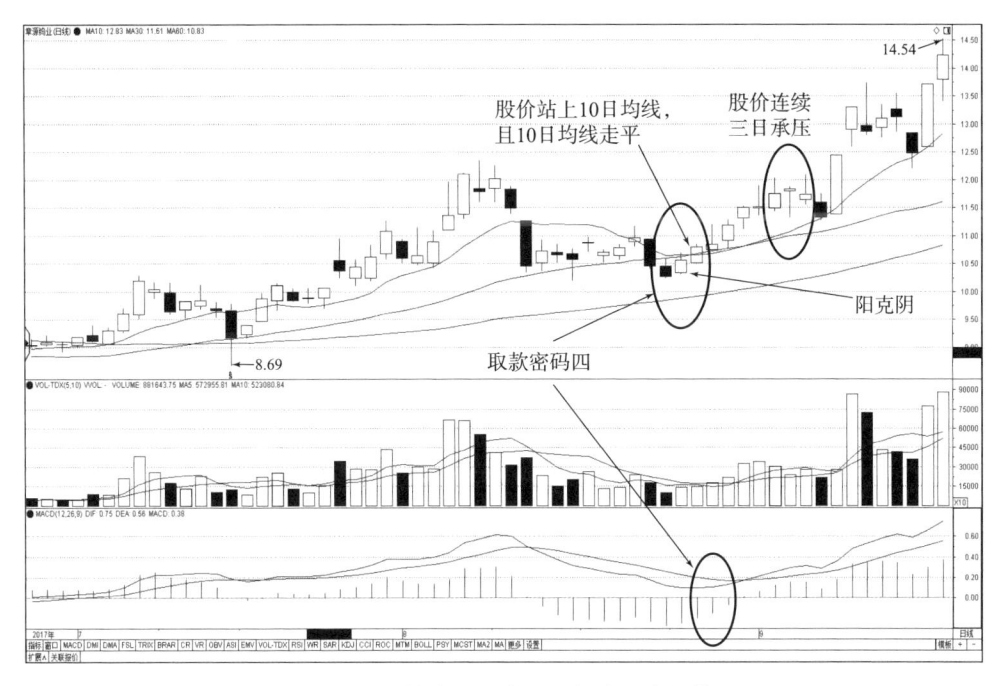

图 5-12　取款密码四中上涨概率极高的情况

滚动资金买进的股票卖出。

在实盘中，股价并不都像图 5-12 一样取款密码四出现后再次一路高歌，更多情况是反复波动，甚至无法突破前高点。在图 5-13 中，股价在前高附近三天无法突破并就此开始回落也不新鲜，所以，交易时要时刻提醒自己记住取款密码四的中继形态本质，参与资金要以基础仓位为主，若用滚动资金参与，要做好随时减仓准备，且此时收益预期不能太高，等上涨中继被确认后再加大操作资金。

在图 5-13 中，股价在第一阶段稳步上涨出现休整后，取款密码四位置是股价第一次跌破 30 日均线，在阳克阴出现的当天，确定后便可买进基础仓位。收盘前股价突破 10 日均线，且 10 日均线走平，满足加仓滚动资金的条件，所以至少可以用滚动资金买进和基础仓位相同的仓位。

之后，股价小幅上涨，但在前高附近遇阻，出现了阴克阳 K 线卖出形态，出于对取款密码四中继形态本质的认识，这里必须减掉用滚动资金买入的仓位。股价在 10 日均线无法止跌，全部卖出基础仓位。

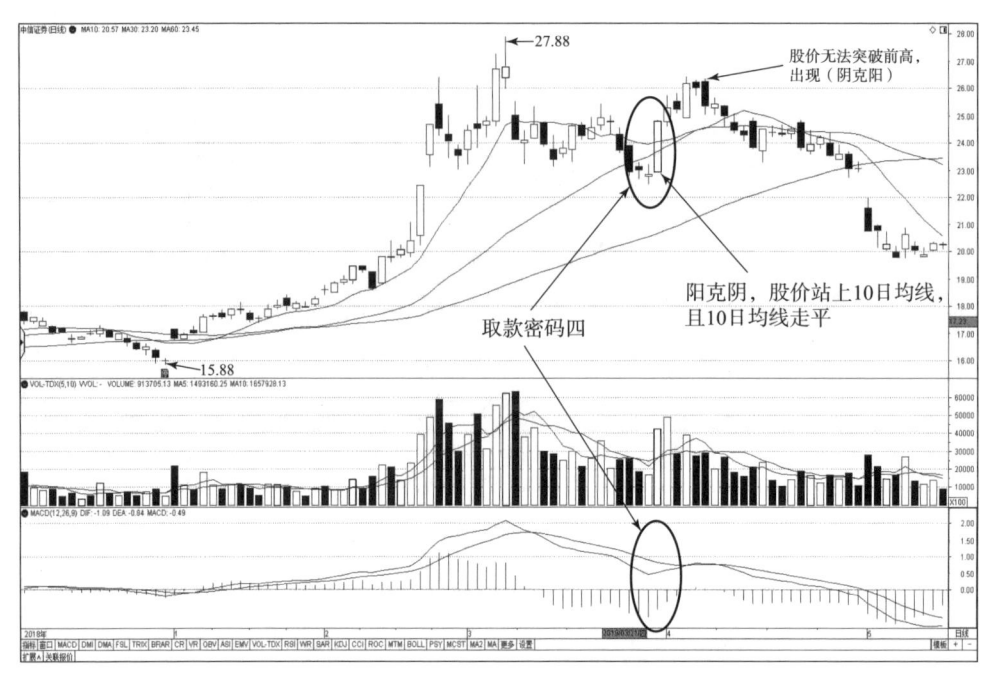

图 5-13 取款密码四的中继形态属性

图 5-13 个股的走势表明，取款密码四出现后的反弹，是股价下跌中继，也是对第一段上涨高点的确认。这个反弹出现的概率极高，尽管有时反弹的力度不大，看似可以获得的利润较少，但是高确定性本身就值得参与，更何况股价还有演变成主升行情的可能。

取款密码四为什么会是中继形态？这是由取款密码四形成的特点决定的。

取款密码四以 30 日均线为关键节点形成，30 日均线是 30 个交易日市场平均成本位，30 个交易日，时间说长不长，说短不短。说长不长，是指对于主力来讲，经过一段时间拉升以后需要休整，30 个交易日是无法有效清理获利筹码的，因为对绝大部分人来讲，30 个交易日是能够忍受的，要想清理获利筹码，继续抬高市场成本，主力一般会有两到三个月的市场休整，所以，即便主力有继续拉升的计划，当股价调整到 30 日均线时，取款密码四的出现也并不意味着股价重新拉升的开始，需要进一步确认。更何况，除去牛市外，大多数情况个股并不会有完整的上涨三部曲，第一阶段上涨后就可能进入拉高出货阶段，所以取款密码四出现后的反弹，也可能是主力的拉高出货。说短不短，指的是在牛市行情中，我们会发现很多个股走势非常强悍，第一阶段上涨完成后，调整到30日均线就基本达到了驱离获利筹码、抬高市场成本的目的。这是因为牛市非常疯狂，众多散户每天看着不断上涨的个股，根本无法忍受主力调整30个交易日的做法，他们觉得在此等待是浪费资金效率，早就换股了，所以，在牛市中，众多个股调整到30日均线就会展开新的主升行情，当然，这也需要股价突破第一阶段高点做出确认。

这就是取款密码四作为中继形态的本质由来，搞清每种取款密码的定位，是善用取款密码控制风险，获取更大、更安全收益的重要一环。

第五节 取款密码五

取款密码五在操作体系中是关于买进操作的最后一个明确提示。

取款密码五基于 10 日均线形成，这是主力拉升股价依托的关键节点。若复盘时发现一只股票沿着 10 日均线攀升，经常出现取款密码五的形态，应立刻进入操作节奏，不管股价当时在上涨还是回调。交易方法是先小单买进，收盘后积极复盘，在确定应该有的持仓后，按照资金管理要求，第二天把资金落实到位，之后便可按照操作计划积极参与了。

取款密码五的要求如图 5-14 所示：

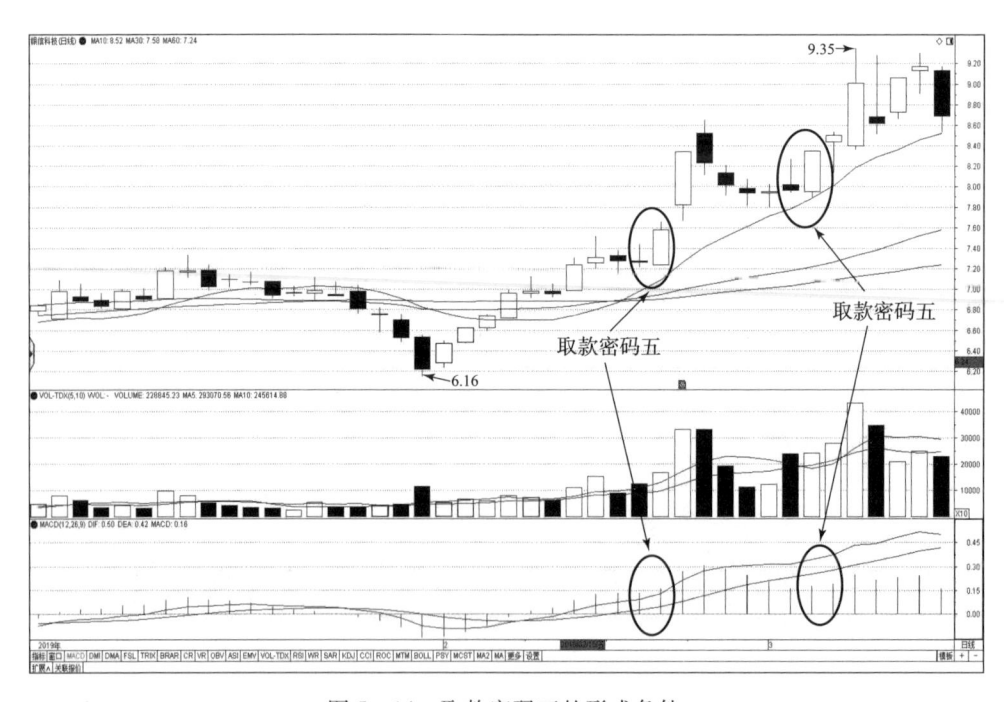

图 5-14 取款密码五的形成条件

取款密码五的形成条件：

（1）股价在 10 日均线附近出现阳克阴 K 线形态，或者大阳线甚至涨停，并伴随放量。如果同时突破最近调整前的高点或者重要的颈线位，则意义更加明确。

（2）10 日均线、30 日均线、60 日均线多头排列。

（3）MACD 指标处于多方区域，红柱运行良好，刚出现金叉，或者即将金叉。即将金叉是指绿柱逐步变短，有立刻金叉的迹象。

取款密码五在实盘中出现频次最多，可操作性最强，是主要操作提示和获利手段。其余四个取款密码为取款密码五做铺垫，彼此相辅相成，前四个取款密码使用得好，取款密码五出现时才能放心大胆获得利润，如果只选择出现取款密码五的股票操作，股价稍作波动便会仓皇出逃，甚至已处悬崖边缘还不自知，被套牢或严重亏损；取款密码五没把握好，前四个取款密码做得再好也只能获得有限利润，只有运用好取款密码五，才是抓住超级牛股获得丰厚收益的有效途径。

取款密码五有三个位置意义最明确：①启动阶段；②加速阶段；③衰竭阶段。只有这三个阶段出现大阳线甚至涨停板，才表示新的行情开始。一个完整的主升行情，这三个阶段都会涵盖。其余位置，股价调整到 10 日均线附近，多以阳克阴形态标志着调整完成。

很多时候主升行情只包含两个阶段，即启动阶段和加速阶段。因为个股上涨并非都形成牛市行情，更多是阶段性上涨。尽管如此，上涨幅度却也十分可观，甚至达到 50%、100% 以上。由于这种波段上涨在操作中十分常见，所以通常为我们获利的主要机会。而且，当个股由波段上涨演变为超级大牛股时，由于二者操作方法相同，必然会手到擒"牛"。

1. 取款密码五之启动阶段

如图 5-15 所示，股价沿着 10 日均线稳步上涨，都可以称为主升行情，它的起点很多时候是一根在 10 日均线附近的大阳线，甚至是涨停板。如果这根大阳线正好突破底部小平台的颈线位，基本可以确定启动阶段行情开始了，这时的取款密码五就是启动阶段开始的标志。

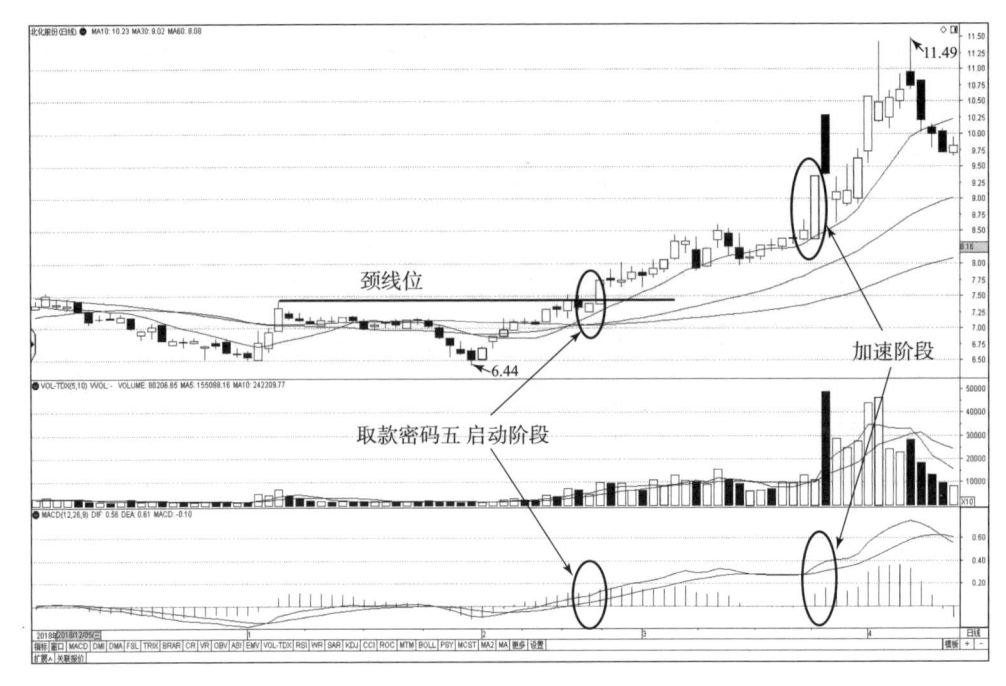

图 5-15　启动阶段的取款密码五

操作中发现启动阶段的取款密码五，有两种方法应对：

（1）复盘时发现该股，没有任何该股筹码。

在这种情况下，我们应该在第二天开盘价买进基础仓位，甚至更多。股价第三天不回调，则加仓到五成；若第三天股价回调，可小单继续加仓。股价不跌破颈线位或者跌到 10 日均线便企稳回升，可迅速加到五成仓位，即把滚动资金也全部买进；若股价跌破颈线位或者 10 日均线，可停止小单买进，原有仓位暂时不变；如果股价继续下跌，按照交易策略要拒绝补仓；如果股价有明确下跌迹象，则要逐步减掉仓位，这种情况几乎没出现过，但理论上有这种可能，需做好应对准备。

（2）已经有基础仓位，甚至更多仓位。

在发现取款密码五当天至少加到五成仓位，若股价第二天不回调，可加到不超过八成仓位，之后不再加仓，而是按照 K 线卖出形态依据交易策略逐步减仓。当减仓到只剩基础仓位后，出现下一个取款密码五，利用滚动资金继续反复操作，直到股价有一定涨幅且跌破 10 日均线，做出清仓动作，一个操作阶段宣告完成。当股价回调企稳并再次出现取款密码,仍可继续操作,但那已属下一个操作周期了。

启动阶段的取款密码五多数情况是股价上涨的冲锋号,由于位置很低,风险也很小,所以这个信号出来是可以重仓参与的,但仍需要按照交易策略稳步推进,不能一次性把资金全部买入。还有一部分股票在出现启动阶段的取款密码五后会出现一定的休整,主要是因为此前股价上涨了一定幅度,突破底部颈线后需要确认,但是调整幅度一般不深,时间也不长。遇到这种情况,先不急于加仓,原有仓位也不必减持,如果股价在10日均线处企稳再加大持仓,如果跌破10日均线,虽然调整幅度不一定很深,但调整时间可能延长,所以基础仓位也要减掉至少一部分,等到下一个交易密码出现后再顺势跟进。

如图5-16所示,圈1为启动阶段的取款密码五,该信号出现后,股价并未继续上涨,而是出现了调整,基于两个原因:其一,该股从均线系统下方启动,已经累积了一定涨幅;其二,股价突破颈线位后需要做出确认。操作上,无论你第一次买进还是已有基础仓位,根据交易策略,圈1之后的调整要拒绝补仓,直到在10日均线处企稳才可以逐步小单买进;圈2处阳克阴出现,新的取款密码五形成,应加大持仓;之后,股价沿着10日均线稳步上行,继续持仓。

圈3处的大阳线极具迷惑性,因为这个取款密码五可能意味着加速上涨的开始,但是实际走势不仅没有加速上涨,反而出现了滞涨。我们知道,在更多时候股价上涨只是阶段性的,并不会走出牛市中启动、加速、衰竭三部曲的上涨范本,所以当出现该涨不涨的情况时不要质疑,要立刻做出相对的操作(即减仓)准备。

当发现该股要跌破10日均线时,应立即减掉基础仓位,但是必须明白,此股上涨幅度毕竟不大,所以应该继续留有小单,防止跟丢。在股价跌到30日均线时,出现了阳克阴K线形态,这是取款密码四的提示信号,此时应该把卖掉的筹码买回来。这是因为,虽然取款密码四是中继形态,但是股价所处的位置确实很低,前期上涨的幅度也不大,所以上涨的概率更高,同时,由于买回的只是基础仓位,从资金管理上也控制了风险,可以大胆操作。

此后几天,股价在10日均线处稍作停留,再次出现大阳线并创出新高,

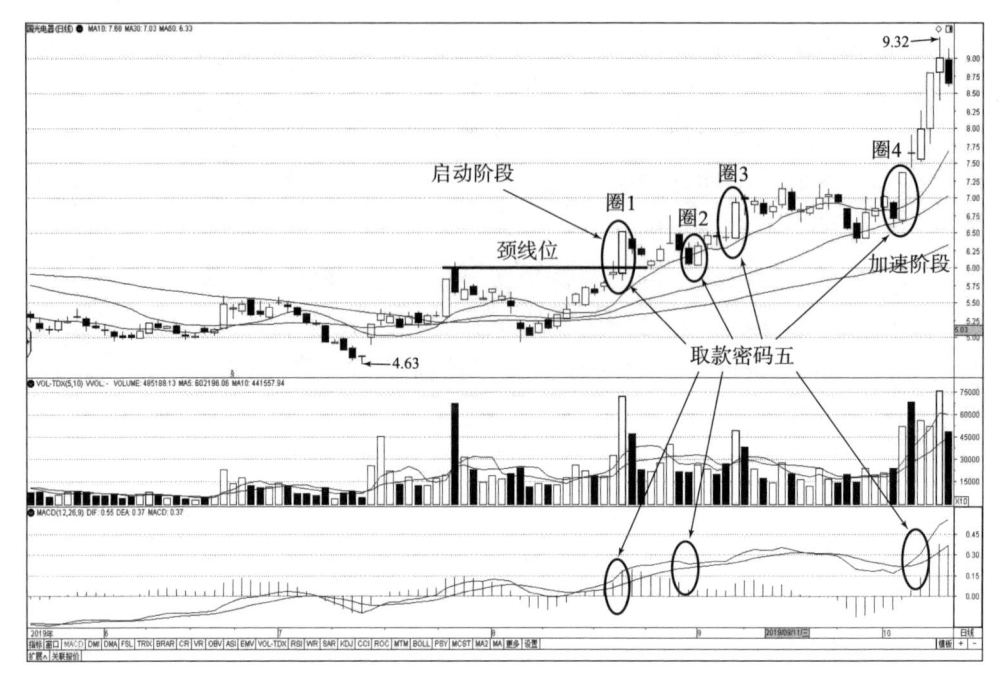

图 5-16　启动阶段取款密码五的具体应对

加速阶段的取款密码五出现，当天用滚动资金买进，第二天股价不再回调时可加到八成仓位。之后便要制定卖出计划了，根据 K 线卖出形态，在每一次滞涨的时候可以小单卖出，卖出信号越明确，卖出的仓位应越多，直到股价跌破 10 日均线做出清仓动作。

至此，一个操作周期完成。

2. 取款密码五之加速阶段

股价沿着 10 日均线稳步推进，这是主升行情的明显特征。主升行情时间有长有短，牛市中持续的时间很长，上涨的幅度也大，一般市场中，持续时间和上涨幅度都不会特别大。主升行情至少会出现两个取款密码五的提示信号，第一个是股价进入启动阶段的标志性信号，第二个是股价进入加速阶段的信号或即将进入衰竭阶段的警示。

如图 5-17 所示，加速阶段的取款密码五出现后，股价大概率上涨速度会加快，也就是说相同时间内上涨幅度会加大，但这并不意味着股价从此开始每天上涨。任何一只大牛股，仔细复盘可知，上涨最快的那一段，主力都是在每天洗盘。没有充足的知识储备，没有完善的交易体系，除非你不看盘，否则你随时都可能被清理。即便你侥幸没看盘，抓住一只大牛股，但这是你偶然所得，并非你的本事，只要你还在股市中，你一定会加倍还回去，绝无逃脱的可能。

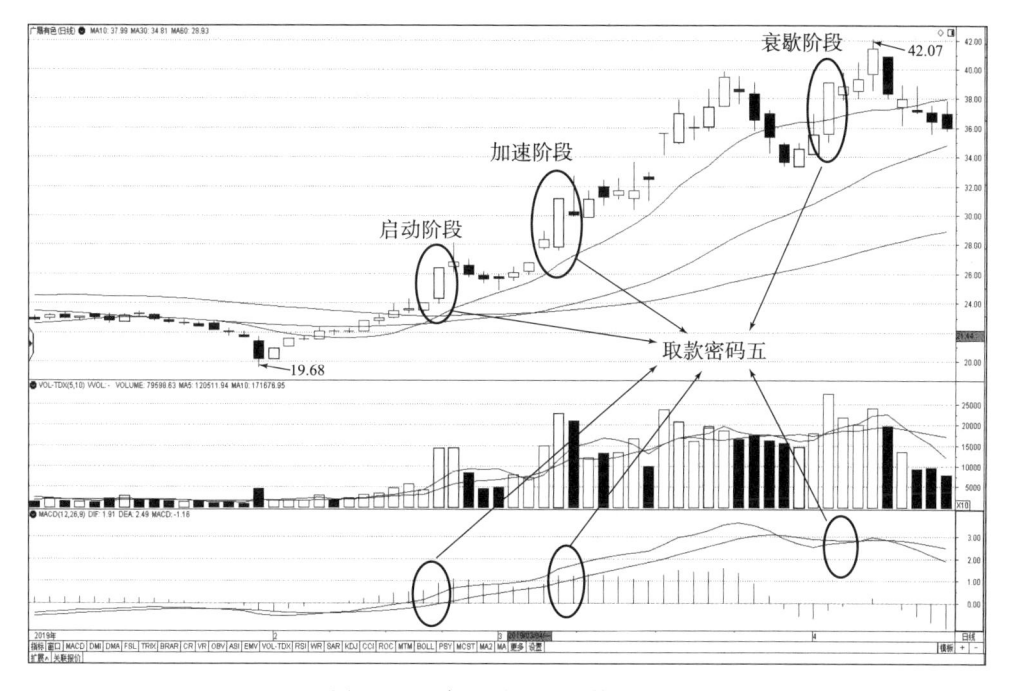

图 5-17 加速阶段的取款密码五

在发现加速阶段取款密码五后，如果没有筹码，第二天一定要及时参与。第一笔资金可买进半仓基础仓位，因为此时股价已经上涨一定幅度，且有演变为衰竭阶段的可能。如果股价不回调，休整时间很短，则应立刻买进剩余基础仓位，同时，在股价创新高的当天，应买进全部滚动资金，然后就可以进入卖出环节了。

进入卖出环节后，备用资金可以按照一小时交易法操作，不影响股价的卖出行为。一旦发现股价上涨受阻，可在开盘后半小时内将用备用资金和滚动资金买入的股票悉数卖出，然后继续根据盘面走势进入滚动操作环节。

在图 5-17 中，如果从取款密码五的启动阶段甚至更早就开始操作，那么取款密码五在加速阶段出现时，你的收益已经很丰厚了，按照两个月10%的资产增值计划已经完成了目标。但是这并不意味着操作结束，因为如果已经重仓持有，那么接下来就是找合适机会卖出的问题。如果仓位不重，如半仓或者更低，那么加速阶段出现取款密码五后如果股价不回调，可继续加仓，但不可超过八成仓位。重仓之后便可以进入逐步减仓的操作了。

3. 取款密码五之衰竭阶段

加速阶段一般以K线卖出形态宣告结束。如图5-17中高位出现阴克阳，这是明确的减仓信号。当股价跌破10日均线时，基础仓位应基本清仓，实际操作中，可以根据情况留100股继续观察后期走势。有的个股会在休整后进入第二阶段的主升行情。牛市中，第二阶段的主升行情会比第一段上涨更快，幅度更大，在第三次出现取款密码五后，股价是进入衰竭阶段还是进入第二阶段主升行情的启动阶段？需要密切跟踪：如果调整时间很短，调整幅度不大，那么股价进入衰竭阶段的概率较高；如果调整时间较长，调整幅度至少在30日均线下方，那么再次出现取款密码五时，股价进入第二阶段主升行情的可能性更大。

在图5-17中，第三次出现取款密码五后，股价进入衰竭阶段，通过MACD指标高位死叉也可以提高警惕。在操作中，如果参与，则买进的股票不能超过基础仓位。

股价沿着10日均线运行是主要获利阶段。在均线系统下面，股价第一次突破10日均线，表明多方开始蓄势待发。此刻开始，股价依次突破30日均线，60日均线，直到取款密码五第一次出现。这段时间多方运行会很艰难，因此参与资金不可过多，基础仓位加上一部分滚动资金即可，股价站上60日均线，取款密码三出现后，仓位可相应提高，做好迎接取款密码五的准备。

均线系统由下跌转为走平，在取款密码一和取款密码二出现后，股价沿着10日均线稳步推进至60日均线上方，随后取款密码三出现，标志着以后股价上涨将成为主要基调；之后，在取款密码五出现之前，股价每一次回调到10日均线都是小单逢低吸纳的时机；然后等待取款密码五出现后的股价加速上涨，这也是滚动资金操作的主要方式。

对取款密码五的使用做总结如下：

（1）股价在10日均线附近出现阳克阴，大阳线，甚至涨停板，同时出现放量。

阳克阴表示强势调整结束；大阳线或者涨停板说明加速拉升开始，如果同时突破了调整小平台或者重要颈线位，则买进信号更明确。

（2）10日均线、30日均线、60日均线必须处于多头排列。

根据股价所处位置决定"计划参与的资金"：

①股价处于长期下跌后的底部，位置很低，10日均线、30日均线、60日均线刚开始多头排列。

这样的股票处于上涨初期，后市空间巨大，出现取款密码五，将可能是第一波拉升的开始，可用总资金的50%来作为"计划参与资金"。

②股价脱离底部，10日均线、30日均线、60日均线多头排列完好，股价位置不算高，但也有了不错的涨幅，且没有出现明显的调整。

这样的股票出现取款密码五可能是第一次正式调整前的加速拉升阶段。参与资金初始为30%，上涨明确后可提高到50%至80%，并做好随时减仓的准备。

③股价沿着10日均线出现一波明显上涨，之后股价跌破10日均线，出现明显调整，调整幅度会到30日均线或者60日均线处。之后股价止跌回升，依次出现取款密码三、取款密码四信号。当股价冲上10日均线，出现取款密码五信号时，可能是该股第二阶段快速拉升行情的启动点。

当股价突破调整前的高点，快速拉升行情被确认后，参与资金可提高到60%至80%。牛市中，这一阶段经常出现三个月股价翻番的行情，是快速获利的主要阶段，应对策略是，只要股价不跌破10日均线，则大部分仓位可持有不动；如果出现K线卖出形态，可小单卖出，以便踏准股价涨跌节奏，防止股价开始真正下跌时还木讷地认为只是主力洗盘。

④股价经过快速拉升阶段后，仍然会出现明显调整。调整幅度至少会到30日均线处，时间比上一次调整略短。之后，股价一般会再次冲上10日均线，并出现取款密码五，这是该股最后的上涨，是诱多出货阶段。这一阶段股价很活跃，风险很大，可不参与。如果参与，只能用基础仓位，即资金不超过20%。

（3）取款密码五出现后，对应的MACD指标必须有利于多方，否则可能是主力在诱多，或者股价可能还需要一段时间调整，抑或者上攻的力度不会很强。

例如，股价在10日均线附近出现了阳克阴K线形态，但是MACD指标却在高位死叉或者叉死的两条线间距在扩大，这种情况下应推迟操作，或者小单试探性买进。

取款密码五的出现意味着股票即将进入收割期，应做好随时减仓的准备——所有买进的操作都是为了最后卖出获利，因此，应利用交易策略，保持卖出的节奏感，及时锁定利润，或者降低风险。

第六章
卖出 K 线形态

　　股价起跌于卖出 K 线形态，在发现卖出 K 线后，一定要有卖出动作，可能有人会问：是把股票全部卖出吗？不是。应根据卖出 K 线的位置以及空方力量表现出的强度决定卖出股票的具体数量。出现卖出 K 线形态，表示空方力量强于多方力量，股价会出现调整，但是调整的时间和幅度与股价所处的位置有关，股价位置越高，卖出 K 线形态预示股价下跌的可能性越大，下跌的幅度越大，下跌的时间越长，此时应卖出的仓位应越多；股价所处的位置越低，卖出 K 线形态被主力用作洗盘的可能性越大。股价虽然也会调整，但是调整时间会变短，调整幅度也会变小，此时，我们可以采用小单试错的方式，少量卖出，等待更明确的股价走势来决定下一步的操作。

　　卖出 K 线形态分为典型卖出 K 线和非典型卖出 K 线。典型卖出 K 线表示空方力量比较强势，下跌比较明确，操作时应该卖出较多仓位。非典型卖出 K 线表示多空双方博弈激烈，空方开始明显占优，但是多方力量仍在反抗，这需要根据第二天甚至第三天的 K 线形态来明确多空双方的博弈结果，所以当天可以少量卖出，等待股价的下一步走势明确后再来确定如何操作。

典型卖出 K 线形态有三种，分别是：①一针见血；②空中楼阁；③高位阴克阳。

非典型卖出 K 线形态也有三种，分别是：①金针探顶；②海市蜃楼；③笑里藏刀。

第一节　典型卖出 K 线之一："一针见血"

一针见血 K 线的市场含义为股价高开，冲高回落，收阴线，这是多方强力上攻遇阻，空方全面打压多方并占据绝对优势的情况。在 K 线形态上是一根高开、带较长上影线的阴线。

空方是卖出股票的一方，他们既然在大量卖出股票，说明股价已经满足了自身要求，可以获利了结或者解套出局了。只要股价到达空方要求的价格附近就会遇到大量的卖出行为。

多方是买进股票的一方，他们看好股票并不断买进，以前由于股价并未满足大量空方的卖出要求，总体上买进的人多于卖出的人，多方只能以更高的价格买进股票，股价被推涨。现在，股价满足了空方要求，大量空方出现，多方力量不及空方，股价被空方完全压制，这就是股价冲高回落收阴线的原因。

据此可知，多方既然知道该价位附近空方力量强大，便不会再盲目买进。多方是靠股价上涨来获取盈利的，如果无法判断股价继续上涨，买进时便会更加谨慎，于是多方力量会减弱。空方在看到股价不再上涨，甚至有下跌的迹象时，更加剧了卖出的冲动，因为担心赚到的利润被蚕食或者好不容易解套后再变亏损，这样，空方力量反而变强了。多方力量减弱，空方力量变强，这会导致股价进一步下跌。所以，看到这样的 K 线形态一定要减仓。

一针见血中的"一针"表示股价冲高回落的上影线；"见血"说的是股价收阴线，而且还会继续下跌。这样的 K 线形态名字生动形象，容易让人记住并引起我们的足够警惕。

如图 6-1 所示，一针见血 K 线在不同位置产生的市场效果不同，位置越高，空方卖出意愿越强，股价下跌的风险越大，且下跌的幅度越大。在实盘中，股价从高处回落的起点往往是这根一针见血形态的 K 线，实用价值非常高。如果用辅助交易策略：小单试错，拒绝补仓，顺势跟进，敢于重仓则能卖到非常理想的高位。

图 6-1　不同位置中的一针见血 K 线形态

我们将一针见血 K 线出现的位置分为：低位、颈线位、高位。

1. 低位具备如下基本特征

（1）股价刚突破均线系统，均线系统还未完全多头排列或者刚多头排列。

（2）股价沿着 10 日均线上涨，并未出现快速拉升，且上涨幅度不大。

（3）MACD 指标底部金叉不久，且运行良好，没有将要死叉的迹象，或者在 0 轴上方运行时间不长。

如图 6-2 所示，根据一针见血 K 线形态的市场意义可知，此时空方明显占优，多方无力反抗，股价大概率会出现回调。正是因为此时信号明确，主力资金经常用来洗盘，尤其是在股价低位。股价刚突破均线系统且涨幅不大，表明 60 个交易日内买进的投资者都已经获利，但是获利幅度不大，随时可能重返亏损，投资者此刻对股价的波动尤为敏感，主力利用这种心态，采用非常明确的一针见血 K 线卖出信号，必然会导致众多投资者如惊弓之鸟而卖出股票，达到洗盘并抬高市场成本的目的。

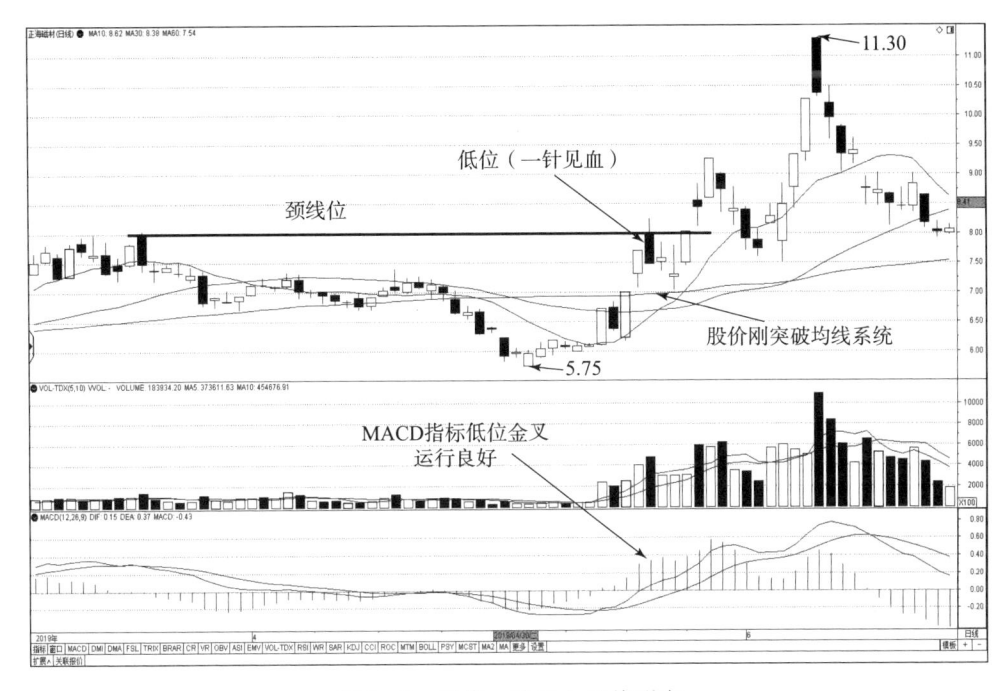

图 6－2　低位一针见血 K 线形态

操作上，在保留基础仓位的同时，如果有滚动资金参与，在出现一针见血 K 线形态当天，可减仓一半用滚动资金买入的仓位，第二天若股价冲高时不能突破一针见血 K 线最高点，可卖出另一半用滚动资金买入的仓位，之后股价回调，在重要节点处小单买回，如 10 日均线抑或 60 日均线，若股价未回落到重要节点便出现阳克阴 K 线形态，则可以在当天用滚动资金买回股票，即便是用更高的价格买回也划算。

低位一针见血 K 线形态出现后，回调幅度可能不大，时间也不长，同时由于股价处于上涨的初始阶段，应随时做好将卖出的滚动资金仓位买回的准备。

2. 颈线位的基本特征

（1）股价处于前期重要高点附近，是众多资金的套牢区。

（2）股价已经出现较大幅度上涨，空方有明显的卖出冲动，且股价未出现明显休整。

（3）均线系统已经多头排列，MACD指标处于相对高位，且已经在多方区域一段时间，或者出现顶背离。

如图6-3所示，颈线位出现一针见血K线会演变为两种走势，一种是稍作回调，蓄势突破颈线位，展开新的上涨行情，另一种是就此展开持续时间较长，下跌幅度较大的走势。和低位一针见血K线多为洗盘不同，颈线位一针见血的上述两种走势的可能性相当，在操作上更应谨慎对待。

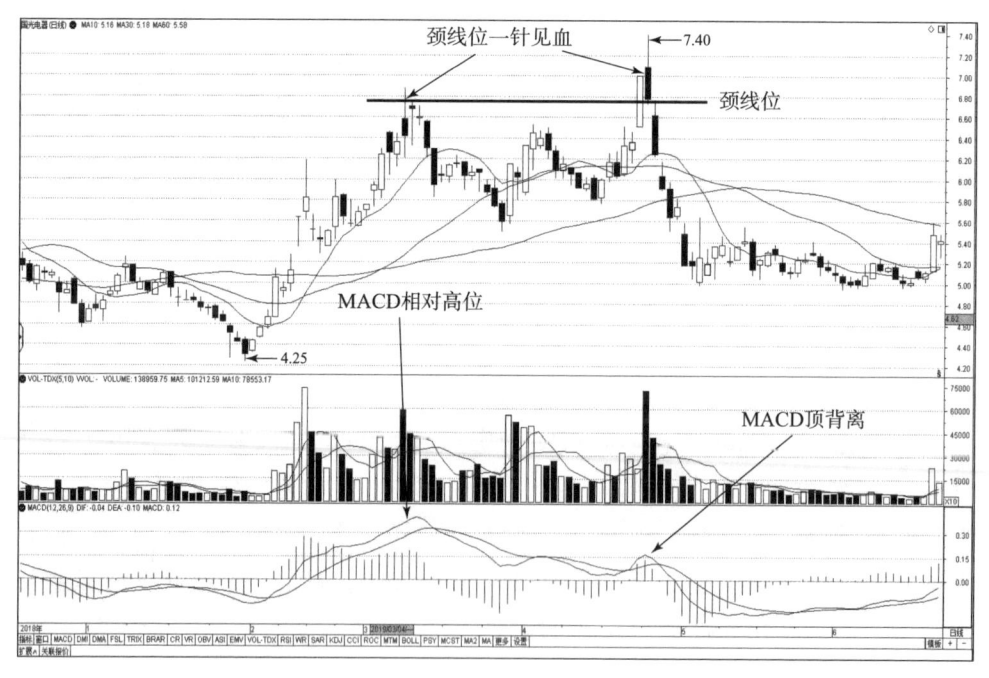

图6-3 颈线位一针见血，股价遇阻回落

操作上的应对如下：

（1）颈线位出现一针见血K线，当天应卖掉所有滚动资金仓位，如果大盘环境不好，且个股盘中空方力量极其凶悍，可同时卖出一半基础仓位。

第六章 卖出K线形态

（2）第二天若股价迅速跌破一针见血K线的低点，盘中无力回升，应卖掉剩余的基础仓位，此时不必等到股价跌破10日均线。

如果第二天股价虽然跌破一针见血K线的低点，但下跌势头减缓，可以继续观察，收盘时若股价有明显回升，则可以保留一半基础仓位，但是如果仍收阴线，则卖出剩余基础仓位。

（3）第三天后股价继续下跌，已经表明上一次操作周期完成，此时绝不能接回筹码，若要买进，要等待明确的取款密码出现。

随后如果股价下跌趋缓，且在10日均线有止跌迹象，则要小单买进，但不能超过基础仓位。如果股价在10日均线出现取款密码五，且有冲击一针见血K线高点的迹象，则买回滚动资金仓位，等待下一个卖出K线形态的出现。

如图6-4所示，颈线位一针见血K线出现后，股价稍作停留，并未明显下跌便出现阳克阴买进信号，这说明股价还会进一步上涨，所以卖出的滚动资金仓位应该及时买回。

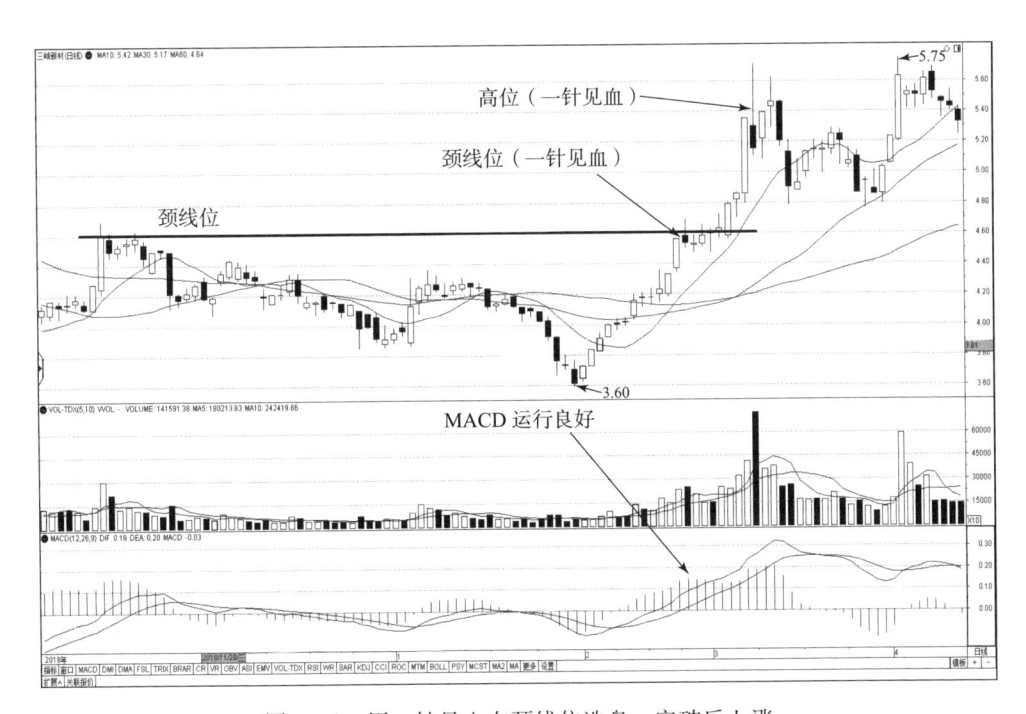

图6-4 用一针见血在颈线位洗盘，突破后上涨

需要说明的是，颈线位之下的阶段，股价上涨幅度有限，并不是主力资金的获利阶段，更多是反复洗盘、清理浮筹、抬高市场成本的阶段，所以，股价在重要压力位之下运行，当回调企稳时都是可以买进的。在保留基础仓位前提下，可以用滚动资金有效把握波段操作机会。

当股价有效突破颈线位，上方已无压力，这是主力快速拉升股价的主要获利阶段，同时在操作上也进入了卖出环节，因为任何一根卖出K线都可能引爆股价的下跌，所以，利用操作策略，当发现卖出K线时小单卖出，保持理性，保持操作节奏，直到收款密码出现，清仓出局。

股价进入高位阶段，此时持仓必然较多，出现卖出K线后可以小单卖出，但是当股价回落到重要节点时，绝不可以提前买进，如果出现卖出K线时减仓较多，确实需要买回筹码时，也要等到取款密码明确后才能操作。这是因为，当股价从高位回落到10日均线时存在破位下行的可能，毕竟高位说明所有人都已经获利丰厚，只有当取款密码五明确出现后，股价才有进一步上涨的可能，此时才可以买回减掉的筹码。

3. 高位基本特征

（1）股价有效突破颈线位，上方已无压力。

这里需强调：颈线位跨越的时间周期越长，压力效果越弱：半年内的重要压力点效果最明显，时间周期超过一年，压力效果很小，因为很少有人持股时间超过一年，即便有这样的人，当股价刚解套时也不会卖出。

（2）均线系统多头排列，股价沿着10日均线稳步上涨。

（3）MACD指标在多方区域运行较长时间，且处于相对高位。

图6-5所示的股票走势说明了如下几个问题：

（1）股价沿着10日均线稳步推进是大牛股的必备因素。

如果一只股票上涨不久就跌破10日均线，即便是主力在洗盘，也很难成为大牛股，最终上涨幅度一定会受到限制。

（2）在牛市中，由于个股上涨周期变长，股价会调整到30日均线或60日均线进行休整，俗称"空中加油"，可能会如此反复两三次，但是股价的主升行情一定是沿着10日均线稳步上涨的。

（3）高位出现典型卖出K线，调整是必然走势，至于股价会就此展开下跌还是调整后继续上涨，判断依据是股价是否会跌破10日均线。

股价跌破10日均线，即便将来会继续上涨，调整的幅度也会变大，调整时间也会较长，操作上必须卖出绝大部分仓位，当然，可以留100股防止跟丢该股。如果股价调整不跌破10日均线便出现取款密码五，可以及时买回卖出的仓位，先采用小单买回，待股价确定回升时再加大买回资金。

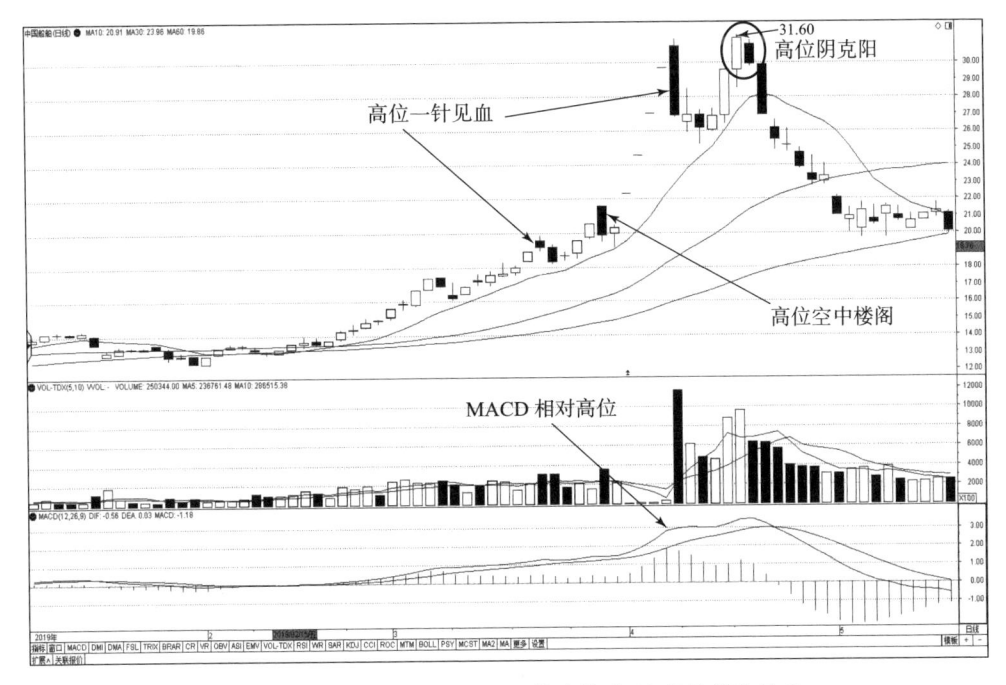

图6-5 高位一针见血后，股价未跌破10日均线为洗盘

一针见血K线形态出现频次极高，卖出信号非常明确，必须引起足够重视。当股价进入高位区后出现一针见血K线，必须减仓，不要有任何顾虑，不存在踏空风险。减仓后根据股价是否跌破10日均线再决定是否买回减掉的仓位。

如图6-6所示，股价突破均线系统后沿着10日均线一路上涨，虽然出现一周左右的休整，但是未出现K线卖出形态，可以一路持股，此时股价已经突破底部和颈线位，进入高位阶段。

高位一针见血1出现，这根K线实体很小，说明卖方力量并不强，但是既然已经出现卖出提示，操作上必须减仓，可以卖出滚动资金仓位。

第二天，股价低开低走，由于只有基础仓位，且股价并未跌破10日均

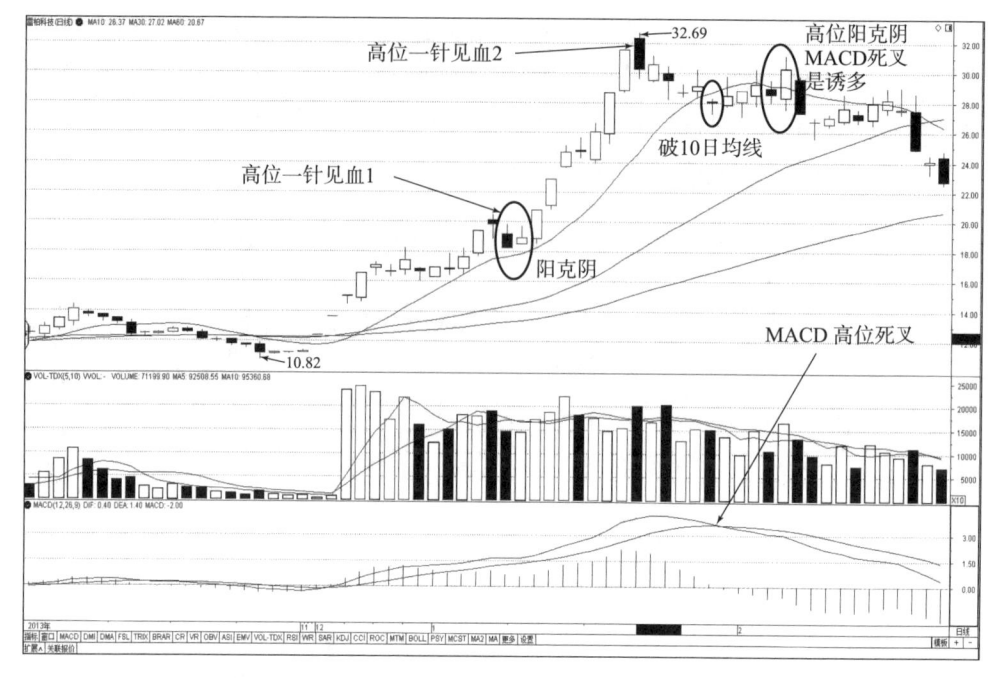

图6-6 出现高位一针见血的应对方式

线，所以继续持有。

第三天，股价在10日均线处止跌，出现阳克阴，但是这个阳克阴K线形态不标准，没有形成K线实体和成交量对前一日的全覆盖，所以可小单买回部分滚动资金仓位。

第四天，股价开盘后未创新低，且突破前一日高点，表明新的上涨要开始了，盘中立刻买回所有卖出的滚动资金仓位，收盘时如果上涨明确，可加大部分备用资金，收盘时若股价突破一针见血K线的最高点，后市上涨被确定，收盘前买进备用资金，此时持仓可达80%。

此后六个交易日股价一路上涨，未出现任何K线卖出形态，可一路持股，绝不能害怕股价涨得快，涨得高。我们做股票的目的不就是等这样的行情吗？如果无法准确判断K线卖出形态，那么在股价跌破10日均线出现收款密码时再减仓也能卖到股价的相对高位，而且有充足的时间预判和操作，所以，在股价快速上涨时，最好的操作就是享受拉升的过程。

继续看图6-6，高位一针见血2出现，这里是顶吗？不知道，也不必猜测。按照操作纪律，出现明确K线卖出形态，卖出滚动资金仓位。由于此时备用资金有一部分,所以一并卖出,只留基础仓位。这里需要指出,备用资金多数情况按照一小时交易法操作,即第二天开盘半小时内就要卖出备用资金,但是,如果股价上涨明确,且备用资金未全部买进的情况下,可以持股观察。如果备用资金全部买进,则第二天开盘半小时内一定要卖出,或者至少减掉一半备用资金。无论个股上涨是否完好,保持主动是操作的最高原则。

高位一针见血2出现后,仓位再次只剩基础仓位。第二天股价虽然收阳线,但是明显是弱势,因为股价和前一日比创新低,且阳线实体一直运行在一针见血K线的收盘价附近,不满足任何买进或卖出操作条件。

之后几天,股价跌到10日均线附近出现小阳线,有止跌回升的迹象,和出现一针见血1时的操作一样,可以小单买进,然后观察后续走势。若股价未复制上一次的走势,跌破了10日均线,不管后市是否真的就此展开下跌,股价跌破10日均线时都要减掉大部分仓位,基础仓位全部卖出,或者留100股观察后期走势。

股价在10日均线下方运行了几天,出现了一根中阳线突破10日均线,明确的阳克阴形态,而且是在10日均线的关键节点,应买进吗?观察发现,MACD指标已经出现高位死叉,很显然这个阳克阴是主力在诱多,并不是真正的取款密码五,可以排除。第二天,股价立刻出现阴克阳,再次跌破10日均线,明确下跌开始,剩余的100股也卖掉,此次操作周期完成。

由此操作过程可知,我们获取了绝大部分利润,而且卖在了绝对的高点附近。更重要的是,我们并未被主力清洗出局,也没有因为出现两次相似的走势而犹豫,一切都是按照既定的交易纪律执行。

第二节 典型卖出 K 线之二："空中楼阁"

空中楼阁 K 线指股价高开，低走，收阴线，它是一根光头，或者上影线很小的中大阴线。

市场意义：高开，说明多方有强烈买进意愿；低走，说明空方卖出更坚决，多方完全无力抵抗。没有上影线，说明空方力量非常强大，多方与之相比完全不在一个数量级。中大阴线，一方面说明空方力量之强大，另一方面说明多方完全缴械投降，后市股价下跌不可避免。

空中楼阁的"空中"指股价高开低走的大阴线像空中的楼阁，掉下来是必然的，也预示着出现这种 K 线形态时一定要清仓。

空中楼阁是非常典型的 K 线卖出形态，出现的频次没有一针见血高，但是预示着空方力量更加强悍，一旦出现，必须在收盘前清仓，包括卖掉所有基础仓位。

空中楼阁出现在高位，卖出意义更加明确。有时空中楼阁 K 线会伴随着放量，更应引起注意，如图 6-7 所示。

出现空中楼阁 K 线在操作上比较简单，全部卖出就可以了。有人比较犹豫，想等第二天股价反弹时再卖出，这就相当于把自己放在砧板上，等待主力开刀。保持主动是操作股票的最高原则，绝不能幻想等到自己期望的情况出现后再操作，也许第二天股价会反弹，甚至出现阳克阴的反转形态，但多数情况是第二天股价直接下跌，为了那极小的可能，却把自己置身于高风险的境地，实在不值。退一步讲，即使主力利用这种典型卖出 K 线进行恐吓式洗盘，那么在股价回升时必然会出现买进信号，到时再买回，既控制了风险，也确保了收益。

为什么不先小单卖出呢？因为空中楼阁显示的空方力量过于强大，极为明显，而小单卖出通常在空方力量虽然已经占优，但是多方力量存在反扑可

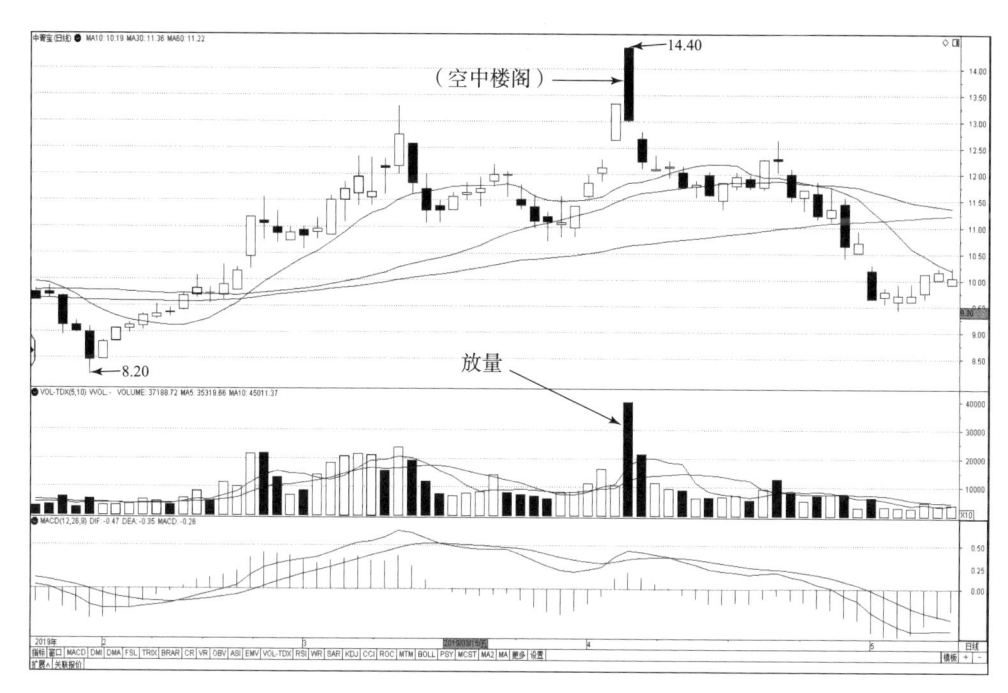

图 6-7 典型 K 线卖出形态之空中楼阁

能的情况下使用,一般使用在低位。

当空中楼阁 K 线出现在低位时,股票第二天大概率仍会下跌,如果仓位不重,比如只有基础仓位和一些滚动资金仓位,可以卖掉滚动资金仓位,保留基础仓位,用在股价下跌后继续做短差;全部卖出,等股价下跌后再逐步买回也是可以的,毕竟空中楼阁 K 线意味着下跌的可能太过明显。

空中楼阁 K 线有没有可能被主力用来洗盘?有可能。这种情况多出现在低位,且股价调整绝不能跌破 10 日均线,否则,不可重新买回,宁可错过后面的上涨,也不能冒此风险。

图 6-8 中,空中楼阁 K 线出现,当天应清仓。如果股价位置是低位,持仓也不高,那么至少应卖掉滚动资金仓位,保留基础仓位。

第二天,股价直接低开,这是正常的走势,所以,空中楼阁 K 线当天收盘前可清仓,第二天即使买回也有差价可做。股价探至 10 日均线附近开始止跌回升,这是主力在洗盘吗?这需要在第三天确定。

第三天,股价低开高走,全天收阳线,并突破前一日的最高价,非标准

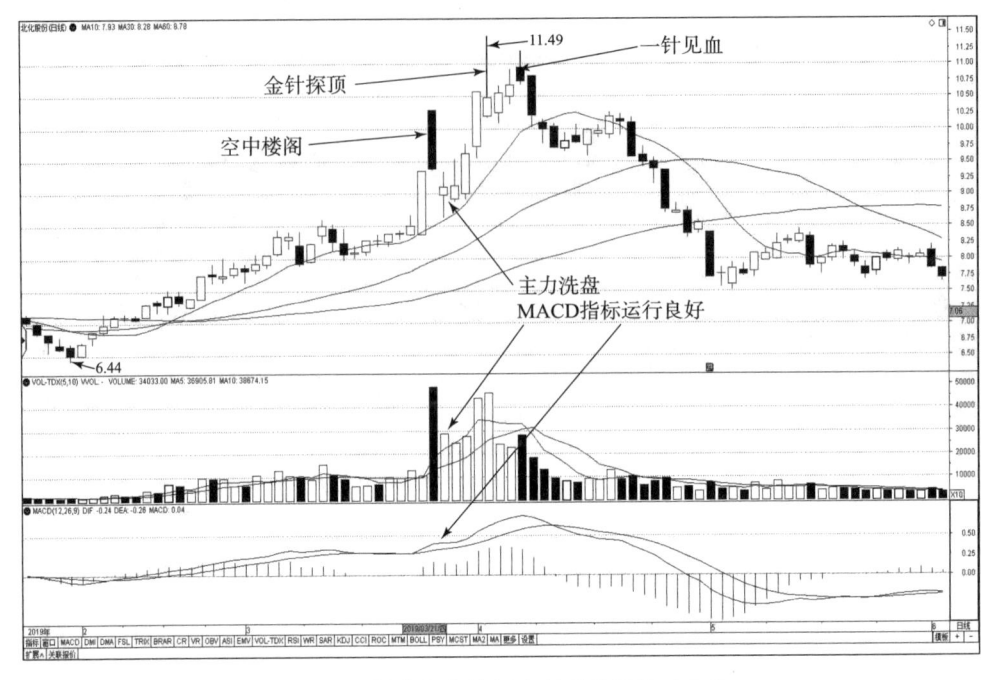

图6-8 低位空中楼阁出现可保留基础仓位

阳克阴出现，再看MACD指标，多方区域运行良好，主力洗盘可能性大增，当天可以买回减掉的筹码。

之后两天，股价连续拉升，突破空中楼阁K线高点。

第六天，出现了金针探顶K线（后文介绍），这是非典型性卖出K线，提示空方开始加大卖出力量，风险来临，当天小单卖出，多方撤退，但是这需要之后两天对多空力量博弈的确认。

第七天、第八天股价收阳线，空方并没有大肆卖出，所以不必减仓。

第九天，一针见血K线出现，典型卖出K线形态，所以除了卖出滚动资金仓位外，至少要卖出一半的基础仓位。

第十天，股价略微高开，直接下砸，考虑到三根卖出K线相距不远，且MACD指标出现高位死叉迹象，应卖出所有持仓，一个操作周期结束。

出现空中楼阁K线，不管大势如何，个股先卖出再说。如图6-9所示，空中楼阁出现后，第二天股价大幅下跌，直到10日均线。

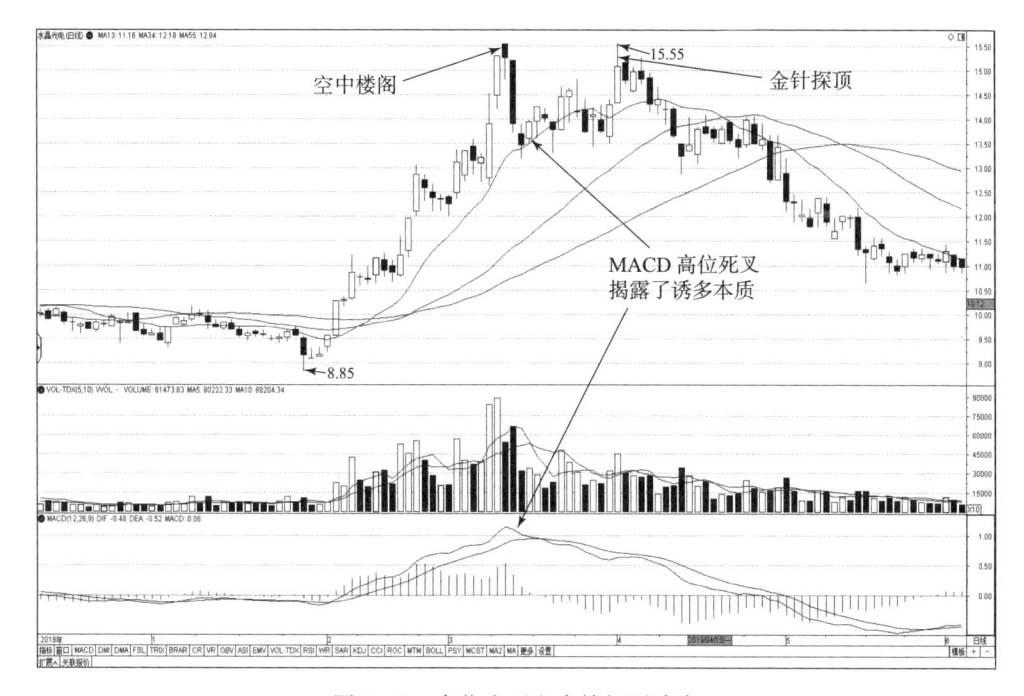

图 6-9　高位出现空中楼阁要清仓

在关键节点 10 日均线处，K 线出现阳克阴，似乎有止跌企稳迹象，但是 MACD 指标却出现高位死叉迹象，这多半是主力的诱多行为，可以不参与。

之后股价屡次跌破 10 日均线，MACD 指标完全死叉，由此可以判定后面的阳克阴形态为主力诱多出货。次日又出现小阴线，下跌已成定局，可以放弃跟踪该股了！

第三节　典型卖出 K 线之三："高位阴克阳"

阴克阳 K 线形态是最常见，最明显的空方强于多方的卖出信号。以阴克阳 K 线为核心，辅助以几个关键节点，便形成了收款密码。阴克阳在不同位置所展现出的空方卖出意愿不尽相同，关键节点和高位表现出的卖出意愿最为强烈，这和主力出货的逻辑一致，而在低位，或者普通的日常运行中，阴克阳缺少了主力在方向上的引导，没有特别意义，只不过是散户买进卖出的随机行为。

在实盘操作中，不必对每一天的 K 线走势分析做出买进或卖出决策，这不仅费心劳神，对收益也不会产生较大影响，只有在关键节点，K 线的走势才会真实反映主力意图，才是我们集中精力跟踪操作的核心位置。此时，主力可能使出浑身解数，耍出各种伎俩来欺骗引诱我们，不管主力使出何种手段，我们都要按照自己的目标前进，可使用不同的交易策略，在方向不明时小单参与，等主力最终露出尾巴，就顺势跟进，再狡猾的主力也没有办法了。

高位阴克阳是股价进入高位区间后最明显和确定的空方占优、多方败退的卖出信号，之后，股价即便调整后再创新高，要么离最高点不远了，要么将会进入较长时间的调整阶段，所以，见到高位阴克阳，至少滚动资金仓位该全部卖出，基础仓位可根据股价的实际走势决定是否卖出，但是 10 日均线是基础仓位坚守的最后防线。

无论股价上涨多大幅度，上涨时间有多长，卖出锁定利润是主力操作的最终目的。股价下跌起始于高位阴克阳，加速于股价跌破 10 日均线，所以，当股价跌破 10 日均线时，卖出操作应成为本能反应，有了这个动作，你就遵循了股市操作的最高原则——保持主动。股价跌破 10 日均线后再回升怎么办？很简单，任何股票上涨必起始于阳克阴 K 线形态，当你卖出以后，若股价重新出现阳克阴并站上 10 日均线,取款密码五出现时就不用犹豫了,按照交易策略买进,进入下一个操作周期即可。这种操作看似多了一步,且可能比不卖出成本更高,但能保证我们能立于不败之地。如果跌破 10 日均线不卖出,你可能对了 9 次,但是第 10 次的真正下跌可能会让你得不偿失,使你辛苦得到的利润付诸东流。

图 6-10 中,圆圈处是明显的高位阴克阳 K 线形态,市场含义是:

(1) 股价处于高位,空方有强烈兑现筹码的意愿。
(2) 多方恨天低,拉升股价近似疯狂。
(3) 多方遭遇空方洗劫,出现阴克阳 K 线形态。

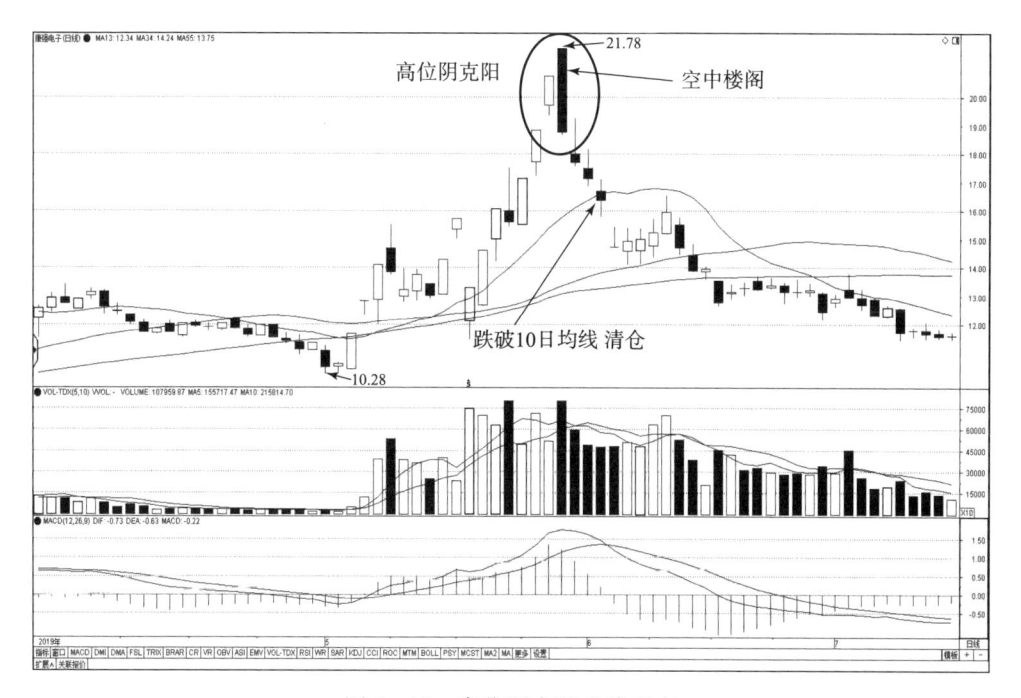

图 6-10　高位阴克阳 K 线形态

对阴线的形成不必苛求,只要阴线实体覆盖前一日阳线实体即可。如果同时成交量覆盖前一日成交量,表明空方更加强劲,卖出信号更强烈。

阴克阳 K 线本身表明多空力量逆转,空方胜于多方,如果股价处于高位,几乎所有人都已经获利,当股价出现下跌迹象时,必引起获利盘的疯狂出逃,同时,原来的多方也会减少买进行为,空方力量继续变强,多方力量却不断减弱，这更导致了股价下跌，直到股价下跌了一定幅度后，多方搏反弹的资金出现，空方获利盘减少，新的平衡达成。所以，遇到高位阴克阳K线形态，至少把滚动资金仓位全部卖出；如果形成高位阴克阳的阴线，表明空方力量过于强大，应清仓。比如，图6-10中这根阴线由一针见血K线或空中楼阁K线组成；有时，某根阴线由低开低走的大阴线组成，也要及时清仓。在操作股票时，股价在高位时卖出行为无论如何都不会错，至多股价再次上涨少赚些利润罢了，对此必须保持清醒——你看到的利润并不一定是你的，只有放到口袋里的利润才是你的。

卖出后，股价调整有限，并且出现了上涨迹象，经过综合判断后，仍然可以进入下一个操作周期，这并不意味着前一次卖出错了，而是意味着新的操作周期开始了。

在图6-10中，高位阴克阳中的阴线由空中楼阁K线形成，卖出信号十分强烈，应该卖出所有筹码。

第二天，股价直接低开，全天低位运行，盘中稍微反弹，但是力度非常有限，这就是空方卖出意愿强烈的具体表现。出现这种高位阴克阳并伴随另外两种典型卖出K线的复合走势，之后股价连续下跌的情况非常多，所以，一定要第一时间清仓，不要心存侥幸。

第三天，股价继续下跌并触及10日均线。在10日均线的关键节点，如果股价能止跌回升，并出现取款密码五，说明股价后市仍有继续上涨的可能；如果跌破10日均线，股价要么会加速下跌，要么调整的幅度会加大，时间会拉长。股价在当天跌破10日均线后，顽强地收了回来，但这并不满足重新买回的条件，因为没有出现阳克阴等买进信号。

第四天，股价直接跌破10日均线，全天在10日均线下方运行，跌势不可避免，可以放弃对该股的追踪了。

图6-11显示了主力在筑顶过程中（包括高位阴克阳K线形态在内的）各种卖出K线的作用。

图6-11中圈1位置是高位阴克阳K线形态在股价快速拉升后第一次出现，其中的阴线以空中楼阁K线形式出现。出现这种K线形态时不要犹豫，在当天基本确认时便可清仓卖出。

第二天，股价虽然低开高走，但是上涨力度明显很弱，自然不必理会。

第三天，股价冲高回落，全天再次收阴线，并且出现下跌中的阴克阳，

第六章　卖出K线形态

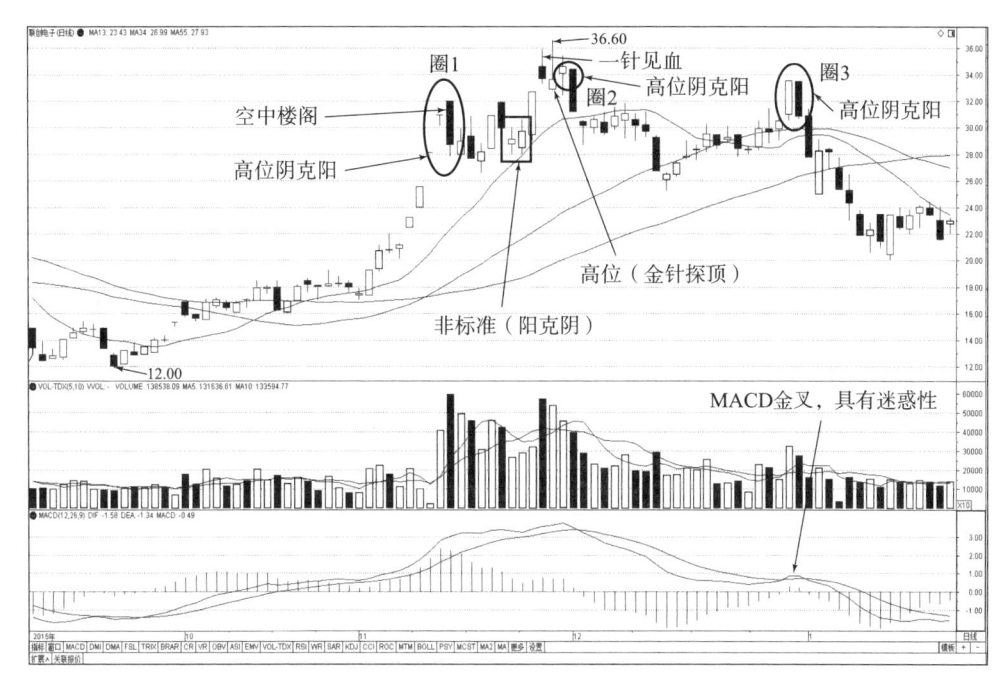

图 6-11　多种卖出K线构筑顶部区域

不符合买进要求，不理会。

第四天，股价在10日均线出现小阳线，有止跌迹象，但是力度不强，根据交易策略可以小单买进，如买进1000股，感受股价涨跌节奏。

第五天，股价高开，有形成突破走势的可能，可以继续小单买进，并在收盘前确定买进基础仓位。

第六天，股价高开低走，未突破高位阴克阳形成的高点，有进一步走弱的可能，可以减掉一半基础仓位。为什么不全部卖出？因为股价未跌破10日均线，有主力创新高前洗盘的可能，同时这根阴线下跌力度不强，只在前一日阳线实体的二分之一处上方运行，而且仓位也不重，所以，可以留一点仓位观察后续走势。

第七天，股价继续在10日均线出现小阳线，由于有半仓基础仓位，所以不买进。

第八天，股价出现非标准阳克阴，收盘前确定把另一半基础仓位买回。

第九天，股价继续上涨，在突破前一日高点前，继续增加滚动资金仓位，但不可能全部买进，因为股价处于高位，而且盘中走势不能确定最后收

· 143 ·

盘 K 线形态。可以先买进三分之一滚动资金仓位，等到收盘前确定股价创出新高时，把滚动资金仓位全部买进。

第十天，股价创新高，但是却收出一针见血 K 线形态。高位出现一针见血 K 线，基础仓位是一定要卖出的，因为有跳空向上缺口，说明空方力量还没有足够强烈，可以保留基础仓位，以观后效。

第十一天，股价低开高走，收出高位金针探顶，又一个卖出信号。出现连续两个卖出 K 线，继续减仓，可卖出一半基础仓位。

第十二天，股价虽然收出阳线，但是全天股价和前一日比创新低，却未创新高，弱势突出，继续减仓。由于仓位已经很轻，所以减仓只是为了把握股价涨跌节奏。

第十三天，股价低开低走，很快跌破前一日最低点，通过这几日的卖出 K 线，很容易判断股价下跌将开启，所以清仓。当天收盘再次出现高位阴克阳，验证了此判断，至此不再跟踪。

需要指出，该股经过一个多月调整后，在圈 3 所示位置很容易迷惑人，阴线前一天的 K 线非常像取款密码五，那当天应怎么办呢？若无法判断走势，又担心错过新的上涨行情，那就小单试错，买 1000 股试试。很多交易障碍的产生就是因为没有资金管理概念，如买进股票后下跌就感觉天塌下来了，这是根深蒂固的全仓进出思想在作祟。买 1000 股，次日下跌，亏不了多少钱；次日上涨，判断正确，加仓即可。

在主力出货阶段，这种迷惑性走势很多，若不能判断股价所处的上涨阶段，很容易上当。该股圈 3 所处位置是明显的最后拉高清仓行为。

主力运作个股分三个阶段，即建仓阶段、拉升阶段和出货阶段。完整的拉升阶段也可分三部分，即初始阶段、快速拉升阶段和拉高出货阶段，牛市中多数会有完整的这三阶段，其他情况下，由于受大环境影响，初始阶段和快速拉升阶段经常合二为一，即第二阶段就会是拉高出货了。

在图 6-11 中，股价经过快速拉升后到达圈 1 所示位置，并用高位阴克阳宣告第一阶段结束，稍作休整后进入第二阶段，在圈 2 所示位置，用三种 K 线卖出形态表明这一阶段是主力拉高出货，至此，已经完整暴露了主力意图。所以，在经过一个多月调整后，再次出现疑似上涨的买进信号就极有可能是诱多了。当圈 3 所示的高位阴克阳再次出现，下跌不可避免，可以寻找新目标股跟踪了。

股价突破重要颈线位进入高位区，从理论上讲，主力已经获利丰厚，进入了可以随时出货的阶段。但是，对主力的操作计划我们根本无法得知，从另一个角度讲，高位区也意味着上方无压力，主力可以肆无忌惮地拉抬股价而不用担心空方大批出货，这就需要一个平衡点，即主力的收益目标已经完成，股价过高也消耗了多方的买进意愿，主力开始卖出股票，多方看到股价出现下跌，也开始减少或停止买进筹码，在经过反复博弈后，股价展开正式下跌。

作为普通散户而言，高位区的操作相对简单，当发现卖出K线形态后，即可展开卖出动作。由于无法预知平衡点何时到来，在交易时可以采用小单卖出、分笔跟进的交易方式，即小单试错，拒绝补仓，顺势跟进，敢于轻仓。对应的卖出操作含义是这样的：高位区出现卖出K线形态时可以先小单卖出，如卖出1000股，这就是小单试错，若第二天股价未下跌，甚至之后出现上涨，则拒绝补仓，不要再追高买回；如果小单卖出后股价从第二天开始出现下跌，则顺势跟进，加大卖出仓位；当明确下跌态势出现，则可以卖出大部分筹码或者清仓，这就是敢于轻仓。

在高位区感觉胆战心惊的投资者基本是追高买进，股价稍有波动便心慌意乱，处于盈亏边缘，如果资金管理再不到位，基本就没办法理性操作了。

正确的操作是：股价在出现取款密码二时已经进入跟踪目标，可以小单参与，在出现取款密码三时基本可明确为是重点操作对象了，补仓时除了用基础仓位和滚动资金外，备用资金也可以适当参与，当股价进入高位区间，已经获利丰厚，卖出后就不再纠结了。

实盘中，卖出操作的难点在上涨初始阶段，投资者只要能突破这个难关，在卖出操作上就可以"毕业"了。

其难点在哪呢？第一，此阶段所有人的盈利都不高，极易出现盈亏之间的反复转换；第二，此阶段股价刚摆脱底部束缚，阴霾未完全散去，多方也未形成强攻态势，所以股价之后如何运行完全处于不确定中；第三，这一阶段是主力动用手段反复折磨散户的时候，卖出信号和买进信号交替出现，操作时又极易踏错节奏，导致买进就跌、卖出就涨的尴尬局面时常出现。

要解决这一阶段的问题，需要从认识、资金管理、操作纪律三方面综合施策。

认识上的要点为：

（1）股价进入这一阶段，说明主力底部建仓基本完成，但并不意味着会立刻上涨，股价出现反复，甚至再次跌至均线系统下方也未可知。

（2）为了在股价上涨过程中减小散户抛压，主力必然会通过凶狠手段清洗浮筹或者抬高市场成本，但是最终目的一定是要股价上涨更顺畅，只是持续时间和股价震荡幅度还不能确认。

资金管理上的要点为：

（1）此阶段常态参与资金为基础仓位和滚动资金，即最多50%仓位。除非有极大把握，可动用不超过一半的备用资金，利用一小时交易法参与操作。

（2）基础仓位此阶段可以持股不动，尤其是距离颈线位较远的时候。当股价靠近颈线位且跌破10日均线时，可减掉一半或更多基础仓位。

（3）滚动资金的操作有两种情况：第一，股价沿着10日均线稳步推进，此时出现阴克阳或其他典型卖出K线，可以卖出至多一半滚动资金仓位，同时，当股价未跌破10日均线便企稳回升时，应该迅速买回。如果出现的是非典型卖出K线，可以小单卖出，把握股价涨跌节奏；第二，如果股价出现突然连续拉升，导致股价迅速远离10日均线，此时出现阴克阳或者其他典型卖出K线，则要全部卖出滚动资金仓位，在股价未跌破10日均线便企稳回升时，悉数买回。

操作纪律上的要点为：

（1）遵守操作纪律在这一阶段尤为重要，否则容易打乱节奏。当股价出现卖出信号时，一定要做出卖出动作，哪怕卖出1000股；当股价在10日均线企稳时，一定要买回，否则容易踏空。

（2）找到最近的重要颈线位对应的最高价，再找出股价最近突破60日均线时的价格，算出两者的中间价。

在这个中间价格之下出现卖出K线形态时，可以小单卖出，或者至多卖出一半滚动资金仓位，除非股价距离10日均线较远时，才可以全部卖出滚动资金，同时，股价未跌破10日均线便企稳回升时，可以一次性全部买回卖出的仓位。

在这个中间价格之上出现卖出K线形态，则至少卖出一半滚动资金仓位，或者全部卖出滚动资金仓位，同时，股价未跌破10日均线，应该小单分批买回，在股价有迹象突破前高时，再全部买回。

特别注意，这一阶段主力已经完成建仓，上涨是大概率事件，但是过程曲折，因为主力必须在这一阶段反复清理浮筹，抬高市场成本，从而达到用最少资金完成最大收益的目标。为什么是这一阶段？因为这一阶段散户意志最不坚定，处于盈亏平衡的当口，最容易被清理出局，而且还容易追高买进，抬高市场成本，所以对于散户来说，认清了股价未来的运行方向以及主力洗盘的本质，在操作上就可以胸有成竹，提前准备。

具体做法是：

（1）股价冲高乏力时先行小单卖出，股价收盘出现K线卖出形态，再加大卖出仓位，但是卖出总量要符合上述要求。

（2）如果收盘股价未出现K线卖出形态甚至出现上涨，则不买回已卖出的仓位，因为已卖出的小单对总体收益影响基本可以忽略。

（3）股价出现调整时，在关键节点提前小单买进，不必等到出现阳克阴时再操作。

如果有止跌迹象，可以加大资金小单买进；如果继续下跌，则拒绝补仓，买进的小单也不会额外增加多少浮动亏损。当在关键节点有出现阳克阴迹象时，可以在盘中逢低加大资金买进，收盘确定阳克阴后再买进全部曾卖出的仓位。之所以这么做，是因为知道主力在这个位置是在洗盘，没有利润。

我们可以通过一定的操作周期来对抗主力的洗盘行动，如设定两个月或三个月的操作周期。主力资金很难完全属于个人，所以完成建仓后，需要在一定时间内完成收益目标，否则会增加风险或者时间成本等额外成本，这对个人投资者或者散户来讲是可以利用的，所以，打伏击，在股价还下跌时就要敢于在关键节点附近买进，这样就有了足够底气。

因此当明确股价后市运行方向后，制定操作周期就有了实际意义，也就不会在意过程的煎熬和辛苦，不仅化解了股价的波动风险，甚至还可以增加额外收益。

如图6-12所示，这是除牛市外的最常见的股票走势，算上周末，历时四个半月，上涨幅度150%，此过程中让市值增加50%～80%是有把握的。

如图所示，股价在突破60日均线时，基础仓位和滚动资金仓位已经全部买进，此时为五成仓位，之后出现了第一个非典型卖出K线以及第二天确认的低位阴克阳形态，因为是低位，所以操作上可以小单卖出，如卖出

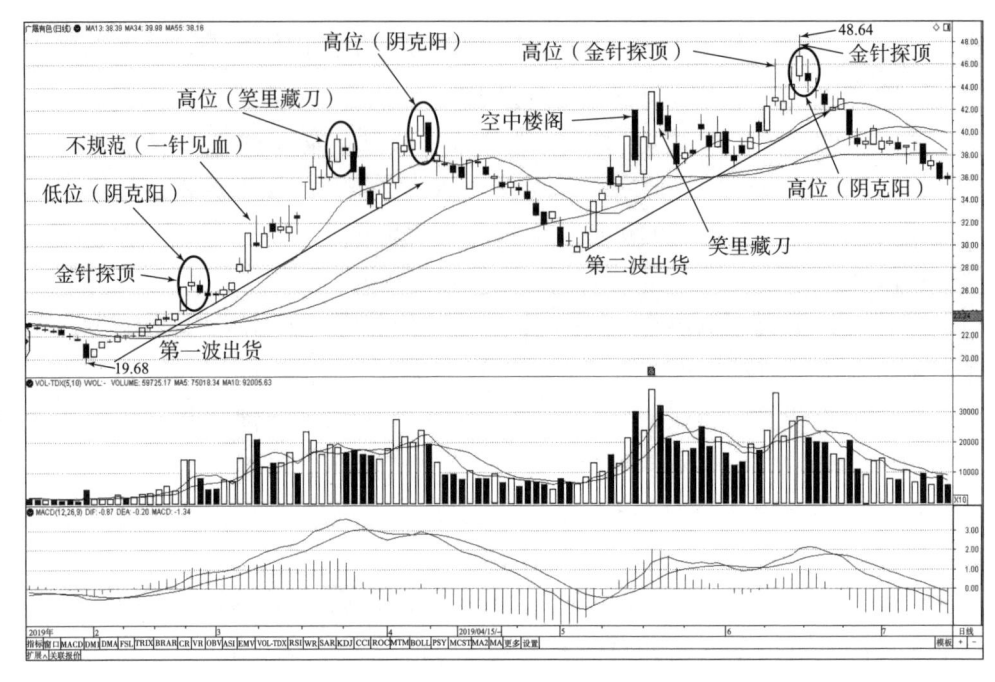

图 6-12　股票完整上涨周期中的各种卖出 K 线

1000 股，目的是跟随股价涨跌节奏。

股价回调两天未跌破 10 日均线便出现阳克阴，买回卖出的仓位，并动用一半备用资金买进。因为这是低位，且在 10 日均线止跌，是取款密码五的信号，后市有比较确定的上涨机会。

连涨几天后出现了一根不规范的一针见血 K 线，因为是低位，这种走势如果不形成阴克阳，基本就是在盘中洗盘，所以可等第二天做出确认，也可以小单卖出 1000 股，保持节奏。

第二天股价并未下跌，而且出现了连续上涨，直到出现高位的笑里藏刀 K 线（下文介绍），此时股价涨幅较大，具备调整的需求。笑里藏刀 K 线并不是典型的 K 线卖出形态，需要次日确认，但是由于处在高位，所以必须减仓。此时可以把备用资金仓位卖出，第二天如果下跌迹象更明显，要卖出滚动资金仓位。

接着再次出现阴线杀跌，所以把滚动资金仓位全部卖出，由于阴线触及到了 10 日均线，鉴于高位的原因应该减掉一半基础仓位，等到股价明确跌破 10 日均线时再全部卖出。

股价跌破 10 日均线后，跌幅并不大就出现了阳克阴，由于是高位，且 MACD 指标出现高位死叉，有诱多嫌疑，不可大幅买回。但是，由于此时仓位出尽，且股价在第一波上涨后经过调整一定会有第二波，主力要完成出货，所以可以小单买进，感受股价涨跌节奏。

股价经过几日上涨后，在前期高点附近出现高位阴克阳，可再把持仓卖出。之后股价经过较长时间下跌，直到跌破 60 日均线，然后股价在 60 日均线处又出现阳克阴，取款密码三信号出现，但是，由于判断接下来很可能是主力的出货阶段，即便参与，资金也不能超过半仓。

再之后，依次出现了空中楼阁、高位阴克阳等 K 线卖出形态，这是明显的出货走势，可在图 6-12 最右侧高位阴克阳出现后卖出所有滚动资金仓位，甚至一半基础仓位，因为这是出货阶段的高位阴克阳，下跌的可能性很大；在接下来股价跌破 10 日均线时，清仓；至此，该股操作结束。

第四节 非典型卖出 K 线之一："金针探顶"

非典型卖出 K 线指在股价上涨过程中多方受到空方阻击，但多方力量并未被完全逆转，仍保持优势，或者多方力量过于强势，有盛极而衰的可能，但这都需要根据次日股价实际走势做出确认，卖出提示并非十分明确。这种 K 线出现在高位，警示意味更强；出现在中低位，可等到次日股价走势给出更明确信号后再操作，但仍应保持警惕。

金针探顶 K 线指股价冲高回落，收阳线，上影线较长。"金针"指较长的上影线，说明多方遭到阻击，上影线越长，遭到的阻击力度越大，股价回落的可能性越大；"探顶"说明这是在试探高点，并不一定真是，需要次日股价走势做出确认。

金针探顶 K 线在高位出现，如果有备用资金，则要全部卖出；如果没有备用资金，可卖出一半滚动资金，次日若股价下跌，可继续减仓，若股价上涨，则不买回。

出现金针探顶 K 线后，第二天股价盘中无法突破金针探顶 K 线高点，在盘中即可小单卖出；如果未跌破前一日低点，则不继续卖出，等第三天走势。

出现金针探顶 K 线后，第二天股价若跌破金针探顶的低点，盘中可逢高减仓，股价下跌态势基本形成。如图 6-13 所示。

金针探顶 K 线的市场意义：这根 K 线意味着空方筹码开始松动，有获利盘涌出，是一根可出现在任意位置的 K 线，只是体现的卖出意愿不同。

当金针探顶 K 线出现在重要颈线位附近、高位或者股价连续拉升远离 10 日均线时，卖出意味较强，可当天小单卖出，等第二天股价走势确认后再进一步操作；当它出现在低位或者股价沿着 10 日均线稳步上涨时，多为散户的随机交易所形成，至多是主力的恐吓行为，操作上可小单卖出，也可

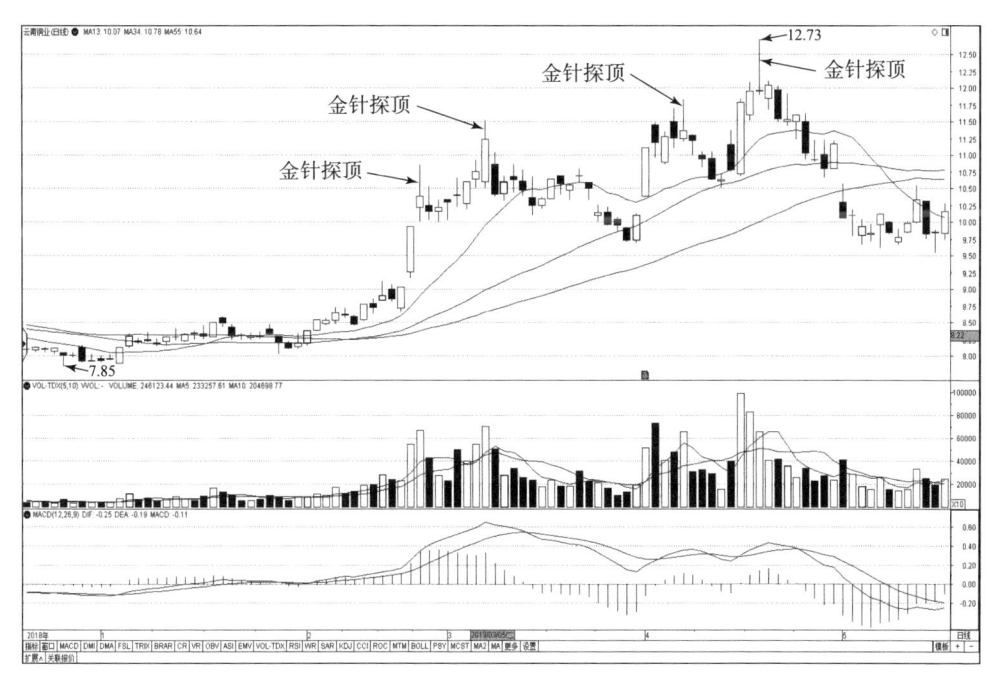

图 6-13 非典型卖出 K 线之金针探顶

保持警惕等次日走势确认再做操作。

金针探顶 K 线出现频次极高，但多数为市场随机化交易所形成，只有在关键节点处才具有较明确的市场意义。比如，股价出现快速拉升，金针探顶说明有短期获利盘涌出，股价休整可能性增大。如果出现在重要颈线位，金针探顶可能预示着股价调整临近了，操作上要保持减仓动作。

图 6-14 中，股价突破 60 日均线快速上涨，脱离 10 日均线迅速来到第一个重要高点附近，此时出现金针探顶 K 线，说明股价有休整的可能，但由于股价所处位置很低，调整幅度不会大，操作上可小单卖出，等调整结束后再悉数买回。

股价是否会调整较长时间多数以 10 日均线为界，如果股价跌破 10 日均线，多数情况下，股价调整时间会被延长，调整幅度也会被加大，否则，上涨仍将是主基调。图 6-14 中，调整出现后未跌破 10 日均线，说明上涨仍为主基调，在企稳回升时可加大资金买进，这么做是因为股价仍处于低位；如果股价在高位或者重要颈线位，则不要随意加大资金买进，否则，一旦股

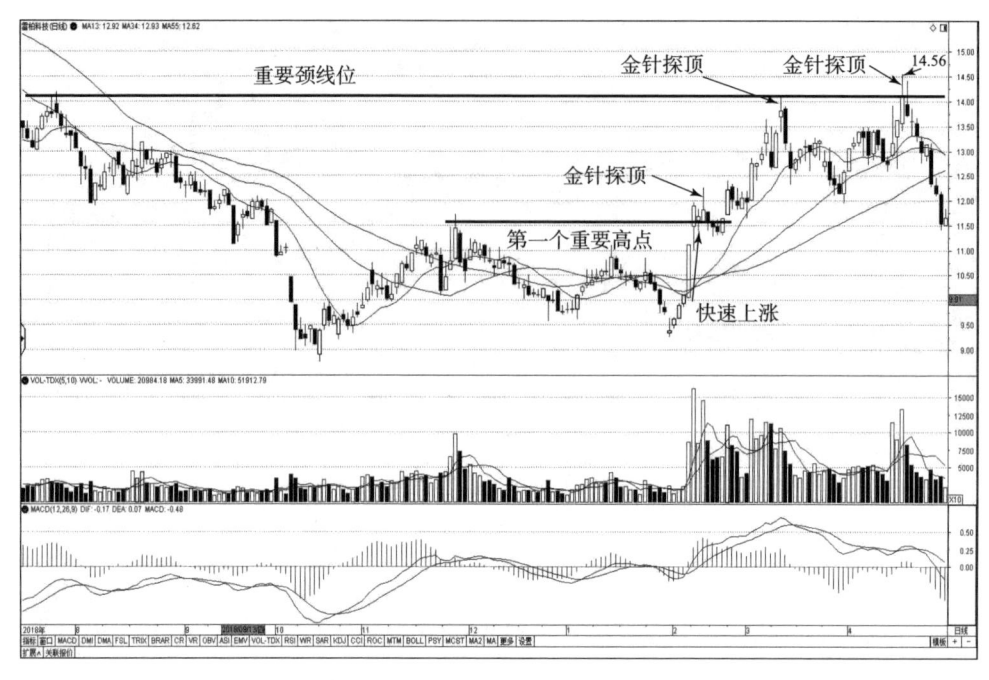

图 6-14　颈线位附近的金针探顶卖出 K 线

价下跌，前面的利润会迅速消失殆尽。

继续看图 6-14，在股价涨到重要颈线位附近时，再次出现金针探顶 K 线，而且一周内出现两个，说明股价很可能迎来调整，第二天的阴克阳形态更确定了这一点。在重要位置看到这样的非典型卖出 K 线，至少要减掉一半滚动资金仓位，第二天如果股价无法创新高，应在盘中减掉另一半滚动资金仓位，收盘时如果下跌形态明显，甚至要减掉一半基础仓位，如果股价继续下跌，且破 10 日均线，要清仓。如果股价在 10 日均线处止跌回升，买进操作也要谨慎，至多可以小单试探性买进，总仓位不能超过基础仓位加半仓滚动资金仓位，通过这种仓位控制就能很好地保持操作主动。

第二个金针探顶 K 线出现后，股价出现明显调整，跌破了 30 日均线才止跌。在 30 日均线附近出现阳克阴，疑似取款密码四信号出现，但是 MACD 指标处于高位死叉运行中，所以即便参与，仓位也要控制在基础仓位，买进时可小单多次试探性操作。在这次股价回升过程中，多次出现阴克阳或金针探顶 K 线走势，说明上方压力很大。

第六章　卖出K线形态

当股价又一次来到重要颈线位时，金针探顶K线再次出现，收盘前可以卖掉大部分仓位了。第二天股价盘中未创新高，可以清仓，不用等到再次跌破10日均线，因为最近走势已经表明多方无力上攻，空方卖出意愿强烈，所以要尽早离场。

从图6-14中看到，几次的金针探顶K线在第二天多以阴克阳来确定股价进入调整，在实盘中，也有股价不做调整，稍作停留便继续上涨的，所以，操作时要以小单卖出为主，等第二天走势明确后再进一步做出交易决定。当然，如果股价处于中高位或者重要颈线位，已经累积了足够风险，当天是可以卖出滚动资金仓位的。

如图6-15所示，这只股票在两个半月时间内价格上涨了100%，通过合理操作让市值在此期间增长超过30%是有绝对把握的。具体操作如下：

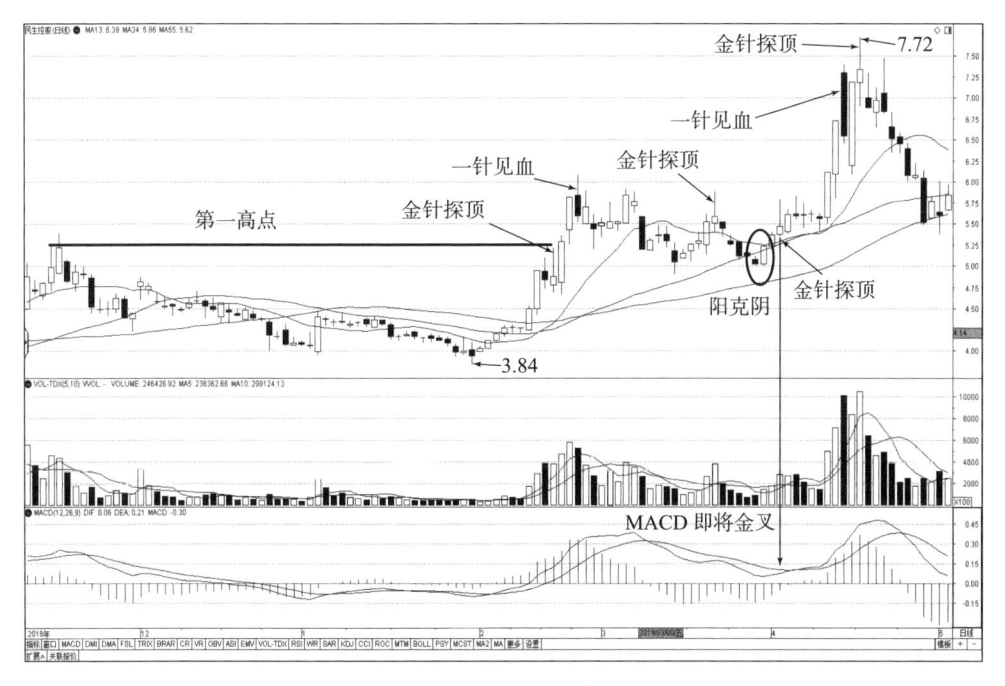

图6-15　金针探顶的具体应用

股价从底部启动，穿过60日均线，取款密码三信号出现，仓位至少应在50%。股价继续上涨，来到第一个高点附近，出现了金针探顶K线。由于股价位置很低，来到第一个高点时上涨幅度并不大，判断为主力洗盘，可小单试探性卖出，或者等第二天走势明确后再做操作决定。

第二天，股价并未下跌，只是在盘中稍作回调便返身向上，这是非常明确的上涨信号，应该买回昨天卖出的小单，甚至还要在股价走势明确后买进一半的备用资金。

第三天，股价高开高走，以涨停板突破第一个高点。至此，股价从底部启动算起，上涨幅度已超过40%。

第四天，股价高开，冲高回落，出现一针见血典型卖出K线，说明空方抛出意愿非常强，应该避其锋芒，此时应卖掉备用资金和滚动资金仓位。

之后股价虽出现调整，但未跌破10日均线，所以基础仓位可保留，直到股价再次冲击一针见血K线形成的高点未果，此时至少要卖掉一半基础仓位，如果接下来股价跌破10日均线，则清仓。随后，股价直接低开在10日均线下方，果断清仓。

股价正式展开调整，并在30日均线处有止跌迹象，但在这个反弹过程中，MACD指标一直在死叉状态下运行，所以不参与。

等到再次出现阳克阴K线，同时MACD指标有金叉迹象，取款密码四信号确立便可以参与了。参与方式为先小单买进，等股价突破10日均线后，买入全部基础仓位，待股价上涨进一步明确，可陆续买进滚动资金仓位。

阳克阴出现后的第三天出现了金针探顶K线，但此时发现MACD指标开始金叉，这说明主力在洗盘，所以原来买进的基础仓位不必卖出。

第四天，股价未创新低且稳步上涨，验证了主力洗盘的判断，可用滚动资金买进。

随后的四天股价小幅波动，没有明确的买卖提示，且未跌破10日均线，不必理会。

再之后，股价用连续两个涨停板突破了前期高点，由于上涨迅速，不必追高买进，此时的股价已进入高位区域，只可保留五成仓位。

紧接着，一针见血出现，也像是空中楼阁，总之，典型卖出K线预示着股价要进入调整了，盘中即可卖出滚动资金仓位。次日，股价低开，但未破10日均线便回升，阳线实体很大，看似多方力量强劲，股价却未创新高，疲态已现。基础仓位由于未满足卖出条件，可继续保留。

图6-15中最后一个金针探顶在高位出现，说明已经进入减仓模式了，继续小单卖出。之后第二天，阴线杀跌，高位阴克阳再次明确了调整即将降

临，继续减掉至少一半基础仓位，直到股价跌破 10 日均线，清仓，结束操作。

在整个操作过程中，我们始终没有满仓操作，但也因此一直保持着主动。股价最终上涨幅度 100%，我们可以确保获得其中超过 30% 的市值增加。这个市值指的是总资金的增加，如果一年有三次这样的机会，我们的收益将轻松翻一番。很显然，这样的机会无论牛市还是熊市都不缺乏。所以，不要有赌博心态，想满仓抓住一只牛股大赚特赚，这不现实。我们更稳定和实际的操作，就是通过资金管理，在两个月的操作周期内，利用交易策略，让市值稳定增加 10%。不要太多本金，10 万元起步，10 年内将拥有超过 3000 万元的资产，可以认真地试试。

第五节　非典型卖出 K 线之二："海市蜃楼"

海市蜃楼 K 线，是一根出现在特殊位置上的大阳线，甚至是涨停板，多数伴随放大量。特殊位置指：①出现在重要颈线位附近；②连续上涨后，再次出现放量大阳线；③出现在高位。

市场意义：海市蜃楼，本是虚幻不实的，暗藏着风险，这是多方连续上攻后可能进入强弩之末的表现。但是，如果出现在低位，空方力量不强烈，这种大阳线拉升反而是多方强势的体现。只有出现在特殊位置，空方力量已经累积足够收益，卖出意愿随时爆发，当出现这种放量加速上涨的大阳线时，才可能是海市蜃楼 K 线。

海市蜃楼是非典型卖出 K 线，通常在股价上涨最猛烈时出现，有时很快会消失，有时却延续很久。操作上以小单卖出试错，若当第二天出现明确的卖出提示，再迅速做出卖出决定。

图 6-16 中，股价从底部连续上涨到重要颈线位附近，接着跳空高开，出现大阳线并伴随放量，这是典型的海市蜃楼 K 线形态。重要颈线位本来就聚集了大量空方筹码，连续上涨又消耗了过多的多方能量，所以，再次出现放量大阳线就会成为强弩之末。第二天的走势也确认了这一点，操作上可以小单卖出，保持节奏，待走势更明确时再加大卖出量。

非典型卖出 K 线让我们提高警惕，之后能对股价走势作出确认的还是典型卖出 K 线，所以，我们要等到典型卖出 K 线出现后才能进行操作，在小单卖出试错，以便保持操作节奏。

非典型卖出 K 线极具迷惑性，不懂交易策略的人很容易被打乱操作节奏，尤其在股价涨幅较大时，恐高的情绪随之蔓延，了解非典型卖出 K 线的性质以及对应的交易策略，能很好地克服恐惧心理，把握住绝大部分利润。

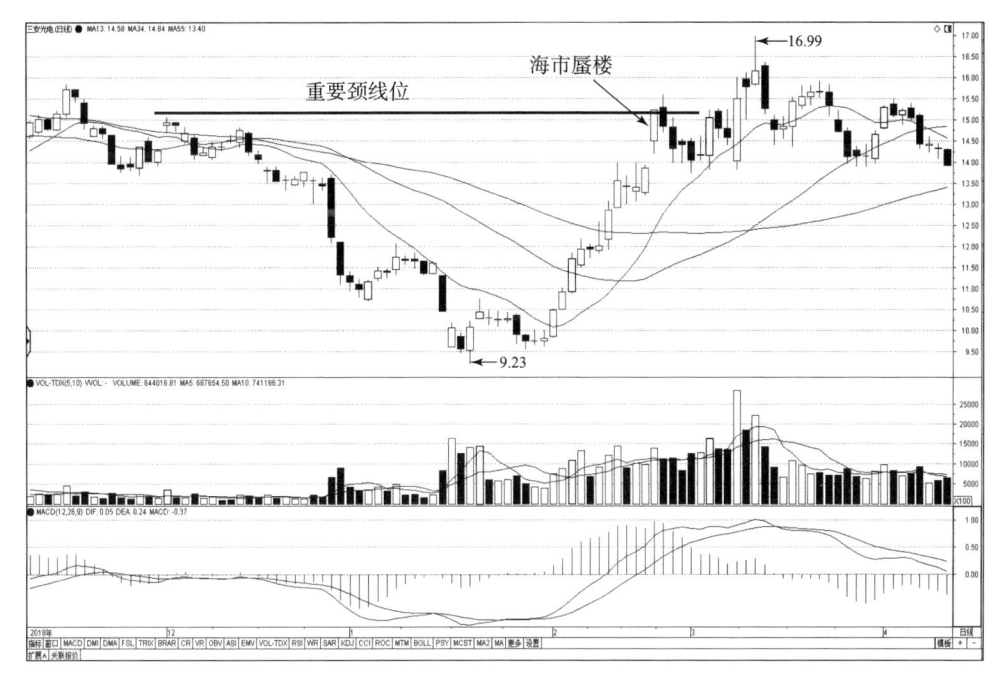

图 6－16 重要颈线位附近的海市蜃楼

图 6－17 中，股价先以一字涨停的方式突破 60 日均线，随后回调确认该均线，并等待均线系统的多头排列。当股价再次上涨到一字涨停板附近时，通过涨停板大阳线冲击第一个高点，非常标准的取款密码五信号出现。

第二天，股价再次高开，并以涨停板大阳线收盘，迅速脱离 10 日均线束缚，第一个海市蜃楼 K 线出现。从底部算起，此时股价上涨近 50%，而且连续两个涨停板，恐高情绪必然出现。由于已经获利丰厚，落袋为安会成为很多人的操作首选，面对海市蜃楼 K 线形态，正确的应对方式是提高警惕，小单卖出，如卖出 1000 股，保持操作节奏。这种操作即使第二天继续大涨，对总体收益影响甚微，但却打破了卖出操作的心理障碍，不会出现第二天股价下跌时像被点穴一样木讷观望，甚至期盼股价再涨一点就卖出的幻想。

第三天，股价继续高开高走，以涨停板大阳线报收，并来到了重要颈线位附近，第二个海市蜃楼 K 线出现，操作上继续小单卖出，保持更高警惕。

· 157 ·

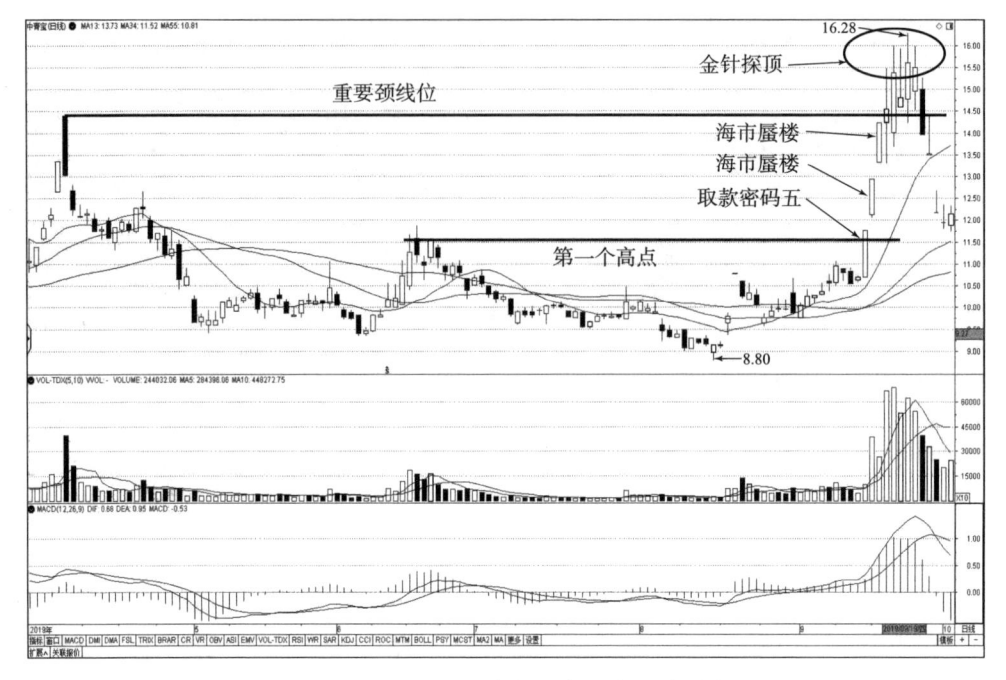

图 6-17　个股运行中的海市蜃楼 K 线形态

第四天，股价冲高回落，空方筹码开始松动。由于我们已经保持足够警惕，盘中冲高乏力时，一定会加大卖出筹码。如果有备用资金仓位，也应一并卖出。

第五天，股价低开后稍作停留便继续上涨，并冲破前一日最高价，由于已经卖出部分仓位，盘中不必继续卖出。收盘再次出现金针探顶，这说明空方卖出意愿确实强烈，继续小单卖出。

第六天，第七天，第八天，连续出现金针探顶，这种情况预示着下跌随时来临，仓位可降至基础仓位，不必等到真正下跌的那一天。

第九天，股价低开低走，没有任何上冲迹象，并跌破前一日最低价，下跌不可避免，盘中清仓，不必等到跌破 10 日均线。

这是不是"看图说话""事后诸葛亮"：因为看到第十日跌停，所以第九天就全部清仓了？其实，如果你每天都小单卖出，每天看到的都是卖出提示，必然能体会到空方的力量强大，也一定能知道下跌必然开始，所以当出现盘中无力上涨的迹象时，也就必然会盘中清仓了。

再看一个例子，图 6-18 中，取款密码三信号出现，表明主力建仓基本完成，股价即将进入上涨阶段，此时可以悉数买进基础仓位和滚动资金仓位。

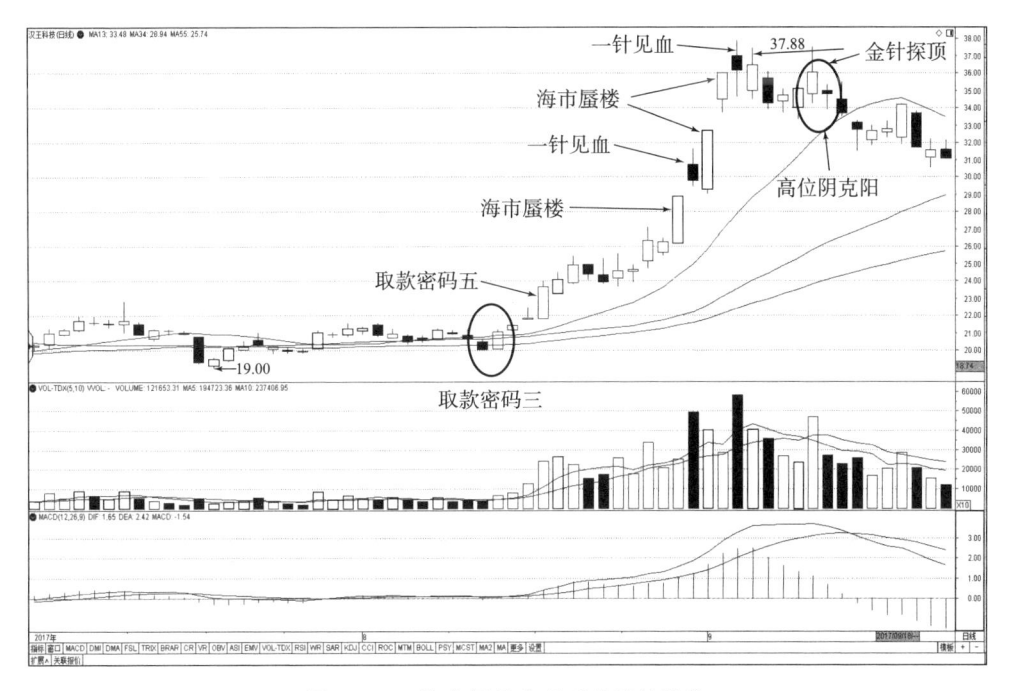

图 6-18　海市蜃楼出现后的具体操作

随后股价稳步上扬，取款密码五随之出现，在明确上涨阶段开启的同时，操作上要以卖出为主基调了，当股价回调不破 10 日线时，备用资金可以适当参与。

取款密码五出现后，股价继续稳步上涨，小阴小阳的随机走势没有给出明确的减仓信号，可一直持有。在此过程中，当股价休整后再次回升时，可用备用资金买进半仓。

随后，股价以涨停板的方式出现一根大阳线，第一根海市蜃楼 K 线出现，可以小单卖出，保持操作节奏。

第二天，股价高开低走，收出一针见血典型卖出 K 线，所不同的是，跳空缺口没有补上，表明多方的力量仍旧很强，可以把备用资金仓位卖出，也可以小单卖出，等待第二天走势明确。

次日，股价开盘后稍作停留便再次冲击涨停，又一个海市蜃楼 K 线出现，继续小单卖出。再次日，又是跳空高开，涨停板大阳线，第三个海市蜃楼 K 线出现，继续小单卖出。因为是小单，对总体收益影响甚微，同时又消除了恐高心理。

在图 6-18 中，当高位的一针见血 K 线出现后，由于一直保持了卖出的节奏，所以不会有任何心理障碍，当天收盘时卖出至少一半的滚动资金仓位，如果还有备用资金仓位，也要卖出。

高位出现一针见血后的第二天，一根金针探顶 K 线继续提示卖出，继续小单卖出。

第三天，股价低开低走，高位阴克阳又是典型卖出 K 线，滚动资金仓位不能再留了，悉数卖出。

股价调整两天后，在 10 日均线处似乎有止跌回升迹象，但是，高位金针探顶 K 线以及其后一根阴线组成的高位阴克阳，再加上 MACD 指标的高位死叉种种迹象表明不能恋战了，也不用等股价跌破 10 日均线了，应清仓离场，结束操作周期。

对该股票复盘时可发现，这一阶段是以卖出为主基调的，买进是辅助操作，只有在有很大把握时才可动用备用资金买进。

股票操作只有两种：买进和卖出，股价运行的不同阶段应以其中一种操作为主，另一种为辅，绝不可不分重点地胡子眉毛一把抓。

比如建仓阶段，根据资金管理，分批买进是主基调，卖出操作只在有明确波段高点时才可操作，且仅限于滚动资金仓位。更重要的是，此阶段总体仓位一定要不断增加，不可出现建仓阶段筹码越来越少的情况。

建仓完成后，股价进入上涨阶段，若此时已经获利，仓位应减至半仓或者稍多于半仓。这一阶段，卖出为主基调，买进为辅助手段。需要强调，卖出操作并非一次性全部卖出，或者大部分卖出，而是根据 K 线的卖出形态，在资金管理统筹下分批卖出。重要的是，在卖出操作中，若发现股价未跌破 10 日均线便企稳回升，则卖出的仓位可以买回，但买回的仓位不得超过卖出的仓位，直到股票清仓，完成操作周期。

很多人有误区，认为股票开始涨了，应该重仓甚至满仓买入才会获得丰厚收益。这么做的人最后往往亏损出局。究其原因，股票进入上涨阶段后，不应再以买进为主基调了，因为你无法准确得知股价何时上涨结束。结果，没赚多少钱，涨时怕赚得少，不断加仓，结果跌时仓位很重，亏得自然很多，最终怎能赚钱？

正确的做法是，在上涨阶段时刻提高警惕，把卖出作为操作的主基调，只要出现卖出K线，一定要做出卖出动作，哪怕只卖出1000股，如果卖出后股票不下跌，也不能追高买回。为什么？这不是浪费大好行情吗？不是。因为股价进入上涨阶段，迅速扩大利润的正确做法是通过备用资金、利用一小时交易法。一小时交易法的核心做法是收盘前买进，第二天冲高卖出，因此要随时提高警惕，做好随时卖出的准备，而且也不影响其他仓位的卖出动作。

上涨阶段分为初始阶段、加速拉升阶段和出货阶段。初始阶段，由于股价位置很低，可以使用一半备用资金操作，在第二天股价上涨幅度不大的情况下，也可以多观察几天，但仍要做好随时卖出的准备。快速拉升阶段，备用资金可以全部使用，但要严格执行一小时交易法中第二天10点之前的卖出原则。出货阶段，备用资金自然是不用的。

具体做法是：建仓阶段，若股价上涨到某一位置时遇到空方阻力，要小单卖出，比如卖出1000股。若股价继续回调，则加大卖出量，但不能超过买进的滚动资金仓位。当回调结束止跌回升时，不仅要迅速买回卖出的所有仓位，还要加大资金买进，如卖出10000股，则要买回20000股，直到全部买进基础仓位和滚动资金仓位，这是对总持仓量的控制。

建仓阶段完成后，股价突破60日均线进入上涨阶段。若上涨初始阶段持仓量至少已经是五成，股价上涨中出现卖出K线形态时应小单卖出。当股价回调不破10日均线便止跌回升时，卖出的小单要买回，且备用资金可以加仓一半买进。这部分备用资金仓位持股时间可略长，第二天如果股价没有明显上涨也不必卖出，但是，如果股价出现上涨乏力迹象时，要迅速减仓，不可等到股价跌破10日均线或者出现典型K线卖出形态时再操作，这就是以卖出为主基调的要义。

快速拉升阶段，股价基本处于高位，出现K线卖出形态时可小单卖出或者是卖出滚动资金仓位。当股价回调不跌破10日均线便止跌回升，可小单逐步买回。当发现股价有突破前高时，可全部买回卖出的仓位。在收盘前确定第二天有大概率冲高机会时，可买进备用资金仓位。重要的是，第二天即使股价没有冲高机会，备用资金仓位也要及时减仓，若股价有形成卖出K

线形态的迹象，滚动资金仓位也是要全部卖出的，这就是以卖出作为操作的主基调。由于是分批卖出，若股价继续上涨，留下的仓位也可以获得额外利润。但是，如果没有把卖出作为主基调，那么原来的利润很可能会被逐步蚕食，甚至最后亏损卖出。

在以卖出为主基调的操作中，卖出要快，且可一次性卖出较多持仓，但买进要慢，且要小单分批买回。同时买进的资金不得超过卖出的资金。尤其在高位区间或者关键颈线位，可以卖出后不再买回，但绝不允许追高买回，甚至加大买进资金。至于备用资金，要严格执行收盘前买进，第二天10点前逢高卖出的纪律，这是锦上添花的操作，没有把握宁可不做。

很多人一开始赚钱，在股价明确上涨后不断加大买进资金，试图迅速扩大利润，结果却很快亏损，这是因为前期积累的利润少，当不断加大买进资金后，股价稍微调整就会损失掉大部分收益。这一阶段操作要点是遇到K线卖出形态务必小单卖出，绝不允许不断加仓。

第六节　非典型卖出K线之三："笑里藏刀"

笑里藏刀，比喻外表和气，心生阴险狠毒，寓指暗藏着风险。

体现在股价形态上，笑里藏刀K线由一根阳线和一根小阴线组成，阳线实体较大，阴线包含在阳线实体内，多数在阳线实体的上半部。它体现的市场意义是：多方仍占优，但空方筹码有所松动，只是不确定，空方是否因此产生多米诺骨牌效应，还是趁多方休息的时候"表演"一下，因此，需要根据股价第二天的走势做进一步明确。

操作上，在出现笑里藏刀K线的当天可以小单卖出，如果股价处于高位，可以适当加大卖出仓位，如卖出一半滚动资金或者备用资金仓位等。但是，不应被这根小阴线恐吓出局，这根K线虽然有风险，但还没表现出来，暂且静待其变。

笑里藏刀K线形态存在风险，但毕竟需要第二天才能进行确认，所以属于非典型卖出K线。图6-19中，圈1处笑里藏刀K线出现后，第二天股价并没有继续大幅下跌，而是稍作停留后继续上涨。圈2处笑里藏刀K线出现后，第二天继续下跌，高位阴克阳典型卖出K线出现，跌势已现，自然应该清仓离场。

非典型卖出K线主要作用是提示风险，使我们保持足够警惕，操作上可通过小单卖出的方式保持节奏。不要忽视种种小风险，"风起于青蘋之末，浪成于微澜之间"，有了对小风险的敬畏，当大风险来临时才不至于遭遇损失。

笑里藏刀K线多出现在股价上涨过程中，以小休整后继续上涨的情况为主。在高位转折点或者重要颈线位，笑里藏刀K线较少见。笑里藏刀K线出现后，判断是否转势的依据仍要看股价是否会跌破10日均线，或者是否有更明确的卖出信号出现，如典型K线卖出形态。操作上，小单卖出后

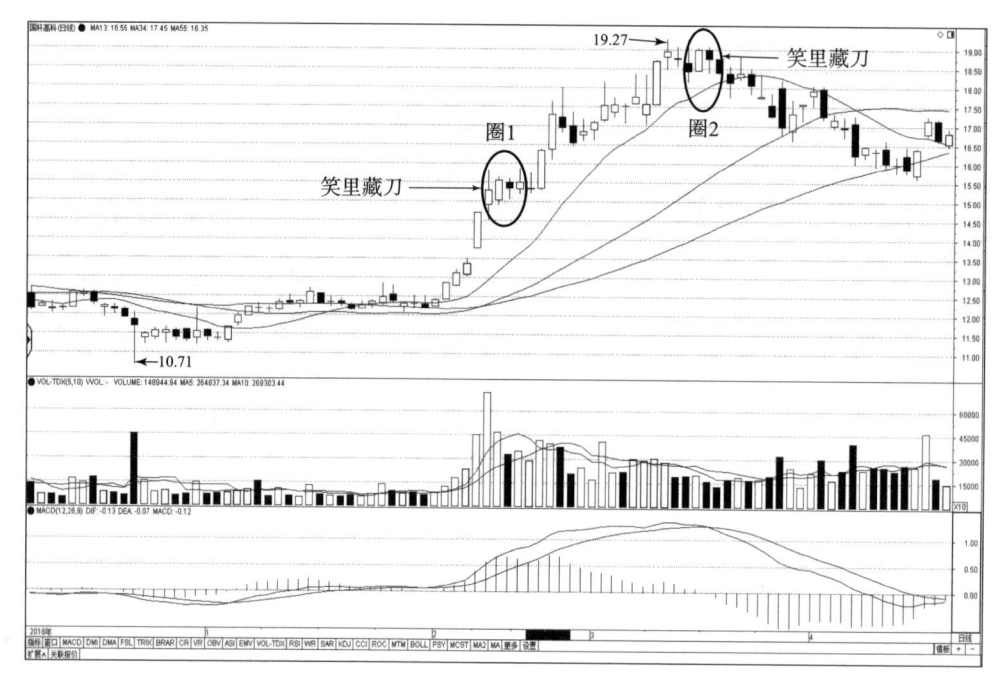

图 6-19　非典型卖出 K 线之笑里藏刀

如果有更明确的 K 线卖出形态出现，应立刻加大卖出股票。

我们再来看个例子。图 6-20 中，股价突破 60 日均线后，取款密码三形成，仓位应至少提高到 50%。随后股价稳步上涨，直到第一个笑里藏刀 K 线的出现，由于股价已经有了一定幅度的上涨，所以可能出现休整的。操作上应以小单卖出，如卖出 1000 股，以观后效。

第二天，股价未下跌，不操作。

第三天，股价放量拉阳线，不追高买回。在交易策略中，小单试错，拒绝补仓中的"拒绝补仓"不仅指股价下跌时不要急于买进补仓，也指股价卖出后上涨不要追高买回，如果慌乱中买回踏错股价涨跌节奏，终会得不偿失。

第四天，出现阴克阳典型卖出 K 线，但因位置很低，所以即使调整幅度也有限，所以卖出一半滚动资金仓位。

之后几天，股价继续休整，并一度小幅跌到 10 日均线下方。由于股价处于低位，且仓位不重，所以可以持股观察，直到再次回到 10 日均线上方，

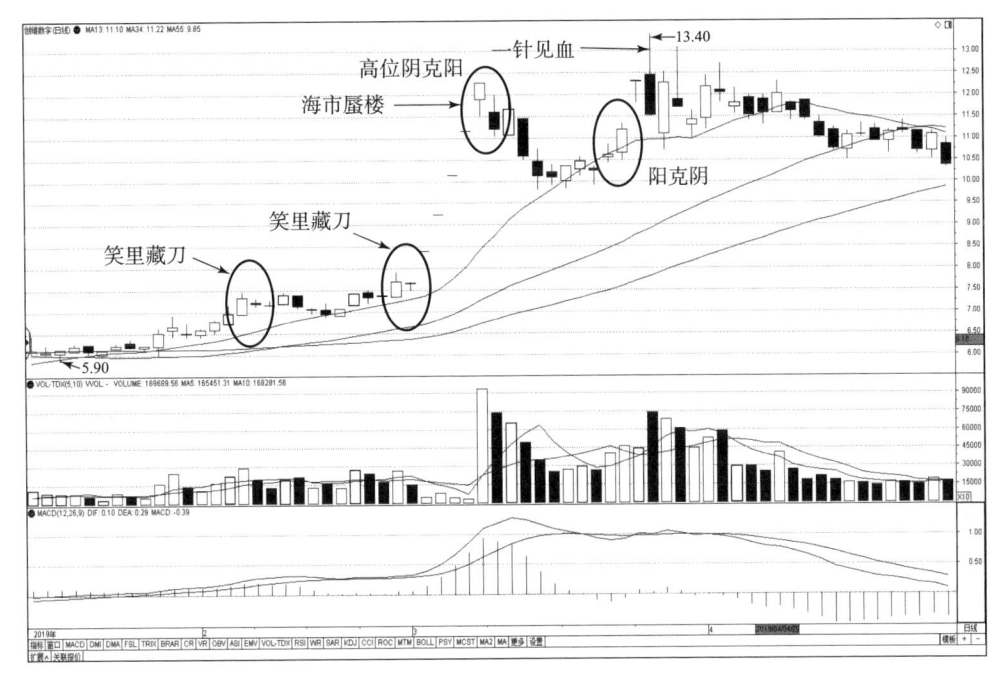

图 6-20 上涨过程中的笑里藏刀

买回所有卖出的仓位。

在第二个笑里藏刀 K 线出现时，第一根大阳线是明显的取款密码五信号，所以是可以在收盘前买进一半备用资金的。第二天的小阴线是笑里藏刀 K 线，可以小单卖出。随后出现了四个一字涨停，第五根 K 线是明确的海市蜃楼 K 线，可以小单卖出。在实际操作中，这种连续大涨的走势是可以卖出大部分仓位的，这就是明确的盛极必衰。

海市蜃楼 K 线出现的第二天，股价低开，无法冲击前一日高点，最终收出大阴线，高位阴克阳形成，此时应卖出绝大部分仓位，只留下一半基础仓位。次日，股价虽然收阳线，但无法突破前一日最高价，疲态已现，清仓出局。这种连续涨停的走势，即使后面再创新高，上涨幅度也有限，而且收益已经足够丰厚，可以离场了。至于股价后市是否继续上涨不必猜测，若上涨，进行下一个操作周期即可，但不能用猜测或者幻想指导当下的交易。

股价经过一段时间调整后出现了阳克阴，并再次站上 10 日均线，疑似取款密码五信号，只是 MACD 指标的高位死叉提示了风险，如果想进行下一个操作周期，可以小单买进。第二天，涨停。第三天，出现了高位一针见血K线，很显然这是"回光返照"，清仓离场，结束跟踪。

由以上复盘情况可知，笑里藏刀K线出现后股价稍作休整是不必恐慌的，操作上小单卖出、提高警惕即可。但是如果其出现在高位或重要颈线位，笑里藏刀K线与另外两种非典型卖出K线一样，有可能第二天转变为典型卖出K线，应做好大幅减仓的准备。

至此，K线卖出形态全部介绍完毕，这六个K线卖出形态包含了股价下跌必然产生的各种走势，大道至简，仔细研究并坚决执行交易体系中相应的策略，随机应变，立于不败之地就不是难事。K线卖出形态属于预警性信号，操作上是减仓而非清仓，因为很多情况是股价调整但不破10日均线，之后继续上涨，但是，如果你对前九个K线卖出形态采取漠视的态度，必然会在第十个K线卖出形态出现时被严重套牢，更重要的是，我们根本无法得知哪个K线卖出形态是真正转势的开始。而通过小单卖出，保持对股价的操作节奏，同时打破卖出时的心理障碍，你就可以不断锁定利润，且股价主升行情到来时也不会错失机会。这就是K线卖出形态的意义。千万别有等到下跌明确或趋势逆转后再卖出的想法，最终亏损出局的往往是这些人。

第七章
股市收款密码

说完了取款密码,本章开始介绍股市三种收款密码。三种收款密码是在三条均线的重要节点处出现典型或非典型K线卖出形态或者破位阴克阳走势,这是明确的股价将加速下跌的信号,此时清仓出局是唯一选择,尤其是股价处于高位时。反之,股价处于低位而出现收款密码卖出时,可以保留部分基础仓位,或者清仓后视情况可进入下一个操作周期。

第一节　收款密码一

收款密码一需要满足如下特征：

（1）股价在 10 日均线附近出现典型 K 线卖出形态，或者股价以大阴线的方式跌破 10 日均线，或者股价以阴克阳的方式跌破 10 日均线，或者股价跌破 10 日均线后反弹至 10 日均线附近并出现 K 线卖出形态。

（2）均线系统呈多头排列，10 日均线若由向上转为走平，卖出信号更明确。

（3）股价跌到 10 日均线附近前出现多次 K 线卖出形态，卖出信号更明确。

（4）MACD 指标有高位死叉迹象或者已经死叉，卖出信号更明确。

收款密码一是第一个清仓信号，也是操作周期结束的明确标志。在整个操作体系中，把操作周期设定为两个月，即在两个月时间内，通过反复操作，完成资产增值 10% 的目标，有了操作周期的概念，就不会出现短期操作的心理障碍，同时，资金管理才能用得上，不会再出现满仓进出的赌博式交易，也不会出现一锤子买卖。

但是，交易时长未必非要两个月，当收益目标完成后，出现收款密码一信号即可宣告操作周期结束。接下来，要么换股，制定下一个操作周期交易计划；要么等同一只股票出现新买点后继续进行交易，但已经属于新的交易周期了。不少人在对同一只股票进行交易时，总是对第一次交易的盈利念念不忘，导致第二次交易时对亏损格外宽容，最终不仅亏掉了第一次所赚的利润，甚至还搭上了第二次交易的部分本金。所以，收款密码一信号出现时，表明上一次的交易周期已经结束，下一次的交易无论盈亏都与上一次无关。

但是，如果在如下情况下出现收款密码一信号，可保留少量基础仓位继续跟踪操作。

（1）股价刚启动上涨，位置很低，收款密码一信号出现极可能是主力洗盘。

（2）收益目标未完成，且综合分析后仍有很好的可操作性。

（3）仍在操作周期内，且有继续跟踪操作的价值。

在图7-1中，股价第二次突破60日均线后，沿着10日均线稳步上涨。接着，均线系统开始多头排列，MACD指标在多方区域健康运行，直到圈1处收款密码一信号出现，宣告操作周期结束，可以清仓离场了。圈1处的收款密码一由高位阴克阳K线形态组成，由于其中的阴线非常靠近10日均线，所以也可认为是收款密码一信号。在实盘操作中，收款密码一的第一根K线是明确的金针探顶K线，应小单卖出，提高警惕，第二天收出阴线，确认收款密码一成立，做清仓处理就不存在心理障碍了。

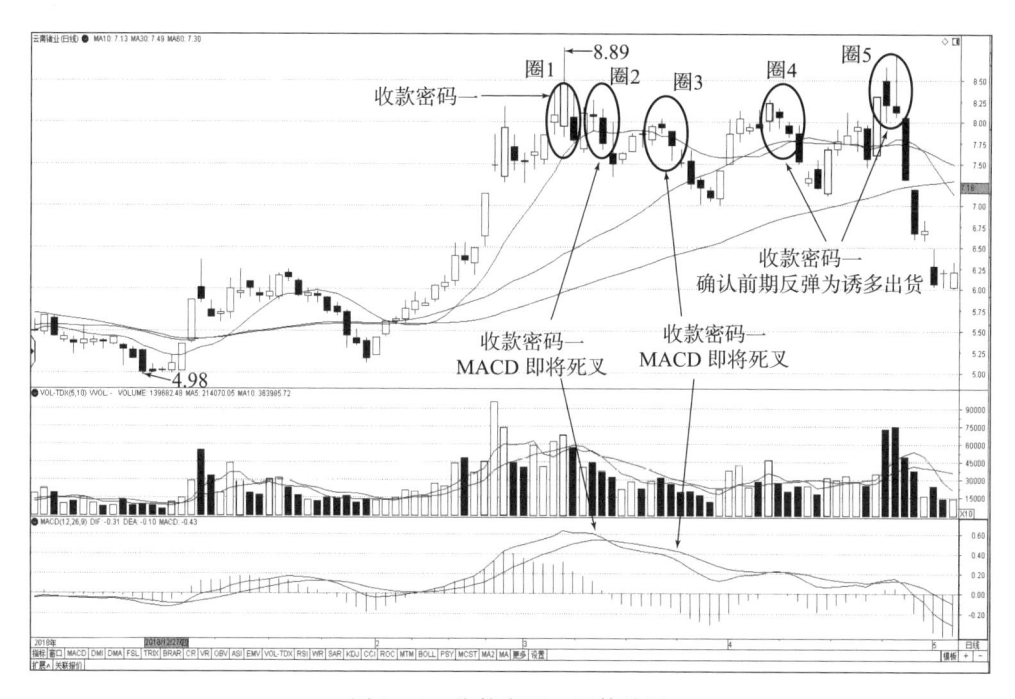

图7-1 收款密码一具体特征

在圈1处的收款密码一出现后的第二天，股价低开高走，且未跌破10日均线，看似阳克阴出现，但是仔细分析发现，这根阳线未突破前一日股价的最高点，且跌破前一日股价的最低点，这是明显的诱多走势。随后，在圈

2位置更明显的收款密码一信号出现，股价跌破10日均线，且MACD指标开始出现高位死叉迹象。如果之前的操作还犹豫的话，现在应该果断清仓离场了。

股价跌破10日均线后，调整幅度不大就出现反弹走势，一直反弹到10日均线附近，甚至冲破10日均线的压制，似乎新的上涨要开始了，但是，MACD指标已经高位死叉，10日均线已经由上涨转向走平，更重要的是，在圈3处，收款密码一信号再次明确出现，由跌破10日均线的阴克阳K线组成，弱势已明确，离场，操作周期结束。

继续看图7-1，在圈3之后，股价明显调整，跌破了30日均线，之后止跌回升，甚至来到了前高点附近。但是，圈4、圈5处两次明确收款密码一表明，这个反弹只是诱多而已，如果参与了新的操作周期，也应该清仓离场了。

需提示大家，图7-1中，收款密码一反复出现，留足了做出决定的时间，但有的个股由于涨幅巨大或者涨速太快，导致收款密码一不会多次出现，所以操作上必须果断。当然，这一类股票出现收款密码一之前必然会出现K线卖出形态，所以，如果能按照交易策略在出现K线卖出形态时小单卖出，就不会在出现收款密码一时犹豫不决了。

收款密码一是规范操作中的第一个清仓信号，是操作周期明确结束的标志，是锁定利润、保住胜利果实的最直接提示，若对收款密码一信号无动于衷，意味着你在股市中成了无的之矢，失去了进入股市的初心，成为了股市中必然亏损的股民，这并非危言耸听。盈利，是你来股市所有工作的圆心，盈利的标志，并非你账户的市值增加，那只是账面数字，真正卖出股票变现才是你所有操作的最终目的，也是判断你是否盈利的唯一标准。

记住，无论何时，你看到的钱并不都是你的，收款密码一信号出现，表明空方已经占据绝对优势，股价加速下跌会大概率到来，清仓信号清晰明确，这就是当下提示，也才是股票操作的唯一依据，所以，清仓股票，不必前怕狼后怕虎。

如果股票卖出后继续上涨，综合分析后仍有操作机会，可重新制定操作计划，进入下一个交易周期，但是盈亏已与前一个操作周期无任何关联。

收款密码一出现在以下不同位置时，对应的操作略有不同，但卖出是主基调。

（1）出现在高位：由于获利已十分丰厚，此时清仓是唯一操作，即便股价调整后继续上涨，相对而言，风险也远大于收益，不参与也罢。但是，如果股价经过较长时间和较大幅度的整理，已充分消化前期上涨的压力，自然可以继续操作，牛市中这种情况较多。

（2）出现在重要颈线位则清仓是第一选择。股价在重要颈线位调整后，上涨或下跌都有可能，需根据实际走势做出抉择。这时账户已经有不错的利润，为抵御风险，可先做清仓处理，但要制定好再次进入的计划。股价调整后若继续下跌，自不必参与，但是，如果出现调整后有突破前高点继续上涨的迹象，要根据计划第一时间参与，因为这可能是快速上涨的主升行情。在实盘中，如果发现股价稍作调整后有继续上涨的动力，则可不用清仓，留少量基础仓位，以便继续跟踪操作。

（3）出现在低位时盈利较少，或处于盈亏边缘。收款密码一在这里主要是主力用作清理浮筹的手段，不必清仓，可利用滚动资金高抛低吸，基础仓位可保留，直到调整后无法再突破前期高点时，再考虑对基础仓位清仓。在低位区的股票如果无法到达重要颈线位便出现回调，必然会出现至少两次对这一新高点的冲击，如果无法突破，说明股价将深入调整，当再次出现收款密码一信号时要果断清仓。

在图7-2中，股价突破均线系统压制后，稳步上涨，在第一个高点附近出现整理，低位收款密码一出现，见圈1和圈2位置，如果不仔细研究而武断清仓，必然会踏错股价上涨节奏。

主力在经过长时间底部吸筹后终于突破均线压制，准备进入上涨阶段。此时，股价刚起步便跌破10日均线，难道主力就此离场，不赚钱，甚至亏损出局？没有一个主力会这样做。主力在运作股票之前，必定经过大量调研，投入相当的时间和精力，还要调集需要运作的资金，甚至还有融资等，即便在主力运作过程中出现突发情况，准备放弃操作，也必然会采用急速拉升股票的方式，带动市场跟风盘，从而清空筹码，所以，在股价稳步上涨的初期跌破10日均线只有一种解释——主力在洗盘，清洗掉浮筹，抬高市场成本，才能够在正式上涨时减轻市场抛售压力。

理解了上述内在逻辑后，操作上便可以有效应对了。在低位出现卖出K线形态或者收款密码一时，可以采用小单卖出或者清仓滚动资金仓位的方

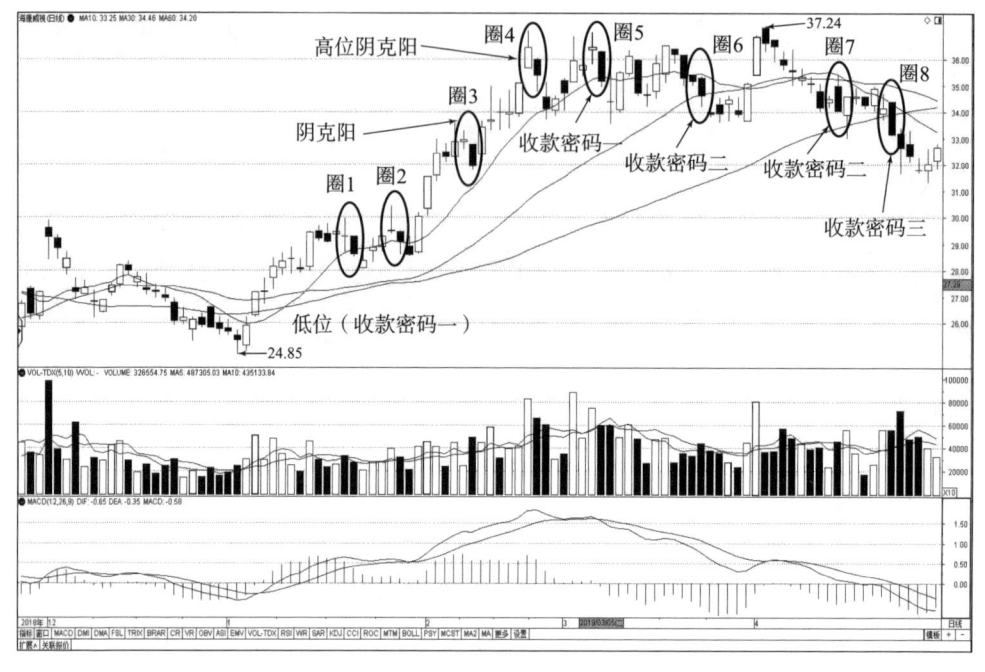

图7-2 不同位置收款密码一应对方式

式应对，基础仓位不动。当股价洗盘结束重新出现阳克阴时，要第一时间买回卖出的仓位，操作方式仍是小单买进。当股价再次突破10日均线时，全部买回。

所以在图7-2中，低位收款密码一出现后可逢高减仓滚动资金仓位。调整结束后，重新突破10日均线的当天全部买回减掉的仓位。

圈2处，低位收款密码一跌破10日均线，稍作停留便继续上涨，连续三根大阳线后来到圈3所示位置。这里出现了阴克阳K线形态，具有一定的迷惑性。

当典型卖出K线出现后，卖出应成为本能反应，只有通过分析确认风险大小，才能决定卖出仓位的多少。在圈3位置，MACD指标在多方区域健康运行表明，即使主力要进行洗盘，也需要等待MACD指标高位钝化或者死叉。只有股价出现反复振荡才会钝化MACD指标，所以这个阴克阳后股价出现反复是大概率事件。同时，由于股价距离10日均线较远，具有一定的风险抵御能力，所以，可将减仓的规模缩小，如卖掉备用资金仓位或者少部分滚动资金仓位，以观后效。

需要注意，在股价上涨过程中，也容易出现取款密码五信号。若滚动资金仓位卖出后，收款密码一未出现，取而代之的是在10日均线附近出现阳克阴，那就第一时间把滚动资金仓位买回。在股价到达重要颈线位或者高位之前，基础仓位和滚动资金仓位是要基本保留的，其中滚动资金仓位卖出后，要特别留意股价出现止跌回升时迅速买回。

圈3之后，股价继续稳步推升，来到圈4位置，高位阴克阳出现，其中的阳线是由海市蜃楼和金针探顶合而为一的K线组成，这是比较明显的风险提示信号，应该及时减仓，可以把备用资金仓位和一半的滚动资金仓位卖出。

第二天，股价直接低开且填补跳空缺口，滚动资金仓位应全部卖出，因为股价距离10日均线较远，可以保留基础仓位。

第三天，股价继续低开低走，盘中一度跌破10日均线，但收盘顽强地收了上来，收款密码一条件不成立，再等等看。

股票真正的高点至少会有两次以上的冲击，无功而返后才能说明头部来临。我们可以把多空双方想象成擂台上的两个拳击手，如果一个选手被击倒了一次，他服气吗？肯定不会，所以会再挑战一次。如果连续三次被击倒，还不承认是手下败将吗？同理，多方在上攻过程中，遇到空方打击，败下阵来，于是形成了高点，多方肯定不服气，会聚集力量再冲击一次，如果再被打压下来，是不是就败局已定了？若三次冲击无果，那就基本确定头部来临了。

若图7-2中高位阴克阳出现后没有明确收款密码一信号时，不必急于清仓，因为即使高点已经形成，也需要经过至少两次的冲击确认，所以有足够的时间做出清仓决定。

随后，股价在10日均线处止跌，滚动资金仓位可少量买回，因为股价已进入卖出为主基调的阶段，即使买回卖出的仓位，也不能超过前期持仓量。

股价继续回升，来到前期高点附近，第二次冲击失败，如圈5所示，且出现了收款密码一信号，其由高位阴克阳组成，只是阴线跌破了10日均线，清仓离场。

之后，股价沿着10日均线反复纠结，但是10日均线已经走平，且

MACD指标高位死叉，诱多的迹象明显，不必参与。

当股价运行到圈6位置时，收款密码二信号出现，下跌或较长时间调整成为主基调。在此过程中，发现有两天连续收出大阳线，但是，10日均线与30日均线却出现死叉，MACD指标的死叉运行也没有明显转势迹象，所以即便小单买进参与，也应在股价冲击前高无果后，预留好充足的离场时间。

通过图7-2股票的复盘，可以明确感受到收款密码一在实盘操作中的作用。仔细研究并执行好对收款密码一的应用，就抓住了卖出操作的核心，不仅能及时锁定利润，还能够保持操作主动，让自己立于不败之地。

有人说，既然收款密码一是卖出操作的核心，那我每次卖出操作都等到收款密码一信号出现时再执行不好吗？这多简单！理想很丰满，现实很骨感。在实际操作中，在收款密码一信号出现时，股价多半有了一定跌幅，所以更多人此时的想法是：等股价反弹一点再卖出。这都是没有前期减仓所产生的心理障碍。所以，K线卖出形态对确认收款密码一有很好的辅助作用，不仅可以提前预警，还可以通过小单卖出的方式解决收款密码一信号出现时清仓操作时的犹豫。

再举一个例子，看完整的操作过程，如图7-3所示，个股跟踪开始于均线系统由下跌转为走平，或者疑似取款密码一信号出现时。并不意味着股价立刻开始上涨，经过不断实践，发现均线系统由下跌转为走平后，在两到三个月时间内，总会有一次至少盈利10%的机会。通过资金管理和交易策略，在股价向下波动时仓位轻一些，一旦发现股价开始脱离均线拉升便加重仓位，并在K线卖出形态出现时减仓，在收款密码一信号出现时清仓，收益会变得很稳定。

图7-3中，取款密码一是坐标，是跟踪的起点，但股价会不会继续创新低、何时上涨暂不可判断，这时不宜正式参与。但是，为了防止把股票跟丢，可以小单买进，如买进1000股，甚至100股都可以。

有人认为取款密码一信号出现后，可能就是股价的最低点，大举买进后，股票反弹的收益也很可观，这是不可长久且异想天开的赌博式操作，不可取。在交易体系中，取款密码一是坐标，具有很大的不确定性，如看似要反弹，稍作停留后继续创新低，这时取款密码一的条件就不成立。

若取款密码一信号出现后股价继续上涨，并突破均线系统，出现了一根

第七章 股市收款密码

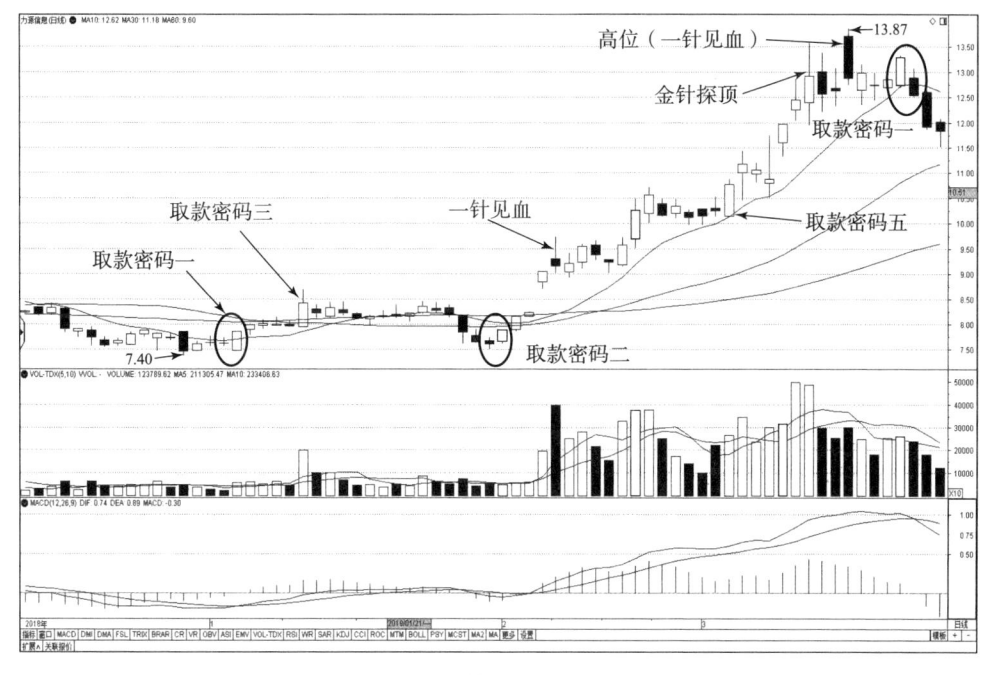

图7-3 具体操作的完整过程

大阳线,在操作上,基础仓位要全部买进。取款密码一的低点,如果担心或者需要等股价走势明朗进一步确认,可以先买一半基础仓位,待股价站上10日均线后,再买进另一半基础仓位。

这里需要强调,除非在关键节点或者出现明显的K线卖出形态,其他情况下都是小阴小阳的多空双方的随机交易行为,不需要每一根K线都做出对应操作。抓不住重点,舍本逐末,就容易踏错股价涨跌节奏,甚至得不偿失。

股价在连续三根中阳线后又出现了一周左右的小横盘,并在10日均线附近再次出现了大阳线,取款密码五确立。在前面的横盘中,备用资金仓位是可以卖出的,但基础仓位和滚动资金仓位要继续保留,因为没有出现减仓的K线形态,基础仓位要在收款密码一出现时才可清仓,滚动资金仓位要在K线卖出形态出现时才可减仓。备用资金仓位按照一小时交易法操作,如果股票处于上涨初期,可以买进一半备用资金仓位,并持有几天时间,但这部分资金仓位在出现股价整理迹象时要卖出。

· 175 ·

取款密码五出现，表明股价很可能将进入快速拉升，备用资金可以根据当时股价实际走势利用一小时交易法参与。

随后，股价继续上涨，其间看似走势凶险，但收盘 K 线形态都不具备减仓的要求。这里需要注意，在交易股票时，应尽量在收盘前半小时操作，除非明确显示已到了卖出或买进股票的时机，或按一小时交易法明确要求在第二天开盘后半小时内卖出。

继续上涨了一周时间，出现了金针探顶 K 线。由于股价已经有较大上涨幅度，所以正式进入以卖出为主基调的阶段，备用资金仓位卖出的同时，滚动资金仓位应卖出一半。之后两天，股价未明显下跌，可以持股观望。第三天，高位一针见血 K 线出现，这根 K 线上影线较短，有点像空中楼阁 K 线，滚动资金仓位全部卖出。

随后几天，股价没有明显下跌，但也无力再上涨，可以持股观望，直到收款密码一出现，基础仓位也清仓出局，一个操作周期到此结束。需要注意，此时组成收款密码一的两根 K 线前一根阳线比较具有迷惑性，似乎取款密码五重新出现，但是，MACD 指标即将高位死叉，暴露了主力诱多的意图。股价处于高位，减仓是主基调，遇到取款密码五信号同时出现，即使买进，也要非常谨慎，最多只能小单参与，等有突破前高迹象时才能加大仓位。

该股复盘中，从取款密码二出现开始正式参与到收款密码一出现、清仓出局，一个半月时间股价上涨达到 70% 以上。由于大部分时间是半仓持有，所以市值增加超过 40% 是有绝对把握的，这也大大超过了两个月 10% 收益的操作计划。

两个月市值增加 10% 看似不多，一年却有 77% 的利润，十年时间，你用十万元起步，最终市值将是三千万元；如果用一百万元起步，市值将达到三亿元。更何况，当你静下心来踏实地按照操作要求稳步推进的话，两个月的收益往往会超过 10%。所以我说，只要走对了路，赚钱的速度比想象中快得多，可能用十万元资金五年就实现财务自由了。

第二节　收款密码二

收款密码二定性为纠错密码，即当出现收款密码一后没有清仓，犯了错误，收款密码二给你纠错的机会，让你及时清仓离场。

"人非圣贤，孰能无过"。当收款密码一出现后，或心存幻想，或头脑发昏，或不甘心……总之，不知何种原因未能清仓离场。对此，一般有两种纠错的机会，一种是股价跌破10日均线后稍作调整便出现反弹，再次来到10日均线附近甚至还可能突破10日均线，此时再次出现收款密码一时，如果第一次没有清仓，这一次一定要清仓了。

第二种情况是，股价直接跌到30日均线附近稍作停留后反弹无效，继续下跌，以至于跌破30日均线时，收款密码二出现，不管你有多少幻想，先卖出，冷静一下再做打算。

收款密码二具有如下特征：

（1）股价自高位回落，在30日均线处出现典型卖出K线，或者跌破30日均线，或者股价跌破30日均线后出现反弹，但在30日均线附近再次出现K线卖出形态。

（2）10日均线多数已拐头向下，30日均线也明显走平，甚至向下拐头。

（3）MACD指标已经高位死叉，或者在死叉状态下运行良好。

收款密码二和取款密码四都以30日均线作为关键节点，不同的是：取款密码四在股价上涨初期，股价在30日均线处出现大阳线或者阳克阴K线；收款密码二是股价经过上涨后开始回落，在30日均线处出现大阴线破位或者典型K线卖出形态。一个如旭日东升，一个如夕阳西下，两者很容易区别。如果股价未经过大涨，30日均线处易形成取款密码四；若股价已然大涨，那么30日均线附近就极可能出现收款密码二。

图7-4中由左至右，第一种收款密码二由一根30日均线附近的典型K线卖出形态组成，虽然未跌破30日均线，但下跌态势明确。

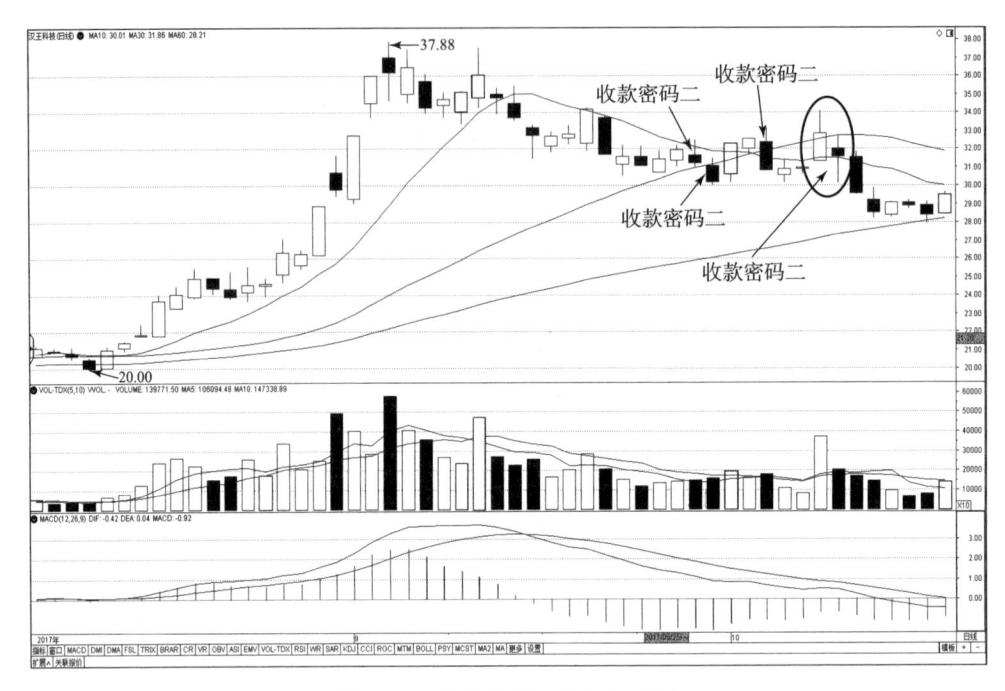

图7-4 收款密码二为纠错密码

第二种收款密码二由明显破位的阴线组成，这是最标准的收款密码二。

第三种，是股价破位反弹后再次出现阴克阳K线形态且跌破30日均线，这也是标准的收款密码二，比较常见。

第四种，是股价破位反弹后无法突破30日均线便再次出现阴克阳K线形态，或者典型K线卖出形态，这样的收款密码二也不少。

由图7-4可看出，收款密码二对收款密码一的纠错意味很浓。如果股价跌到30日均线附近还未清仓，显然利润已经缩水不少，若此时还抱有股价反弹的猜想是不可取的，应利用好市场给我们的纠错机会果断清仓，否则必将后患无穷。

收款密码二还有一个纠错功能——对买进操作的纠错。

股价在经过第一阶段上涨后开始调整，跌到30日均线下方，休整后有可能展开第二阶段的上涨，也可能转变为正式下跌，操作中，当股价跌到

30日均线下方出现阳克阴止跌信号时，具备了新的参与条件，是可以制定操作计划参与的。但是，股价反弹后未突破前期高点便重新下跌，再次跌破30日均线，出现收款密码二，说明第二阶段上涨失败，股价大概率会成为正式下跌，此时应该在收款密码二处卖掉所有参与的资金，这就是对买进操作的纠错。

当然，如果在这个新的操作阶段股价创新高失败，回落时先出现收款密码一，也是要清仓的。

图7-5中从左到右第一个收款密码二出现时，如果在收款密码一出现时没有清仓，那么现在可以清仓了。

清仓后，股价并未继续下跌，第二天便出现了阳克阴K线形态，有止跌的可能，而且，第一阶段涨幅不大，出现第二阶段上涨也是有可能的，可以制定新的操作计划，先小单买进。

股价继续反弹，并重新站上30日均线和10日均线，基础仓位可以买进了。滚动资金仓位不能买，因为第二阶段开始上涨的标志是突破第一阶段高点，所以需要等待观察。

经过两天上涨后，股价无法突破前期高点并出现阴克阳K线形态，随后继续下跌，出现收款密码二，说明第二阶段上涨失败，要对之前的操作进行纠错，卖掉所有筹码。

接着，股价稍作停留，进行了再一次的迷惑性反弹，不过30日均线已经走平，且和10日均线形成死叉，这种迷惑性骗钱是比较容易被戳穿的，第三个收款密码二出现，不必再跟踪了。

收款密码二作为一道防火墙，起到了对收款密码一很好的补充作用。弱势来临，卖出清仓是唯一正确选择。如果错过了收款密码一，当收款密码二出现时，就要及时纠错，尤其股价在30日均线附近，多数情况会出现小反弹，更应该抓住这种卖出机会，而不是天真地以为涨势重启了。

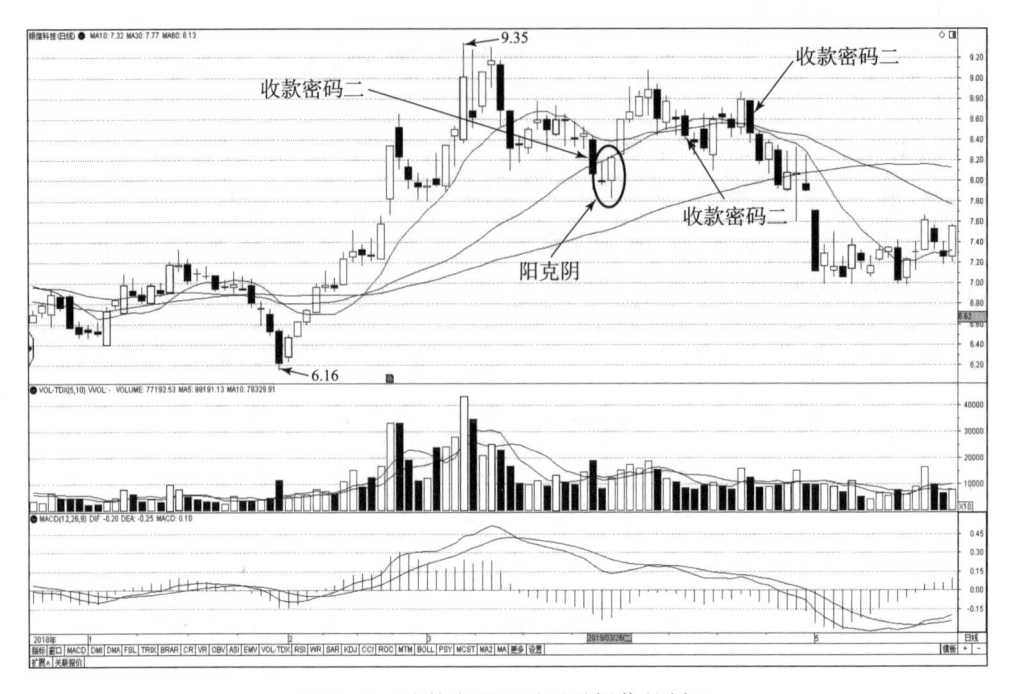

图 7-5　收款密码二对买进操作的纠正

第三节 收款密码三

收款密码三是最后一道防线，多用于对重新买进行为的纠错。收款密码三以60日均线作为关键节点——这是行情的转折点，要么是由下跌转为上涨，要么是由上涨转为下跌。

收款密码三和取款密码三均发生在60日均线附近。收款密码三是个股由上涨为主基调转为下跌为主基调的开端；取款密码三是个股由下跌为主基调转为上涨为主基调的起始。它们会一蹴而就吗？多数情况不会。股价的运行是完全符合惯性定律的，当股价由下跌为主基调试图转为上涨为主基调时，多数情况会在60日均线附近经过两三次甚至更多次反复，这是对空方力量消化的过程，然后才会真正上涨。同样，当股价由上升为主基调试图转为下跌为主基调时，也会在60日均线附近反复震荡，这会导致收款密码三经常会出现两三次，但是，下跌意图已暴露，无法挽回，应及时清仓离场。

收款密码三具有如下特征：

（1）股价在60日均线附近出现典型K线卖出形态，或者以阴克阳等方式破位，或者股价跌破60日均线后反弹至60日均线附近并再次破位。

（2）均线系统由多头排列开始明显聚合，并有转为空头排列的迹象，此时10日均线已基本向下，30日均线多为走平或者向下拐头，60日均线滞涨开始出现。

（3）MACD指标多处于加速下跌中，有的似乎有底部金叉迹象，但取款密码三出现时又重新死叉，由此可以判断出股价将展开加速下跌行情。

如图7-6所示，收款密码三出现，股价进入下跌为主的阶段，股价在上涨过程中出现休整，并回落到60日均线附近，之后会演变为两种可能走势，一种是继续上涨，形成新的行情；一种是跌破60日均线，出现收款密码三，转折点出现。实盘中，此种情况下多会出现新的买进信号，即取款密码三，操作中可据此建立新的操作周期，并根据交易策略先小单试错，如买进1000股。如果股价继续上涨，则不断加仓；如果股价反弹受阻回落，并跌破60日均线，形成收款密码三，表明前面的取款密码三为诱多，股价走势将出现转折，要清仓出局，这就是对前面买进操作的纠错。

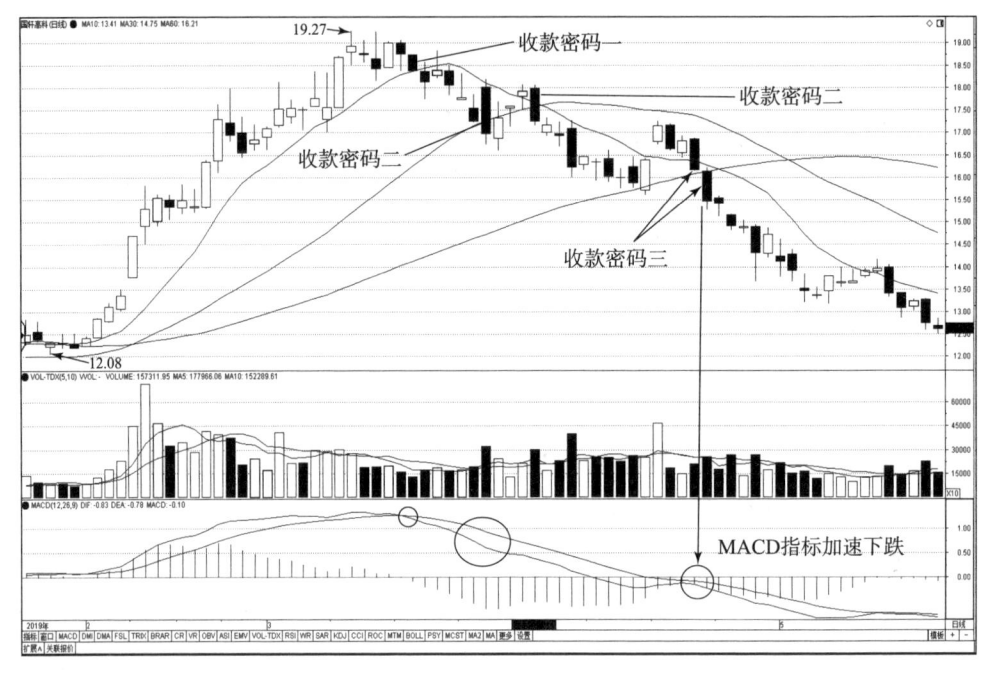

图7-6 收款密码三的具体特征

如图7-6所示，在整个操作周期中，卖出操作的核心是收款密码一，之前的K线卖出形态是对收款密码一的警示，之后的收款密码二是对收款密码一出错后的纠正。如果股价跌到60日均线附近，你还在为收款密码一处未及时离场而懊悔，那说明你真的应远离股市，至少说明你的学习还不及格。当股价在60日均线附近反弹失效，出现收款密码三，表明股价的走势出现转折，将来以下跌为主，可以从关注目标中剔除了。

再来看一张个股完整的走势图。如图7-7所示，可以看出几点共性的东西，代表股价运行的规律。也就是说，遇到这几种走势，后市对应的走势十有八九会发生。

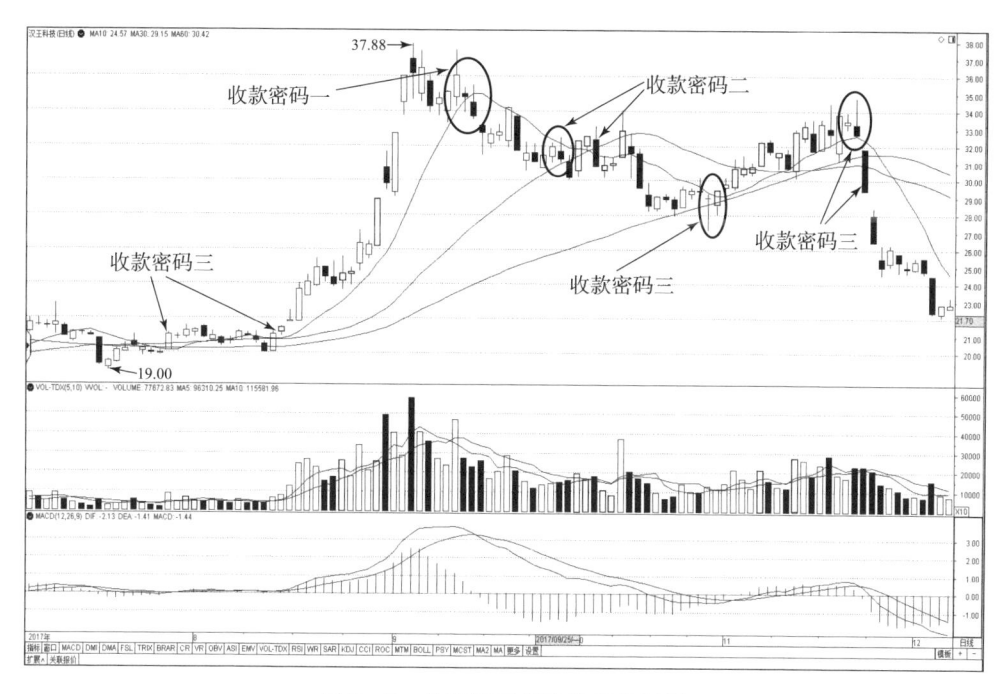

图 7-7　从买进到卖出的完整过程

这几点共性是：

（1）股价经过长期下跌后开始反弹，之后再次下跌，但不再创新低，取款密码一和二被确认，此时，均线系统开始走平，股价突破均线系统，取款密码三出现。之后股价围绕均线系统反复震荡整理，但下跌时不再跌破取款密码二的低点，当股价运行出现如上过程，表明取款密码三将成为转折点，股票将由下跌为主基调转为上涨为主基调。无论股价围绕着均线系统运行两个月、三个月还是半年，上涨将必然发生，这个必然出现的上涨就成为我们确定性的利润，应提前布局，谋划资金管理和交易策略，等待这段上涨的出现。

（2）股价经过上涨后，接连出现收款密码一和二，来到60日均线附近出现反弹，但是反弹未创新高，重新下跌，并击穿60日均线，收款密码三出现，有的个股甚至在60日均线附近不出现反弹，而是直接破位。当股价运行出现这一过程，说明转折点来临，未来将由上涨为主基调转换为下跌为主基调，操作上应规避这样的股票。因为无论股价围绕60日均线多长时间，只要无法突破前期高点，下跌将不可避免。但是，如果股价有效突破前期高点，将大概率出现加速拉升行情。

以上两点是判断能否参与个股的标准，我们所有的操作就是围绕这两点不断展开的。

在图7-7中，当均线系统已经走平，取款密码一和二相继出现并确定，在取款密码三出现时，就可以知道后市将迎来一波上涨，不管股价围绕60日均线震荡多久，这一波上涨必然到来，这时就可以积极参与操作了。

股价经过一波上涨后出现了收款密码一，清仓离场，这是一个操作周期结束的信号。收款密码一出现并不意味着股价正式下跌的来临，也许只是一个调整，但是由于无法预知这个调整的时间和幅度，所以先清仓。如果调整结束后有迹象表明还会继续上涨，可进行第二周期的操作，标志就是股价突破前期高点。

如果收款密码一之后股价一路下跌，收款密码二出现，此时，若在收款密码一处未卖出所有筹码，应该纠错了，立即清仓。有人说，不少个股都是在30日均线处止跌并展开新的上涨行情的，确实是这样，但实际操作中你无法预知参与的股票会不会重新上涨，只能先清仓。如果取款密码四出现，并有迹象展开新的上涨行情，可制定新的操作周期，如此可保持主动。

再看图7-7，收款密码二之后股价继续下跌，并来到60日均线处，取款密码三出现。这里特别要强调，这个取款密码三是在股价上涨后的回调中出现的，也许它是新的上涨行情的开始，也许只是反弹而已，操作上必须保持警惕，只能用基础仓位参与，直到股价突破前高点后才能加大资金。但是这个第二阶段上涨能走多远也无法预知，应做好随时清仓的准备。在60日均线处出现的反弹在实盘操作中经常会遇到。

若股价在60日均线处反弹不久便夭折，重新下跌并破位，收款密码三出现，至此基本确定将来股价将以下跌为主基调，不管股价围绕60日均线多么纠结，转折向下大概率会发生，可以从关注目标股中剔除了。

至此，所有卖出的操作介绍完毕。

股票操作，无非是一买一卖。首先要有自己的操作思想，如此你的交易才有底气。其次，要有交易策略，即能确保长期稳定盈利的方法。个股走势千变万化，无论你多么认真研究，多么小心谨慎，也难免一失，交易策略是自己立于不败之地的根基。最后，要找准适合自己的交易信号。由于每个人的交易体系不同，买卖信号也千差万别，我所讲的这些买进和卖出信号适合于我的交易体系，并不否定其他的操作信号。买卖信号是操作中关键的"指示灯"，成败在于执行。无论交易体系如何完美，若执行不到位也是枉然。简单、易执行、留出较多纠错时间和提前警示的买进和卖出信号，就是值得信赖的。

第八章
资金管理

　　资金管理是操作体系的重要内容，操作体系包含资金管理、交易系统和净资产走势图。其中交易系统又包括选股、交易计划、操作周期和收益目标。

　　资金管理是"领导"，指挥整个交易过程的执行，有效地使资金聚集和分散以达到逐步增值的目的。交易系统是"员工"，需要执行具体指令，按照一定的方法做到进退有据，并保持主动。净资产走势图是"监察官"，根据资产增值情况来监视交易系统的执行，并不断对其进行修正，促使高效稳定地完成收益目标。

资金管理：指通过对资金合理的分配、聚集和分散来达到稳步增值的目的。股市是个风险市场，资金管理的作用就是降低这种风险，让收益更加稳定。

资金管理的第一步是分配资金，即需要用多少资金对一只股票进行操作。正常情况，一只股票的常规操作资金不超过总资金的 30%，比如，100 万元总资金，最多只能拿出 30 万元操作一只股票。如果资金较少，自然不必这样分，比如，你只有 10 万元以内的资金，这样分配无意义，还不如集中精力做好一只股票。如果你的资金很多，如数千万元，或者数亿元，当然可以把资金分配给更多股票。

一个人同时操作三只股票最为合适，不可多过五只，否则必然无法集中精力。在这三只股票中，第一只为重点操作的股票，第二只为准备重点操作的股票，第三只为有潜力发展成为重点操作的股票。

第二只和第三只股票只用少量资金买进，目的是把握股价涨跌节奏。第一只股票是动用主要资金操作的股票。

具体安排是，100 万元资金重点操作的股票为三只，每只股票 30 万元资金。还有三只股票为准备重点操作的股票，另外三只为有潜力发展成为重点操作的股票。

由此可见，若有 100 万元资金，你的账户上最多只能有五只股票。其中三只为正在重点操作的，每只股票最多只能用 30 万元资金；另外两只为准备重点操作的，可以在一只股票操作周期完成后马上替换，这两只股票只能小单跟踪操作。正在操作的三只股票中，如果一只股票处于强势上涨中，当然可以集中资金运作，但是主要资金是 30 万元，其余的资金可以采用一小时交易法快进快出，锦上添花。

第二步是根据个股所处的不同阶段对资金进行合理的聚集和分散。参与一只股票操作的资金由三部分构成，即基础仓位资金、滚动资金和备用资金，基础仓位资金占 20%，滚动资金占 30%，备用资金占 50%。

在决定参与一只股票的运作后，首先买进的就是基础仓位，这部分资金在取款密码二被确认后就可以分批买进，方式为小单试错。比如先买进 1000 股，当股价走势进一步明确上涨，可继续加仓，直到基础仓位全部买进，基础仓位在股价突破 10 日均线，并且 10 日均线已经明确由下跌转为走平后可全部买进。

其次参与的是滚动资金。顾名思义，滚动资金是执行滚动操作，高抛低吸的资金。股价突破10日均线后，回调不破位，滚动资金可参与操作。在股价有效突破60日均线并且均线系统由下跌转为走平前，最多只能用基础仓位和滚动资金参与操作。

最后加入战斗的是备用资金。在股价明确进入上涨阶段后，均线系统已经开始多头排列，备用资金可配合基础仓位和滚动资金参与操作。备用资金的作用是保持操作的主动性，对资产增值锦上添花。采用的操作方式是在股价明确上涨时，收盘前买进，第二天上涨时及时兑现利润。如果股价涨势凶猛可持续操作几天，但不意味着几天持股不动，而是采用当天冲高卖出，收盘前仍有操作机会可再次买进，次日继续冲高卖出，这种遵循操作用的是一小时交易法。

备用资金必须在有极高把握的情况下才能使用，否则宁可不用。备用资金也可以分两批使用，当个股的上涨态势良好，可以用一部分备用资金买进，并多持有几天时间，这就相当于在周线上使用一小时交易法。备用资金使用的原则是保持主动性，如果股价走势事与愿违，出现K线卖出形态时必须首先减掉备用资金仓位，即使出现卖出价格低于买进价格也要果断操作。

下面比较一下三种资金的操作方法：

用基础仓位资金买进后，一般不轻易卖出，除非操作周期结束，或者放弃对该股的操作。

滚动资金在基础仓位买进后，几乎参与整个周期的运作过程，买卖比较频繁。它可以和基础仓位打配合，做T+0交易；也可以在取款密码出现后买进，K线卖出形态出现后卖出，做波段操作。

备用资金只参与个股建仓完成后，明确进入上涨阶段的操作。具体表现为，股价确认站上60日均线，均线系统开始处于多头排列状态；成交量处于较高水平，股价交投比较活跃，波动较大。

在图8-1中，正式参与该股的时间是取款密码二的出现。之前有个疑似取款密码二，但是辅助指标不配合：10日均线仍加速向下，30日均线将与60日均线死叉，MACD指标还没有底部金叉，这都表明股价将会继续反复震荡。

在资金管理方面，股价在10日均线下方，参与的资金不能超过基础仓

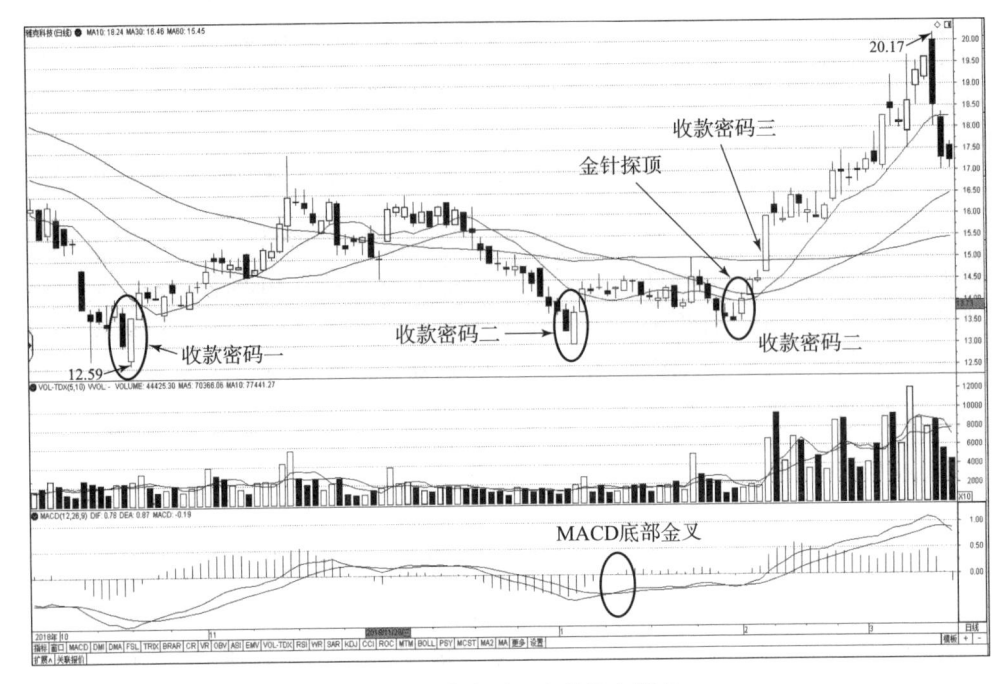

图 8-1 建仓过程中的资金管理

位资金,买进时只能小单参与。图中,疑似取款密码二出现时可买进 1000股,参与的资金总量局限于基础仓位资金。第二天,股价继续上涨并突破 10 日均线,但苦于辅助指标仍不配合,多方力量大打折扣,参与资金仍不可急于放大。

之后,股价围绕 10 日均线盘整了三周之久,其间还出现过一根金针探顶 K 线,这表明多方还在忍受空方打压,需要继续聚集能量。资金管理上,如果基础仓位已全部买进可以少量减仓,保持主动,因为正式操作周期的起点还未到来。

五天调整之后,取款密码二正式出现,当天突破 10 日均线,MACD 指标已经底部金叉,10 日均线和 30 日均线有金叉迹象,基础仓位可全部买进,并把参与的总资金提高到基础仓位资金加滚动资金。次日,当股价不再跌破 10 日均线时,滚动资金仓位可全部买进,然后根据 K 线卖出形态滚动操作。

继续看图 8-1,当股价突破 60 日均线,取款密码三出现后,备用资金才能派上用场。此时，账户已经实现盈利，备用资金的使用可以让资产快速增加，但属于锦上添花，不可强求使用，备用资金的根本目的还是为了保持主动。

需要强调：很多时候，主力建仓尾声，均线系统由下跌转为走平，并呈高度胶着状态，间距很小，股价很容易一根阳线突破各条均线，基础仓位资金和滚动资金还没来得及建仓，就站上了60日均线。此时，资金管理上可省略小单试错的阶段，当天买进基础仓位。次日，或者之后几日，股价不跌破60日均线，再把滚动资金仓位全部买进，然后再使用备用资金。切忌因为担心踏空一次性将基础仓位和滚动资金仓位全部买进，甚至还要买进备用资金仓位，不仅加大了风险，还容易使自己陷入被动。主力既然准备拉升股票，就不会草草了事，我们有足够时间踏准涨跌节奏，不存在没机会参与的问题。

总之，在股价进入可操作区间后，要注意如下几点：

（1）股价在10日均线下方，只能小单买进，且参与的总资金不超过基础仓位资金。

（2）股价位于10日均线和60日均线之间，只能参与基础仓位资金加滚动资金。

（3）股价成功突破60日均线后，备用资金才能使用。

个股选定后，进入可操作区间，首先根据股价所处的位置，确定可参与的资金，根据交易策略先小单试错，或者直接买进基础仓位，再按照股价走势，逐步买进滚动资金仓位和备用资金仓位。

看一个例子，如图8-2所示。

长期跟踪一只股票，容易在取款密码二被确认时加入操作序列，但是更常见的情况是股价突破60日均线后才被发现并加入操作目标。在图中，当A节点取款密码三出现时才会在复盘时发现该股，考虑是否进行交易。

有时候也会在出现取款密码四、取款密码五或者B节点取款密码三时发现个股，决定操作时虽然在资金管理上考虑用基础仓位资金、滚动资金和备用资金参与，但具体交易时不可一蹴而就，应该先买进基础仓位，再按照股价的实际走势逐步利用滚动资金，按照交易策略熟悉股价的涨跌节奏，即先小单试错，如果股价回落，则拒绝补仓；如果股价止跌回升，则顺势跟进；当股价明确开始上涨时，要敢于重仓；如果买进后股价跌破10日均线，

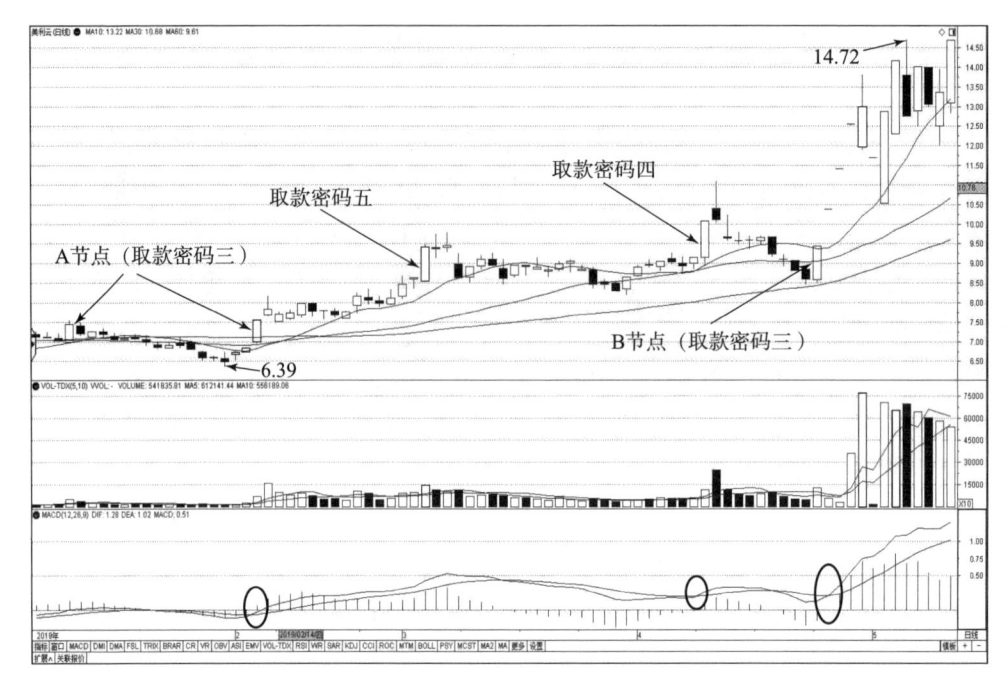

图 8-2 上涨阶段中的资金管理

基础仓位也要先卖出；或者在股价处于低位时，先减仓，等股价调整结束后再重新买回。

继续看图 8-2，当个股出现 A 节点取款密码三时，复盘时极易被发现，因为无论在什么样的选股体系中这都表明股价摆脱了下跌要走好了。根据资金管理要求，此时基础仓位资金、滚动资金和备用资金都可参与，但是第一次买进仍要按部就班，不可急于重仓，还是要先摸准股价涨跌节奏，再顺势跟进，所以先把基础仓位全部买进。图中所示个股在第一个 A 节点取款密码三出现后股价并未立刻上涨，而是继续震荡整理，甚至几天后再次跌破 60 日均线，按照交易策略，买进后股价不涨，一定要拒绝补仓，甚至股价跌破重要节点还要减仓，所以，若基础仓位买进后股价再次跌破 10 日均线，应该减仓，因为股价处于低位，不必清仓，这个减仓的动作目的是踏准股价涨跌节奏。

股价经过近三周的调整，再次止跌回升并站上 10 日均线时，减掉的仓位可全部买回。经过几周的跟踪，该股股价涨跌节奏已经可以把握了，所

第八章　资金管理

以，第二个 A 节点取款密码三出现的当天便可把滚动资金仓位全部买进，或者至少买进一半滚动资金仓位，根据股价第二天的走势，决定是否继续加仓。

滚动资金仓位开始买进后，股价并未再出现下跌，说明上涨随时可能展开。继续看图 8-2，在第二个 A 节点取款密码三之后一周多时间内，股价横盘整理，但未跌破 10 日均线，备用资金可以用上了，至少可以买进一半备用资金仓位，可以多持有几天，同时也可以保持主动。之后，这个滚动资金仓位和备用资金仓位便可以按照 K 线卖出形态操作了。

图 8-2 中，取款密码五出现后的两天，K 线卖出形态出现，应迅速减仓，等股价跌破 10 日均线时可以清仓。之后，是否需要进行下一个周期操作，要根据股价的实际走势决定，不过这已经与之前的操作无关了。

以上是在 A 节点取款密码三出现时被发现与之相应的操作。不过很多时候我们是在取款密码五出现时发现了目标股，那该如何操作呢？继续看图 8-2。

取款密码五出现时，股票形态完全走好，很容易被筛选出来并参与操作，此时，基础仓位资金、滚动资金和备用资金都可以参与，但是交易策略仍旧是先买进基础仓位，再根据股价实际走势决定是否加仓买进滚动资金仓位或者减仓。取款密码五出现后，股价并未直接上涨，所以滚动资金仓位不能急于买进。之后几天，股价不仅未上涨，还跌破了 10 日均线，一定要减仓。由于股价已经有了一些涨幅，即便你是第一次参与，对你来说账户可能是浮亏的，也必须要减仓，甚至要清仓。股价的涨幅是从取款密码一出现时算起，对投资者来讲，在买进筹码前一定要复盘，至少要从取款密码二出现时进行复盘模拟操作，并按照资金管理有序进退，按此原则，虽然我们在取款密码五出现时才第一次发现该股，并买进了基础仓位，但是从取款密码二开始复盘模拟交易，到此刻如果股价不涨，就有可能展开较长时间调整。根据交易规则，当 K 线卖出形态出现时要减仓，股价跌破 10 日均线要清仓。当然，如果对该股后市看好，可以继续跟踪，等待下一次买进信号出现。

取款密码五之后，股价经过三周的调整并来到 30 日均线附近，出现阳克阴；次日股价站上 10 日均线，基础仓位应全部买回，并买进至少一半滚动资金仓位。三周多时间对该股的跟踪可以把握该股的涨跌节奏了，第二天再根据股价的实际走势决定是否继续加仓，或者减仓。

之后几天，股价在10日均线上休整，不再跌破10日均线，滚动资金仓位可以全部买进，甚至再买进一半的备用资金仓位。当取款密码四出现的第二天，一针见血K线卖出形态出现，应迅速减仓，只留基础仓位，或者再多留一半滚动资金仓位，根据第二天走势决定是否继续减仓。第二天股价继续回落，减仓到基础仓位，当股价跌破10日均线时应清仓。至于股价后市怎么走，不去管，如果觉得仍有机会，可继续跟踪，但已经是下一个操作周期，与上一次的操作无关。

继续看图8-2，还有很大可能性是在取款密码四出现时才发现该股并决定买进基础仓位。次日出现一针见血K线卖出形态，经过从取款密码二开始的复盘模拟交易可知，此时应该减仓，但因为只有基础仓位，所以可以小单卖出，目的是保持操作节奏。第二天，股价继续下跌，继续小单卖出，股价跌破10日均线，清仓。如果想要继续操作，可留1000股，避免跟丢。

股价经过一周回落，来到60日均线附近出现B节点取款密码三，而且当天依次突破30日和10日均线，这是比较明显的止跌回升信号，应迅速买进基础仓位和滚动资金仓位。经过复盘可知，股价涨幅并不大，有进一步上涨空间，只要遇到上述情况，就可如此操作。

后面连续一字涨停，没有机会买进备用资金仓位，但是也不能追高，因为此时已经进入以卖出操作为主基调的阶段，要防止因为追高买进而损失掉前期的利润。

图8-2中所示的几个买点是我们实盘操作中最容易遇到的买点，也是在复盘选股时一见钟情的买点，此时要特别谨慎，不能激动，不能一笔到位，按部就班先买进基础仓位，再根据股价实际走势把握股价涨跌节奏后再决定加仓还是减仓。

这就是建立在股票的操作周期上的资金管理，只有通过较长时间对个股涨跌的跟踪，才能把握它的规律，赚钱才能成为常态。不管你选股时遇到了上涨多高的股票，都不能头昏脑胀，把你的操作放在一段时间内，你的心情就会平复许多，也才能客观地使用交易策略。

第九章
交易系统

　　交易系统是整个操作体系的核心，是实现资产增值的关键环节。资金管理和净资产走势图都是对交易系统的辅助。交易系统足够完善并执行得好，资产增值就有了基本保障，再加上资金管理的指导和净资产走势图的监督，资产增值会更稳健。

　　交易系统包含四部分内容。第一，选股：共有四种选股方式。第二，操作计划：根据不同的选股方式制定不同的操作计划。第三，操作周期：最长时间一般为两个月。第四，收益目标：10%为基本收益目标。

第一节 选 股

选股在操作体系中的作用就像基准线，你选择什么样的股票，就要对应采取什么样的操作方式，如果两者不对应，稳定赢利必将遥遥无期。举个例子，若是按基本面选股的，买进和卖出也必然按照基本面来操作，有人经常口若悬河地讲某只股票基本面非常优秀，业绩很好，市盈率很低，公司主营产品市场需求量很大，毛利率很高，公司管理层非常优秀，等等，可是买进后没过几天就卖出了，问他为什么，他说，股价老不涨，而且要破位下行，卖出换股了。基本面这么快就变了吗？显然不是。他是按基本面选股的，却是按技术指标操作的，可他说的指标与基本面没有任何相关性，这种选股和操作根本不搭，是不可能赚到钱的。

想在股市中永远盈利，建立适合自己的操作体系是必然要求，否则你的赢利永远只是偶然，不可持续，最终会亏损出局。

只有完整建立操作体系后，你才知道你应该选什么类型的股票，也才知道股票选出后该如何进行接下来的操作。选好股票对盈利固然很重要，但决定能否长期稳定盈利的还是资金管理、交易策略和对交易信号的执行情况。所以，千万不要认为选好了股就一劳永逸了，这只是万里长征的第一步。

选股的重要性体现在可以让我们少走弯路，提高资金使用率，因为选股是基准线，这一步做好了，后面的操作会顺利很多。

以下介绍四种选股方式，分别基于四个买进信号，辅以其他指标作为参考。具体选股时，先找到满足买进信号的个股，再根据其他辅助条件逐步缩小选择范围。

一、基于 MACD 指标的选股

这种类型的个股要满足如下条件：

（1）MACD 指标底部金叉，指 MACD 指标经过一段时间下跌后在 0 轴下方出现金叉或在靠近 0 轴的位置出现金叉。

（2）60 日均线由下跌转为走平或者处于上涨的初期。

（3）取款密码一已经出现，取款密码二被确认或者处于被确认的过程中。

如图 9-1 所示，以 MACD 指标底部金叉为核心指标，辅以均线系统走平以及取款密码一、取款密码二为信号，基本可确定空方力量衰竭，多方力量开始加速聚集，股价离一波上涨不远了。以这种方式选股，可以抓住股价的起涨点，操作中成本会比较低，但是，相比其他选股方式，这种方法完成收益目标所需的时间可能较长，因此，这种选股方式操作时特别需要辅以操作周期做参考。

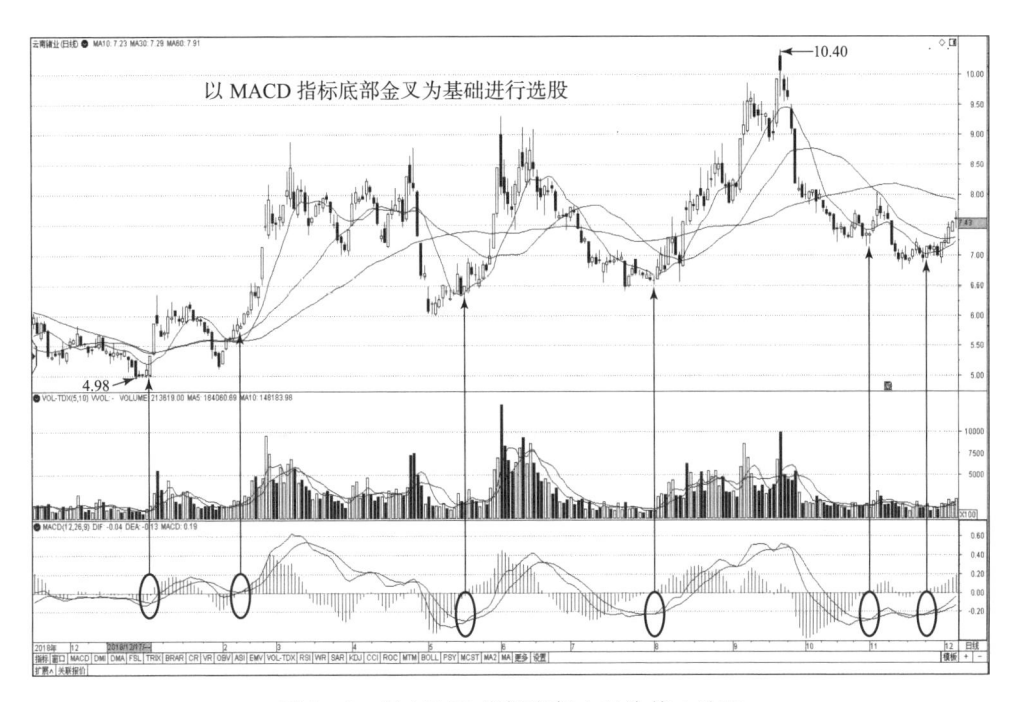

图 9-1　以 MACD 指标底部金叉为核心选股

在图 9-1 中，由左至右，第一个 MACD 指标底部金叉后，股价稍微上冲便震荡回落，且跌破 60 日均线，如果没有操作周期加持，这一波小反弹是无法完成收益目标的。在两个月的操作周期中，股价调整期间不仅不应放弃该股，还可以通过交易策略降低持仓成本。三周左右时间后，第二个 MACD 指标底部金叉出现，一波上涨就此开启，10% 的资产增值目标在两个月的操作周期内可轻松完成。

继续看图 9-1，第三个和第四个 MACD 指标底部金叉后，股价直接出现了一波明显上涨，两个月内收益都可以达到 20% 以上，远远超出了目标。第五个和第一个 MACD 指标底部金叉类似，股价稍作反弹便继续回落，但是 MACD 指标的底背离已经表明主力意图；不久之后第六个 MACD 底部金叉出现，股价上涨不可避免。

在图 9-1 中，个股截图的时间跨度为一年左右，出现了六次 MACD 指标底部金叉，每次出现时即便股价不立刻上涨，也意味着离正式上涨不远了，配合相应的操作周期和交易策略，完全能够把握住收益机会，而且这样的形态一旦出现，一年内很容易获得超过 60% 的收益。图中的个股走势在股市中非常普遍，采用上述选股方式可操作性极强。

特别强调：在复盘选股时，此种 MACD 指标底部金叉选股方法是尤其需要关注的，但并不意味着其他指标不重要，很多个股都是满足了 MACD 指标底部金叉，但均线系统不满足要求，也不能作为可操作的目标股。

在图 9-2 中，由左至右，前四个 MACD 指标都已形成底部金叉，但是均线系统方向向下，不满足第二个要点，所以选股时发现这种情况应该舍弃，不作为可操作目标股。在第五个和第六个 MACD 指标底部金叉时，60 日均线已经由下跌转为走平，同时取款密码一信号已经出现，取款密码二信号也在确认过程中，此时发现该股是可以作为目标股跟踪的。

图 9-2 中第五个 MACD 指标底部金叉和图 9-1 中第一个 MACD 指标底部金叉有相似之处，都是在 60 日均线刚开始由下跌转为走平时出现的，股价走势也相似，反弹后需要回调对 60 日均线做出确认。这种走势有内在成因，60 日均线由下跌转为走平，表示空方力量从股价一路下跌时的疯狂逐渐的被多方力量取代，多方力量开始逐步占优。但是，当股价出现一定幅度上涨时，因为前期股价太低不舍得卖的空方死灰复燃，会导致股价再次下

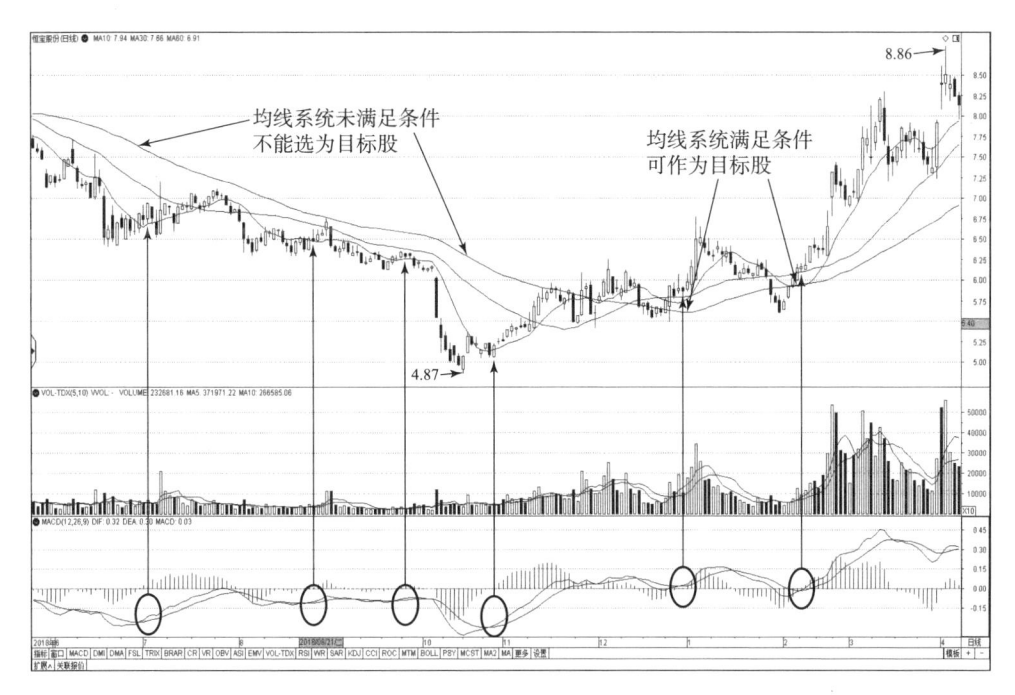

图 9-2　MACD 指标选股时要均线系统配合

跌，直到这些筹码被多方一一吸纳，空方无力再卖出为止。因此，在选股时发现股价刚开始走平的目标股，即便 MACD 指标底部金叉表明该股进入可操作区间时也不必急于操作，可按照交易策略小单试探，若股价果真回落，可在下一个 MACD 底部金叉时加大仓位，如此可节约很多操作时间，提高资金使用效率。

MACD 指标底部金叉是股票由弱势到强势的转折点，这意味着根据惯性原理股价必受到空方的反复打压，多数情况不会一路高歌猛进，连续上涨。因此，这种方式选出的股票对操作周期要求严苛。两个月的操作周期要严格执行，交易策略和资金管理也要到位，虽然成本会较低，但付出的时间成本会加大。

图 9-3 中，由左至右，从第一个 MACD 指标出现到第四个 MACD 出现后，上涨的时间跨度三个半月，超出了两个月的操作周期，如果你在图中出现第一个 MACD 指标底部金叉时发现了该股并把它纳入操作目标股中，之后，必须耐心跟踪操作才能迎来后面不错的上涨行情。

图 9-3 MACD 指标所选个股注意参与时机

按照这种方式选出的个股在操作中需注意以下几点：

（1）MACD 指标底部金叉后，两个月内都会有超过 15% 以上的波动幅度，操作得好，足以让我们完成两个月资产增值 10% 的目标；包括图 9-3 中所示的个股形态，通过基础仓位和滚动资金的有效配合，也能在操作周期内完成收益目标。

（2）利用 MACD 指标底部金叉选出的个股，操作时可以先小单参与，持续跟踪，当取款密码二信号确认后再重点操作，如此可免受盘整时的折磨。

（3）两个月操作周期截止后，若股价仍未出现明显上涨，经过综合分析后可再延长一个操作周期，因为这说明股价离正式上涨越来越近了。综合分析是判断该股有没有继续跟踪的必要，如果该股在操作周期内有新低出现或均线系统出现空头排列，或者 60 日均线开始向下移动，则不必跟踪，果断从操作目标中剔除。

随着资金增加，这种选股方法的作用会越来越突出；在操作上如果配合周线使用，效果则更加明显。

二、基于均线系统的选股

基于均线系统选出的个股需满足如下条件：

（1）60日均线由长期下跌转为走平，或者10日、30日、60日均线处于多头排列初期，或者60日均线上涨幅度不大然后转为走平。

（2）60日均线由比邻的最高点算起，下跌的幅度较小，时间较短，且走平后有进一步下跌的可能，这样的股票要剔除。

第二个剔除条件较难把握，需要在长时间的操作中不断体会，不过，即便我们在选股时没有剔除这一类股票，在实盘操作中，因为有交易策略和资金管理做保障，也不会出现大的失误，只是会浪费一些精力和交易时间。

均线系统代表市场平均成本，均线系统由下跌转为走平意味着市场平均成本拒绝下降，说明股价跌幅太大，空方不愿意用更低价格卖出股票；同时也说明多方力量认为股价已经满足建仓要求，开始逐步买进，这是空方力量减弱，多方力量聚集的重要体现。之后，股价慢慢回升，空方看到股价回升，更不愿卖出股票，于是空方力量继续减小；多方看到股价回升，更确定了自己的判断，跑步进场，结果多方更强，空方更弱，股价继续攀升，直到股价上升一定幅度，空方筹码重新开始松动，多方也因为股价上涨过高暂时减少买进，等待股价回落。所以，这一段的上涨有内在动因，是我们能够确切把握的利润。

理解了股价运行机制的内在原因，利用条件（2）剔除某些股票也就顺理成章。若股价经过大幅上涨后开始自高位回落，跌幅没多少就开始反弹，60日均线也会对应从下跌转为走平，同时若将K线图形缩小周期后发现股价仍处于较高的位置，这种下跌不久后的走平很可能是主力的诱多出货，应提高警惕。从平均成本的角度理解，空方仍有极大意愿卖出股票，而下跌时间较短，主力也无法出净持仓，所以用少量资金做出反弹假象，引诱部分散户进场接盘。同时，均线系统由空头排列转为走平，更有利于主力出货。

发现陷阱的最好方法就是将股价走势图缩小，判断股价所处的相对位置，如果仍是中高位，那就放弃，不必冒这等风险。

值得说明的是，利用均线系统选股选出的是可关注目标，并不意味着立刻参与操作，何时操作要看取款密码的信号何时出现，有没有进入可操作区间等明确信号。任何股票只要上涨，均线系统必须要走好，否则都不长久，利用均线系统选出股票，相当于抓住了上涨股票的牛鼻子，能起到提纲挈领的作用。

如图9-4所示，以这种方式选出的股票，在跟踪和操作中要特别留意股价对60日均线的确认。当股价回调时跌破60日均线甚至创出近期新低时，此类个股无论你是否持仓都应及时放弃，因为这种形态有可能会演变为新的下跌，而前期的均线走平可能只是抵抗性诱多，这是剔除某些可能走势失败的个股的最好方式。

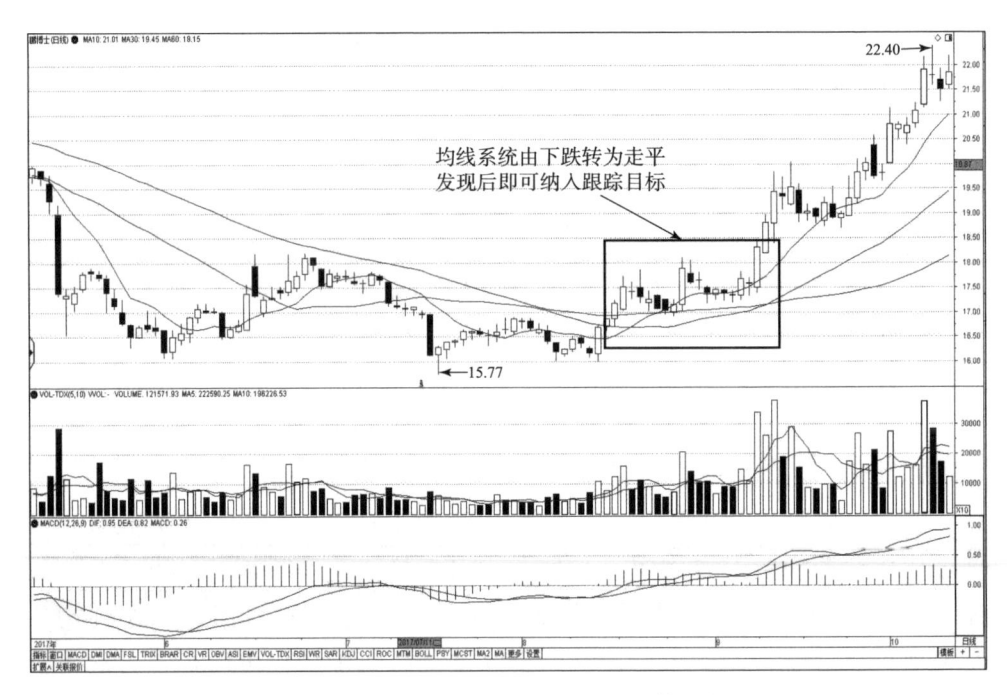

图9-4 均线系统是选出牛股的最佳途径

复盘时，若发现均线系统开始由下跌转为走平（如图9-4方块所示），便可纳入跟踪目标。经过跟踪观察，如果该股出现取款密码三信号，或者股价跌破60日均线但并未创出新低，取款密码二信号被确认，说明该股具备了操作价值，可以制定具体的操作计划了。如果在跟踪过程中发现该股跌破取款密码一形成的低点，要果断剔除。

第九章 交易系统

均线系统体现的是宏观概念，选股时应该将 K 线图缩小，看股价的整体走势，切忌将 K 线图形放大，只看局部。股价长期下跌后，60 日均线由下跌转为走平，表示市场平均成本拒绝下跌，股价开始构筑底部区域，这个底部区域可能会构筑较长时间，甚至股价围绕 60 日均线多次反复，只有把 K 线图缩小，才能看清该股是不是在构筑底部，才会看到 60 日均线大致是不是处于水平状态。如果把图形放大，会发现 60 日均线也会有幅度不大的上下波动，这样就会对选股产生干扰。

再看一个例子，如图 9-5 所示。

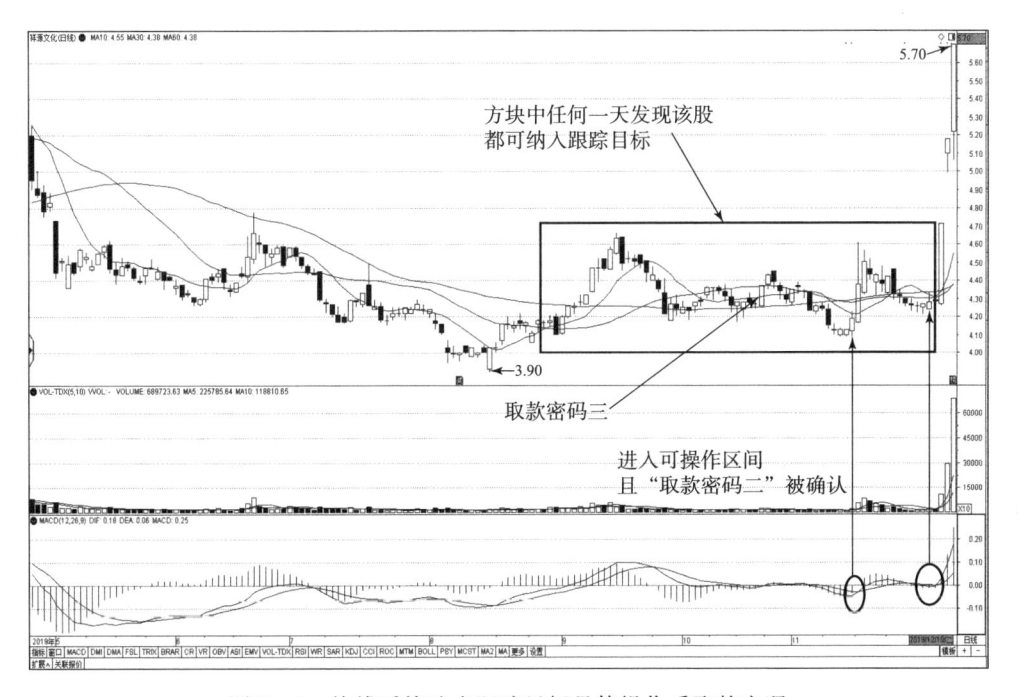

图 9-5 均线系统选出跟踪目标具体操作看取款密码

复盘选股时，将 K 线图缩小后发现 60 日均线由下跌转为走平，可纳入目标股进行跟踪。如图 9-5 中所示，若在方块区域中任何一天发现该股，均可纳入跟踪目标，至于具体操作时点，要根据取款密码信号的提示，取款密码三出现后即可制定计划进行操作。若该股并未立刻上涨，而是再次跌破 60 日均线进行洗盘，这都是很正常的走势。通过资金管理和交易策略可以确保这种回调不至于亏损太多，甚至出现放弃该股的错误。均线系统走平已经表明市场成本拒绝下跌，多方在不断聚集能量，除非股价创出新低，否则基本可定性为主力建仓式洗盘。图中股价回调之后 MACD 低位再次金叉，且伴随着取款密码二信号被确认，标志着交易可以逐步展开了，虽然我们无法预测连续涨停何时到来，但这一类股票会不断上涨，安全地完成收益目标是绝对的大概率事件了。

依照均线系统选股时，除权时间在 6 个月之内的股票，即使满足选股条件也要放弃，因为除权后，均线系统失真，股价位置失真，容易被主力设置陷阱，尤其是经过大涨后除权的个股一定要远离，一年以后再关注会更好些。当然，不排除有些股票除权后继续上涨，这多发生在牛市中，但毕竟是少数，我们不必为了少数概率的获利可能去冒不对等的风险。

三、基于取款密码三的选股

取款密码三是个股买进信号，核心条件是股价在 60 日均线附近出现大阳线，依照取款密码三选出的个股可以直接进入操作计划。

这种选股方式操作起来很简单：复盘时，在沪深排行榜当中按顺序下翻，然后按照取款密码三满足的条件寻找合适的目标股。

形成取款密码三的所有条件即这种选股方式的选股条件，包括取款密码三 A 节点处的条件或者取款密码三 B 节点处的相应条件。

如图 9-6 所示，坚持每天复盘，一定可以在取款密码三信号出现时立刻将该股选出，之后的操作就简单了，按照交易策略先小单买进，感受股价涨跌节奏，再视情况加仓或者继续耐心等待。当然，也可以先从取款密码二开始，复盘模拟操作，直到取款密码三信号出现的当天，再根据模拟时应该有的仓位和交易方式进行对应交易。比如，通过模拟交易，在出现取款密码三的当天应该是半仓，那就在第二天根据股价实际走势按照已经有半仓的情况进行操作，只是需要在第二天收盘前将半仓补齐。

图 9-6 是按照取款密码三 A 节点选出的该股，这是股价上涨的起点，风险很小，只不过多耗点时间。取款密码三 A 节点出现后，表示主力建仓接近尾声，开始做拉升前的准备，所以即便股价再次出现回调甚至跌破 60 日均线，只要不创新低，都不会改变主力拉升的意图。当然，操作中不能因为有这种判断而持股等待，还是要根据股价的实际走势增减资金，比如，股

第九章 交易系统

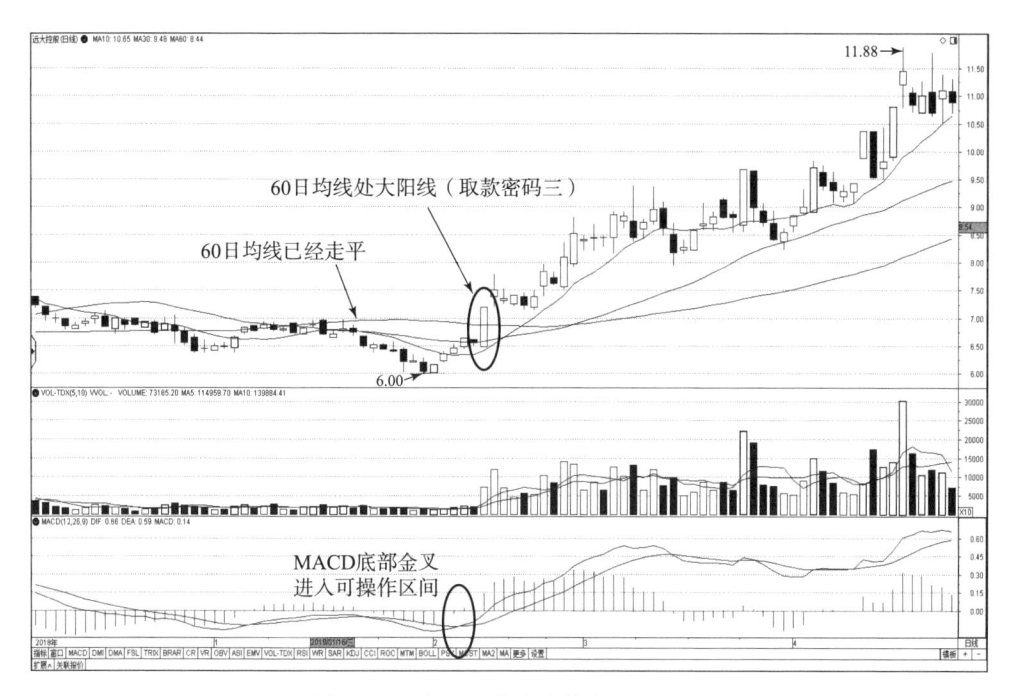

图中标注：
- 60日均线处大阳线（取款密码三）
- 60日均线已经走平
- 6.00
- 11.88
- MACD底部金叉进入可操作区间

图9-6 基于A节点取款密码三选股

价跌破10日或60日均线，还是要减仓的，只留基础仓位静观其变；如果继续下跌，那就要先清仓，这样就能避开主力的圈套，保持主动。

除了图9-6所示，还有一种情况，即股价突破60日均线后，回调确认该均线，并以大阳线方式宣告确认成功。复盘时，发现取款密码三以这种方式出现，要立刻选出并实施具体操作，这种类型的个股往往会短期快速获利，能用很短的时间完成10%的资产增值目标。

如图9-7所示，复盘时，如果在股价确认60日均线再次出现取款密码三信号时发现该股，可立即进入具体操作程序。和图9-7类似，这种股票往往会在短期内有不错的涨幅，资金利用率会很高，资产增值10%的目标完成得比较轻松。这样的股票很多，复盘选股时要特别留意。

再看一个例子，如图9-8所示。

在图9-8中，均线系统走平后，先后出现过三次取款密码三。只要坚持每天复盘选股，必然会在这三次机会来临时选出该股并纳入跟踪操作序列。如此，你会发现连续大涨的目标股找起来也不困难。图中，第二个取款密码三出现后，股价经过三周时间的整理，随后出现了三个涨停板以上的涨

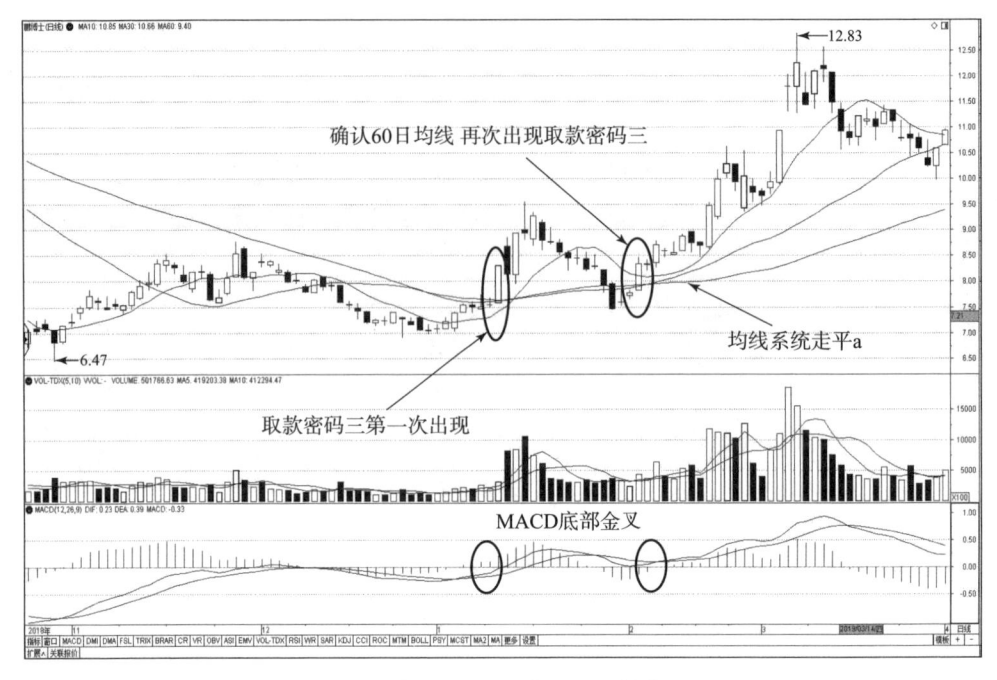

图 9-7 利用确认 60 日均线后的取款密码三选股

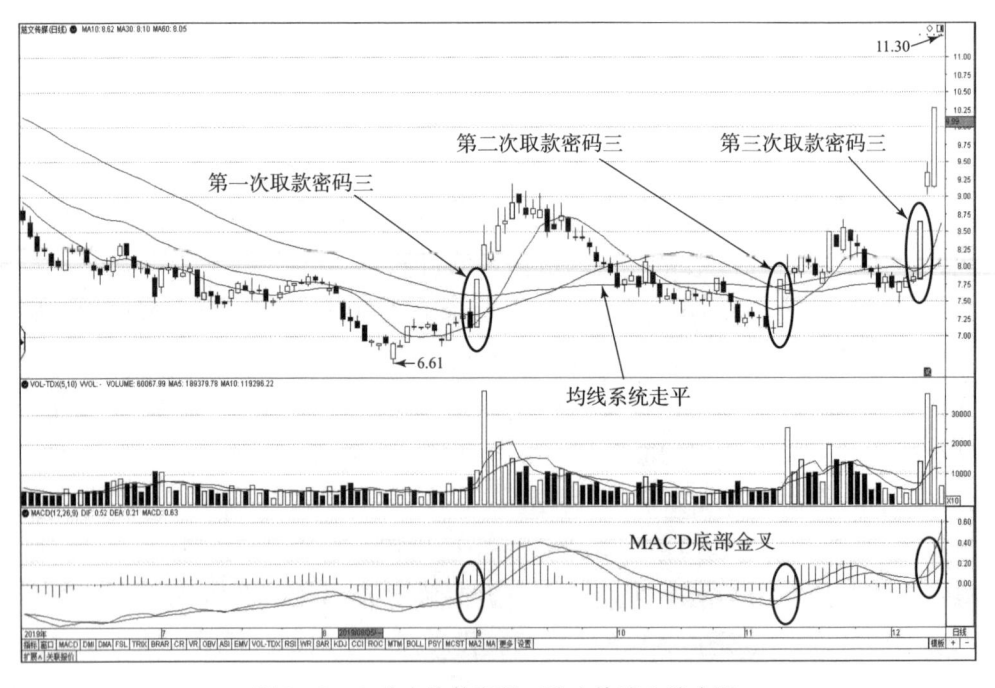

图 9-8 A 节点取款密码三选出快速上涨个股

幅，第三个取款密码三出现时，有一天的买进时机，所以这样的股票选出来后是有足够机会参与的。有人即使选出来也不敢买进，前怕狼后怕虎。我认为有资金管理和交易策略作保障就没什么可担心的，应该大胆操作。而且，这样的股票，上涨是绝对的大概率，冒小风险去获得大概率的盈利机会，这本身就值得，更何况，小风险即便出现，你也有足够的策略化解，收益稳定是有保障的。

以上是利用取款密码三 A 节点选股的过程，还有一种方法是利用取款密码三 B 节点选股，这种选股方式在牛市中很常见，且多数是超级大牛股。

股价经过第一阶段上涨后，进入休整，回调到 60 日均线后再次出现取款密码三信号，在牛市中，这往往会演变为新的主升行情，这是超级牛股的主要特征。这时，均线系统还在上升过程中或者由于股价的休整，在上升不久后由上升转为走平，如果 60 日均线已经有大幅度上升，此时再出现由上升转为走平，要引起足够警惕，因为那可能不再是取款密码三 B 节点，而是取款密码三 C 节点，是主力拉高出货的手段，选股时应该放弃。

在图 9-9 中，股价经过第一阶段上涨后开始休整，在回调到 60 日均线

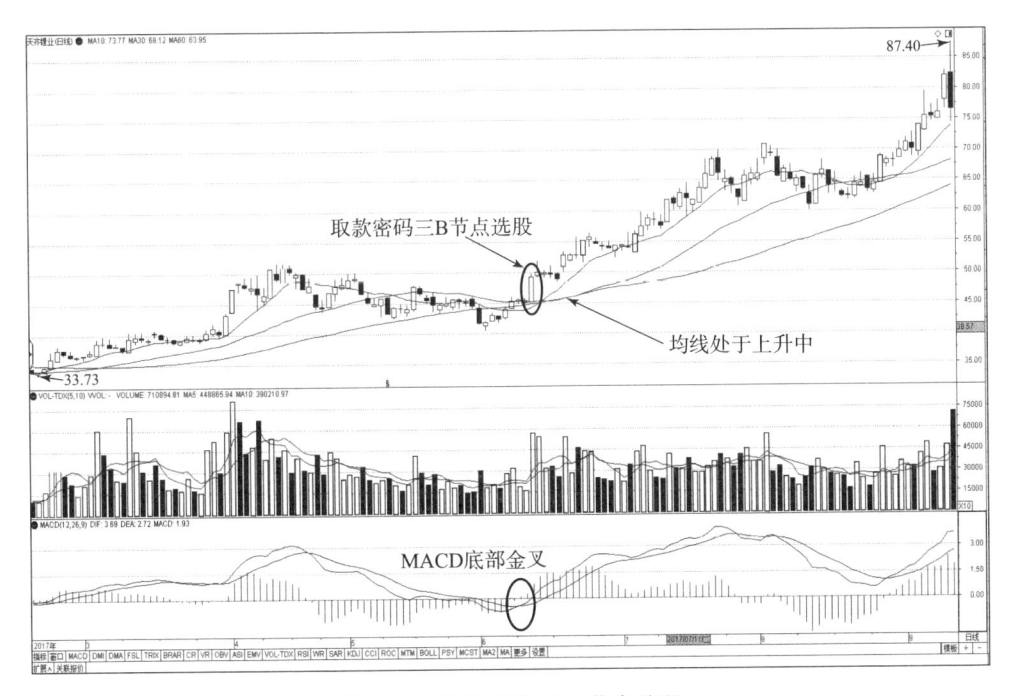

图 9-9　取款密码三 B 节点选股

时再次出现取款密码三，这有可能成为主升行情的开始，应该加入跟踪目标，积极跟进操作。当然，操作过程中，如果股价无法突破前高点，并再次回落跌破60日均线，要及时清仓，这意味着新的下跌可能展开，在熊市或者震荡市中，这种情况也比较常见。

四、基于取款密码五的选股

股价沿着10日均线稳步上涨是最稳健的运行方式，取款密码五的核心条件是股价在10日均线附近出现大阳线，这是加速上涨的信号，利用这一条件选股，可以选出正在加速上涨的股票。在众多选股方式中，这是非常受青睐的一种，尤其深受短线投资者青睐，因为能在较短时间带来明显收益。

这样的股票很多，也极易选出，只是不少人选出后不敢买进，怕追高，毕竟这样的股票都是明显处于上升期的，其实想明白两点就可以放心大胆操作了。

第一，股票上涨我们才能赚钱，现在股票上涨不正是给我们赚钱的机会吗？正确的做法是，今天股票上涨，多方占优，那我们就买进；明天多方力竭，空方开始占优了，我们卖出股票做空方，就这么简单直接。这就是顺势跟进，没必要再额外多思考一丁点东西。

第二，股市有风险，所以我们才用资金管理和交易策略做防火墙。当你认为股价涨幅过大有回落风险时，可以先小单买进，感受股价涨跌节奏；当股价确实上涨，验证自己判断正确时再加大资金，这样前期买进的利润可以抵御一些风险；如果股价下跌，由于买进较少也不至于大幅亏损，导致被动。

如果股价已经大幅上涨，即便再次出现取款密码五信号，也要提高警惕，股价涨得越高，主力出货的意愿越强烈，即便参与，也要控制仓位。所以，利用取款密码五选股时，要以股价位置较低的股票为目标。

利用取款密码五选股和利用取款密码三操作一样，每天坚持复盘，在沪深排行榜中依次下翻寻找，就不会错过任何一支启动的股票。关键在于目标股选出后要大胆制定计划操作，如果仍心有余悸，那就需要认真阅读本书前半部分的理论，以及认真研究资金管理和交易策略。

利用取款密码五选股是一种简单有效的方式。复盘时，若看到如图9-10一样的股票在均线多头排列初期出现取款密码五信号，应像看到金子一样如获至宝。这种走势的股票主力已建仓完毕，进入拉升阶段，之后的股价重心必然是稳步上移，操作时不要惧怕，哪怕股价出现猛烈洗盘，利用资金管理和交易策略应对即可，除非股价再次跌破60日均线并创出新低，才表明主力运作失败或者短期内还不准备拉升，此时再放弃该股不迟。有人说，这不就有很大亏损了吗？其实在股价回落的过程中，该减仓的减仓，该清仓的清仓，一切按照交易策略和资金管理操作，不会出现大的亏损。

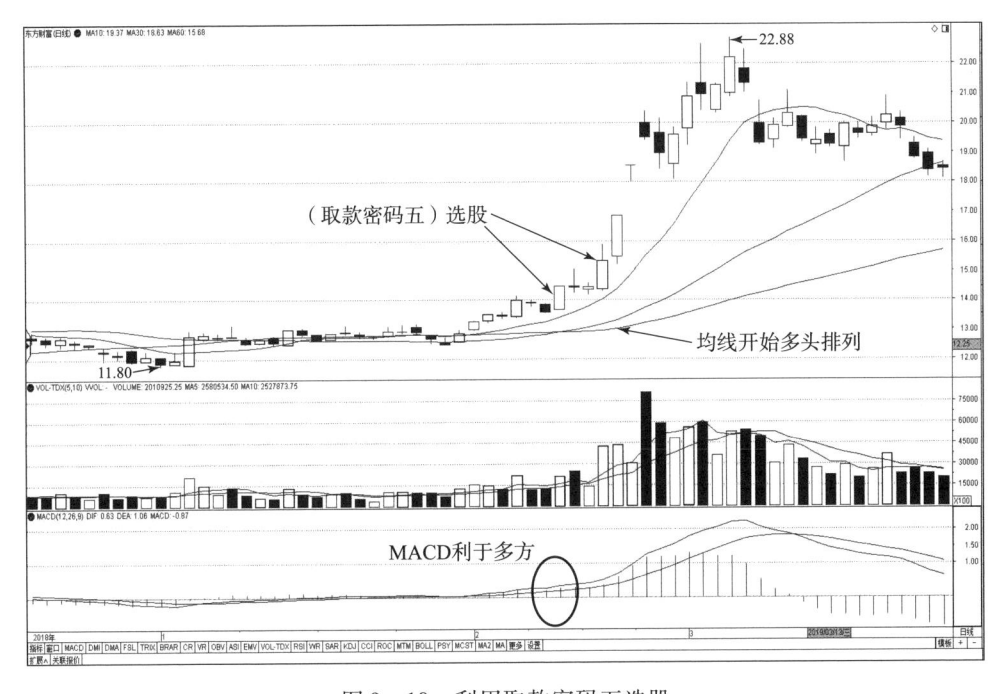

图 9-10 利用取款密码五选股

大家一定要摒弃一锤子买卖的操作，比如看好一只股票就投入全部资金买进，然后等着它上涨，但如果上涨失败还依然持仓，就不得不承受大幅亏损。正确的做法是：看好一只股票，表示我可以一直跟踪这只股票操作，但期间仍然会利用资金管理和交易策略按照股价的实际走势聚集和分散资金，当这只股票不具备操作条件时，果断放弃对该股的跟踪。

再看一个例子，如图 9-11 所示。

从图 9-11 中可看出，一只股票只要上涨，利用这四种选股方法均可以及时将其选作目标股，步骤为：MACD 指标底部金叉，首先将该股选出；随着股价的稳步上涨，突破了 60 日均线，根据取款密码三的选股方式可及时发现并再次选出该股；在股价整理期间，60 日均线已经走平，根据均线系统该股又被选出；股价开始启动，在 10 日均线附近出现大阳线，按照取款密码五选股方式，该股仍无法逃脱，甚至在该股经过第一阶段上涨及休整之后第二阶段的起点，仍可通过取款密码五的选股方式轻易选出该股。

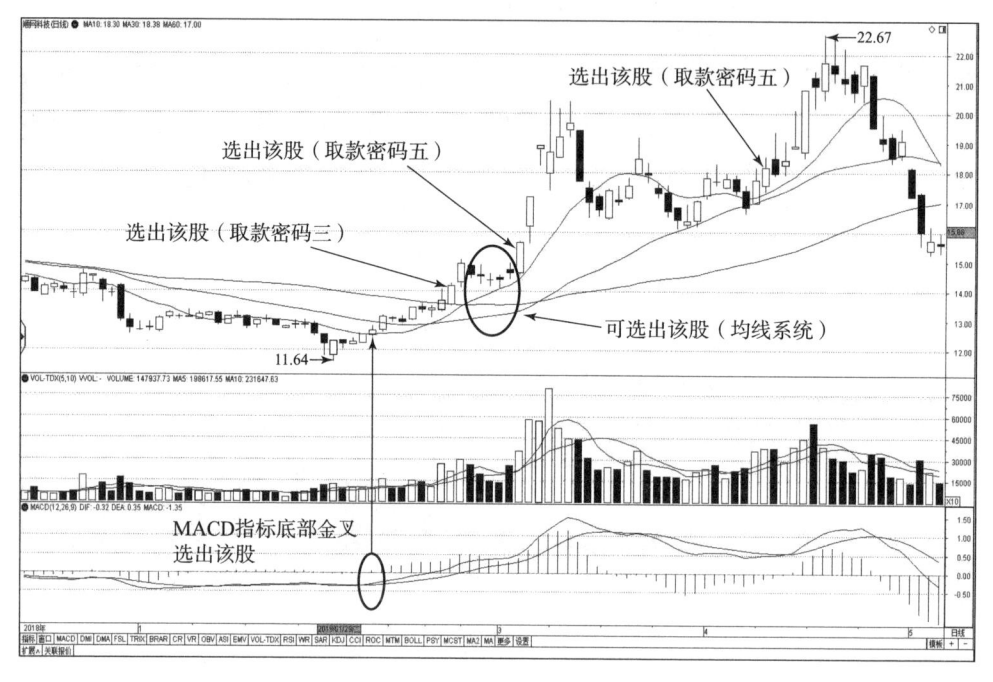

图 9-11　多种方式选出上涨个股

这四种选股方式能够涵盖股价上涨的每个关键节点。刚入股市的人会觉得股市很简单，赚钱很容易；可越做越发现，股市何其复杂，消息满天飞，真假难辨；基本面分析，各种报告浩如烟海；技术面分析，技术指标多如牛毛，记都记不全；更别说五花八门的炒股理论，什么价值投资，长线是金，短线是银，似乎都有道理；赚钱何其艰难，不学习更是难于上青天；可是当你真正踏过那道门槛时又会觉得股市其实没那么复杂，只要把一种方法用精就能盈利；最后你会发现，股市何其简单，无非是盛极而衰，否极泰来，如日升日落，只在一阴一阳之间，所谓大道至简，九九归一，真应了那句话：看山是山，看水是水；看山不是山，看水不是水；看山还是山，看水还是水。

第九章 交易系统

在操作中，应坚持每天复盘选股，不放过任何一只可能上涨的股票。除了实盘操作的一到三只股票外，还要模拟操作至少六只股票，这是为了便于实盘资金的下一步操作。这些工作很简单，实盘操作过的个股在你的资金账户中会有交易记录痕迹，只要制定好计划一定要严格执行，同时，通过净资产走势图监督交易的效果，及时对交易做出修正。模拟交易的个股除了应制定好交易计划，还要把每天的交易做好记录，当模拟交易的股票转换为实盘交易时，这些记录便是实盘交易的参考依据。

作为选股方式，取款密码五出现在低位时是重点跟踪目标，如果出现在高位要提高警惕。高位的取款密码五属于强弩之末，有随时回调的可能，交易中，如果股票出现高位取款密码五，可以在收盘前动用备用资金买入，第二天利用冲高时卖出获得额外利润。因为选股时，一般是在复盘时完成，需要第二天才能买进，而第三日才能卖出，平添很多风险，甚至踏错股价涨跌节奏，所以，复盘选股时遇到高位取款密码五时一定要提高警惕，即便决定操作也要控制仓位，同时用小单试错的方式把握股价节奏，等风险释放后再加大资金。如图9-12所示。

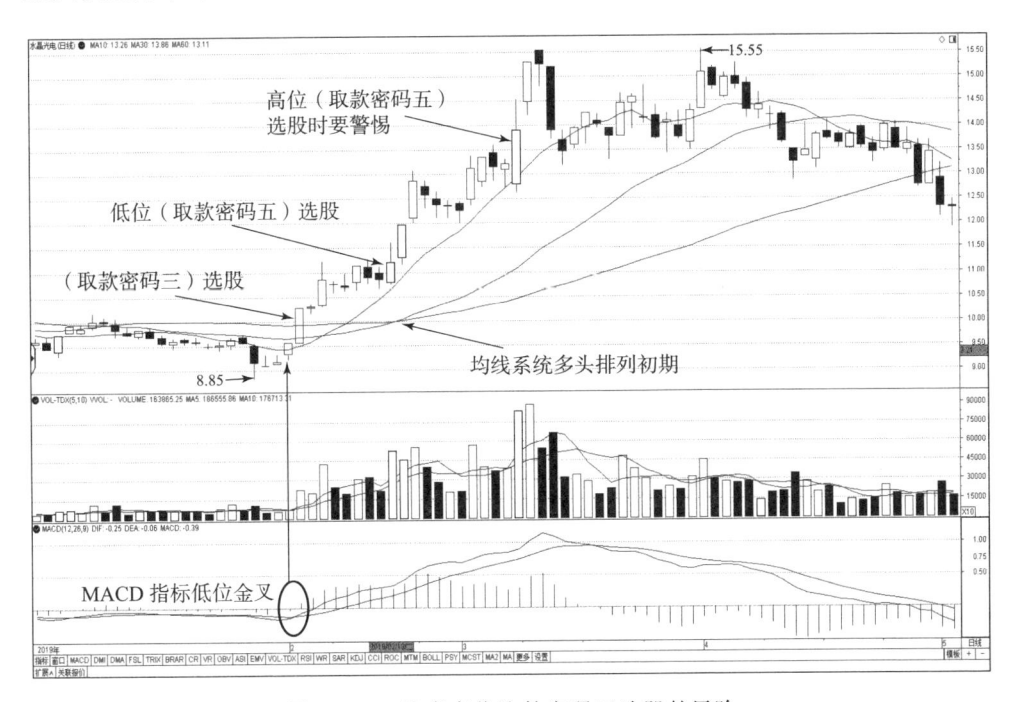

图9-12 注意高位取款密码五选股的风险

这里需要说明，依据选股条件选出的个股是该股上涨的必要条件，而非充分必要条件，这一点必须清楚。很多人选股时加了很多条件，选出的个股似乎除了上涨无他路可走，于是选出股票后全仓买进，就等躺着赚钱了，可是买进后，股票不但不涨反而大跌，百思不得其解，其实就是没理解上述条件。

所谓的充分必要条件是指由条件 A 可以推导出结论 B，同时由结论 B 也能推导出条件 A，而充分条件是指由条件 A 能推导出结论 B，但是由结论 B 不一定能推导出条件 A，必要条件是指由结论 B 能推导出条件 A，但由条件 A 不一定能得出结论 B——这是高中讲过的内容。

具体到股市中，股价的上涨决定技术指标的走势，而技术指标的走势不能决定股价是否上涨，但是，只要股价上涨，技术指标必然会有所提示，所以，利用已经走好的技术指标选出股票，可以大大降低选出将来上涨股票的工作量。同时，因为技术指标走好表明多方已经明显占优，选出来的股票就会有很大的上涨概率，这样便会大大提高收益的可能，但是，这并不意味着技术指标走好了，选出来的股票就百分百上涨，操作时仍然需要资金管理和交易策略做保障。

如图 9-12 所示，该股出现高位取款密码五时被选出，如果第二天买进，之后便出现明显下跌，这就是风险所在。所以，这类股票选出后要提高警惕，参与时要小单介入，不可操之过急。

以上四种选股方式相辅相成，基本覆盖了个股上涨过程中的各个阶段，选出的股票极具操作性，这是执行好整个操作系统非常重要的前提，选股做得好，后面的操作会非常顺利，否则，可能会增加交易风险或者无故延长完成收益目标的时间。

第二节 交易计划

交易计划指在交易发生之前，先制定好计划，再按照计划稳步推进执行。制定交易计划时，由于还未开始操作，头脑会非常清醒和理智。交易计划的质量体现了你的交易水平，交易计划是否完善是你能否最终获利的关键。有人说，交易计划再好，如果执行不到位也赚不到钱。确实是这样，但是，你是否执行到位，已经和原计划无关，因为你执行不到位的计划实际是另一份计划。

交易计划和执行力确实是相辅相成、缺一不可的，否则都无法实现最终盈利。可是，交易计划是核心，执行力是辅助。执行力是可以改变的，而交易计划是否完善，你如果没有相应的能力，是无法改变的。有人做股票自认为懂得很多，水平很高，可就是缺乏执行力，其实这很好解决。比如，你把交易计划制定好，找一个没有任何股市背景的人帮你执行，问题就迎刃而解了。如果还是不盈利，那只能说明你的交易计划不够完善。有人不敢这样做，他认为股市千变万化，所谓的计划赶不上变化，总觉得自己亲自执行交易计划才放心，这样他可以根据行情变化来随时做出调整，其实这都是交易计划不够完善的表现。

制定交易计划，并不是对未来股价每时每刻的走势做出预判，然后附上对应的买卖操作，这是不可能的。交易计划主要制定的是在未来某个关键节点处，是需要买进还是卖出，需要保留多少仓位，而不是一直紧张兮兮地随时准备买进或卖出。

交易计划包括如下内容，这是基本框架，可根据自己的需求添加其他内容。

参与资金：个股选出后，首先确定参与的资金，一般为总资金的30%。如果资金较少，如50万元以内，最多可做两只股票，每只股票参与资金为总资金的一半。如果资金在20万元以内，还是集中精力做一只股票比较好，而且所选个股最好按照取款密码三或取款密码五选出。

操作周期一般为两三个月，不要太短，也不可太长，这样才好制定操作规划；要注明起止日期和截止日期，如2019年10月16日至2019年12月16日。一只股票如果出现调整，持续两三个星期很常见，如果操作周期太短，就容易错失调整后的上涨；时间太长，不可控因素就会变多，容易掉入信息漏洞，导致亏损。我认为两三个月是非常合适的周期。按照上文中所提的四种选股方法，两三个月内都至少会有15%以上的波动，这足以让我们实现资产增值10%的目标。按不同条件选出的个股，操作周期可适当调整。比如，按MACD指标和均线系统选出的个股，操作周期可定为两个月；按照取款密码三选出的个股，操作周期可定为四到六周；按取款密码五选出的个股，操作周期可定为三到五周。

收益目标：要写出明确的资产增值目标（不是股票上涨的幅度），这一点必须清楚。收益目标与操作周期对应，操作周期越长，收益目标理应越高。比如，两个月操作周期，收益目标要定为10%。收益超出目标当然是好事，如果收益太低，说明你选的股票有问题，或者你的操作能力还需要提高。如果操作周期为三到五周，收益目标可定为5%，这种情况多用于取款密码五选出的个股。利用取款密码五选出的股票处于加速上涨阶段，但是因为没有底部筹码，操作上风险也大，很可能买进后就是短期高点，所以，操作时按照交易策略绝不可满仓。不过，这期间由于交投活跃，股价波动幅度大，利用各种交易手段很容易完成收益目标，只是因为高点随时可能到来，这个资产增值目标不能定太高，5%是比较合适的。这种股票很多，超额完成收益目标的概率很大，所以，如果资金不多又喜欢短线操作的朋友可按照取款密码五选股并制定相应的周期和收益目标，往往会获得非常丰厚的收益。

交易方式：指在具体交易过程中，可能遇到的问题以及对应的处理方式。根据不同的选股方式选出的股票，预判可能出现的情况，并制定应对方式。

具体如下：

（1）依据MACD指标底部金叉选出的个股。

此类个股股价一般在60日均线下方，甚至在10日均线下方，操作时要按照股价未来可能的发展方向设定交易。

其基本操作过程为：

①股价在 10 日均线下方，先小单试错，买进 1000 股。

②股价继续下跌，拒绝补仓，买进的 1000 股可持有不动。因为持仓很小，对收益影响可忽略，同时，保留这仓位，有利于后面操作的展开。

③如果股价一直下跌，并跌破取款密码二的低点，甚至跌破取款密码一的低点，说明选股失败，放弃该股，买进的 1000 股止损卖出。这种小亏损可以忽略不计，不会对心态产生任何影响。如果你在为这点小亏损斤斤计较，说明你心态不达标，或者资金太少，可以把当初买进的 1000 股，改成买进 100 股。

④（续接步骤②）如果股价一直下跌，但是未跌破取款密码二便出现阳克阴止跌形态，可以继续小单买进 1000 股。

⑤股价开始上涨，10 日均线由下跌转为走平，股价有突破 10 日均线的可能，则继续加仓，但是股价在 10 日均线下方，最多买进一半基础仓位。

⑥股价回升时在 10 日均线遇阻，可卖出低位买进的筹码，只留最初买进的 1000 股。（之后再转移至步骤②后面的过程）

⑦（续接步骤①）股价上涨并成功突破 10 日均线，可继续加仓，但是最多只能用基础仓位的资金。

⑧股价在 10 日均线上方的操作。基础仓位买进后若股价出现冲高回落 K 线，要减掉一半基础仓位。

⑨股价回落到 10 日均线处止跌回升出现阳克阴 K 线形态，要买回基础仓位卖出的部分，同时买进一半滚动资金仓位。

⑩（续接步骤⑧）股价回落到 10 日均线并出现破位，应卖掉大部分仓位，只留最初买进的 1000 股，然后承接步骤①之后的操作过程。

⑪（续接步骤⑨）买进一半滚动资金仓位后，股价继续上涨，并在 30 日均线处遇阻，若出现 K 线卖出形态，可卖出滚动资金仓位。如果继续回落，则继续卖出基础仓位，然后承接步骤⑧之后的操作过程。

⑫（续接步骤⑨）买进一半滚动资金仓位后股价继续上涨并突破 30 日均线，可继续买进另一半滚动资金仓位。若股价在 60 日均线下方，只能使用基础仓位和滚动资金。

⑬股价突破 30 日均线后继续上涨并在 60 日均线处遇阻回落，应卖掉滚

动资金仓位。如果股价在 30 日均线处止跌回升，则买回滚动资金仓位；如果股价跌破 30 日均线，则要继续减掉基础仓位，然后承接步骤⑧之后的交易过程。

⑭股价突破 60 日均线后的操作。由⑫可知，股价突破 60 日均线之前，基础仓位和滚动资金仓位已全部买进。如果股价成功突破 60 日均线，备用资金可参与操作。如果成交量放大，交投活跃，股价波动机会比较多，则备用资金可全部参与，并通过一小时交易法交易。如果股价站上 60 日均线后有反复整固的迹象，只能参与一半备用资金并注意在出现 K 线卖出形态时与滚动资金仓位一起减仓。

⑮股价突破 60 日均线后稳步上涨，可继续持股，不出现 K 线卖出形态不减仓。

⑯在股价上涨过程中如果出现典型 K 线卖出形态，在当天至少要减掉一半滚动资金仓位。如果第二天股价继续回落，还要继续减仓，但是，如果股价位置不高，要保留至少一半基础仓位。股价回调过程中，依据交易策略，要拒绝补仓，如果第二天有止跌迹象，可在第二天盘中低点时买回卖出的滚动资金仓位。如果备用资金参与了操作，备用资金仓位要全部卖出，且第二天股价回落时不参与买回操作。

⑰在股价上涨过程中，出现非典型 K 线卖出形态，可小单卖出 1000 股。如果备用资金参与，则备用资金仓位全部卖出。第二天股价继续回落，且出现典型 K 线卖出形态时至少减掉一半滚动资金仓位，之后股价继续回落，则继续减仓，直到股价跌破 10 日均线时清仓。

⑱如果股价突破 60 日均线后回调时有跌破 60 日均线的迹象，要减掉滚动资金仓位，备用资金参与的仓位，也要及时卖出。股价继续回落，基础仓位继续减仓，如果股价跌破 10 日均线，则减至最初买进的 1000 股，以便继续跟踪操作该股。股价回落后未跌破前期低点，继续出现阳克阴止跌形态，续接步骤①之后的操作过程。

⑲如果股价突破 60 日均线后，回调时在 60 日均线有止跌迹象，要买回基础仓位。如果出现阳克阴或者取款密码三，要买回滚动资金仓位，备用资金可视情况决定是否参与，然后承接步骤⑭之后的操作过程。

以上属于基本操作过程，在实际操作中，可以根据情况不断的添加完善。这个基本操作过程制定的越详细，操作时就越主动，遇到问题时就越不会慌张。

（2）按照均线系统选出的股票。

选出股票后，观察股价所处的位置，然后与上述基本操作过程对接，从MACD指标底部金叉时开始每日复盘，直到可以交易的当日，然后按照第一种选股方式中基本操作过程交易即可。

（3）依照取款密码三选出的个股。

此类个股股价已经突破60日均线，如果股价还未回调确认突破有效，意味着还存在回调的可能，交易时要注意。

与其基本操作过程的对接操作步骤为：

①股票选出后，可先伺机买进基础仓位。

买进时要注意以下几点：第一，可分批买进，在盘中低点即可逐步买进。第二，如果股价回调明显，可以小单买进跟踪股价走势，此时，不必强求买进全部基础仓位，之后再寻机买入。第三，基础仓位买进后，如果股价并未上涨而是出现回调，在股价跌破10日均线时可减仓一半；如果股价继续下跌，可只留1000股跟踪股价走势，再寻找下一次买进机会。

②基础仓位买进后，次日股价继续上涨，可在收盘前买进滚动资金仓位；第三天如果股价继续上涨，则持股不动，如果有冲高回落迹象，则卖出滚动资金仓位。

③滚动资金仓位冲高卖出后，股价出现休整并在10日均线止跌，此时可在10日均线附近小单买进滚动资金仓位，当股价在10日均线附近出现阳克阴止跌迹象时，全部买进滚动资金仓位。之后，滚动资金仓位可按照K线卖出形态减仓操作，对接基本操作过程中的步⑭骤。

④滚动资金仓位买进后，股价放量上涨。如果有迹象突破调整前的高点，则备用资金可利用一小时交易法展开。之后的交易可对接第一种选股方式基本操作过程中的步骤⑭。

（4）按照取款密码五中介绍的方法选出的个股。

这类个股交易时要充分考虑它的特点，尽量做到风险和收益的平衡。该股的特点是：上涨明确，交投活跃；风险累积，波动幅度大，有随时回调的可能。

与其基本操作过程的对应步骤为：

①股票选出后盘中回调可小单买进，如买1000股。如果股价有明显下跌迹象，则不加仓；如果股价盘中回探后有逐步回升迹象，可继续小单

买进。

②在收盘前，K线形态显示为多方明显占优，进一步上涨的概率增大，则可买进基础仓位加滚动资金仓位。否则，保留盘中买进的小单即可，不必急于加仓。

③基础仓位和滚动资金仓位买进后，第二天继续上涨，则持股不动；如果收盘前的K线表示为继续攻击，则可买进备用资金仓位，并按照一小时交易法操作。

④滚动资金仓位买进后，可按照K线卖出形态操作，之后对接第一种选股方式基本操作过程中的第⑭步骤，照章行事即可。

下面通过一个具体例子来看基本操作过程的执行情况：

图9-13为通过MACD指标底部金叉选出的个股，从图中可看出，该股选出的当日，股价已经站上10日均线，所以，在基本操作过程中，10日均线以下的操作过程可省略，直接从步骤⑨开始。如果按照均线系统选出的个股，可能需要较长时间跟踪，具体操作时可能从取款密码二被确认时开始。这时的股价多数在10日均线下方，基本操作过程可以从步骤①完整执行。

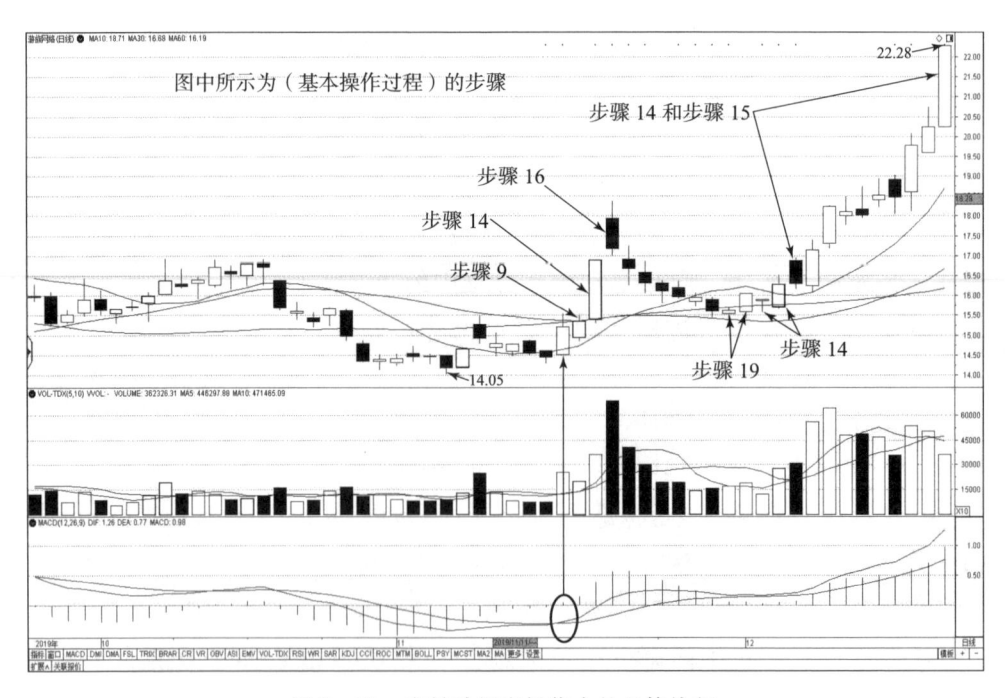

图9-13 交易计划在操作中的具体执行

第九章　交易系统

　　继续看图，该股选出后，第二天按照步骤⑨操作。股价回落到10日均线附近时买进基础仓位和至少一半滚动资金仓位。由于图中该股均线间距很小，股价盘中突破60日均线，且在收盘时表现出较强的攻击形态，多方优势明显，所以收盘前要买进所有滚动资金仓位。

　　第二天，股价继续上涨并突破60日均线，这是股价第一次突破60日均线，经过整理后的第二次突破，这意味着股价可能展开新的上涨行情。所以，在盘中操作时，可以动用一半备用资金买进。如果收盘时股价站稳60日均线，这一半备用资金仓位可以持股待涨。如果股价有冲高回落的迹象，这一半备用资金可以与之前买进的仓位做T+0交易（这里依据的是基本操作过程中的步骤⑫和步骤⑭）。

　　第三天，股价高开，冲高回落，这是典型的卖出K线形态，应卖出备用资金仓位和一半滚动资金仓位。次日，股价继续下跌，则减掉剩余的滚动资金仓位和一半基础仓位。因为此时的股价位置偏低，所以要保留一半基础仓位。同时，当股价连续回落时，应拒绝补仓，依据基本操作过程中的步骤⑯操作。

　　股价经过几天回调，在60日均线附近止跌，并出现不规则的阳克阴K线形态，此时应迅速买回前期抛售的基础仓位和滚动资金仓位，依据基本操作过程中的步骤⑲操作。

　　之后股价稳步回升，可以考虑使用备用资金了。这里需要说明，备用资金可以使用，并不意味着一定要买进。备用资金属于锦上添花，使用时，盘面必须足够强势，风险几乎可以忽略，而且第二日要有大概率的上冲机会，否则宁可不用。依据步骤⑭和步骤⑮，在图9-13主要的上涨阶段，基本仓位和滚动资金仓位可以持股不动，备用资金参与时可以按照一小时交易法，也可以一半备用资金仓位持股较长时间，而另一半备用资金按照一小时交易法交易。需要强调，资金账户中要留出至少一半备用资金作为机动，这样才能时时保持主动，而保持主动是股票交易的最高原则。

　　按照取款密码三或者取款密码五选出的个股，操作上大同小异。先将选出个股的股价位置与基本操作过程中的操作步骤对应起来，再根据股价实际走势将持仓落实到位，之后按照基本操作过程中的步骤执行操作即可。这类个股，股价已经站上60日均线，基础仓位和滚动资金仓位已经就位，备用资金也可以伺机操作，所以，股票选出后，先寻找机会买进基础仓位和滚动资金仓位，再按照基本操作过程中相应步骤操作。

如下图9-14所示：

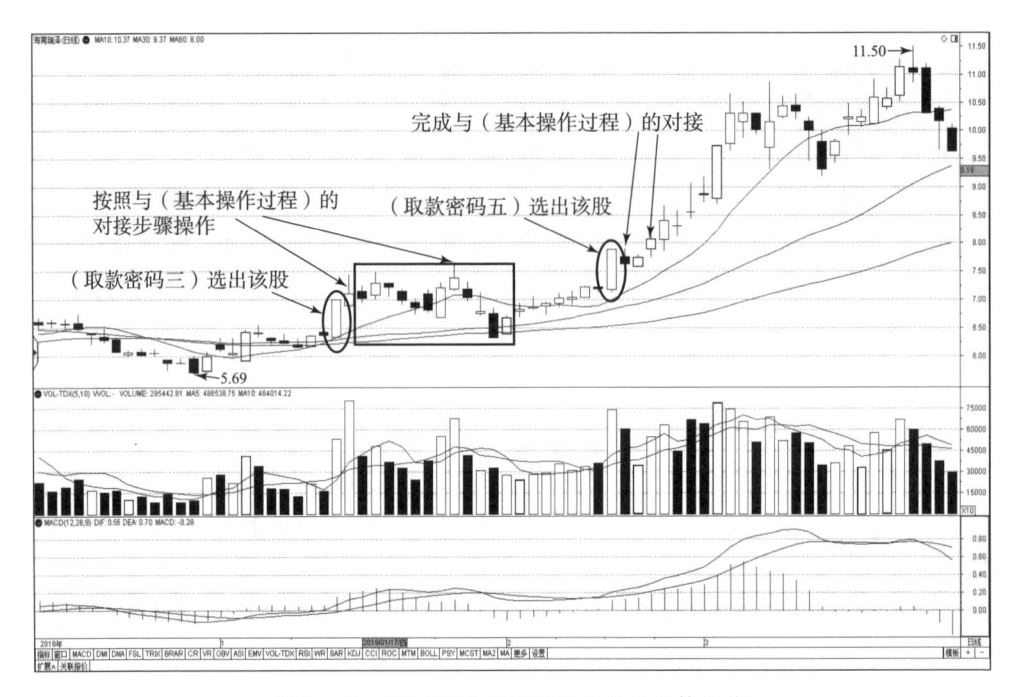

图9-14 通过取款密码所选个股的具体操作

在图9-14中，可以有两种方式选出该股，一种是根据取款密码三，一种是根据取款密码五。

如图所示，通过取款密码三选出该股后，需要有四个步骤完成在操作上与基本操作过程的对接，依据这个对接步骤，完成对基础仓位和滚动资金仓位的建仓。图中方块框定的过程即完成建仓以及与基本操作过程的对接。在上文中，这四个步骤，基本涵盖了可能出现的各种情况，在操作时执行这份交易计划，便可处变不惊。当然，根据自己交易中出现的问题，可不断完善这个对接的交易步骤。需要强调，这四个步骤是核心，可以添加新的内容，切忌删减。

再看图9-14，根据取款密码五选出该股。按照相应的对接步骤①，可在选出该股后第二天小单买进，因为第二天收的是阴线，所以买进基础仓位即可。第三天，股价拒绝进一步下跌，并出现小阳线，滚动资金仓位可全部买进。第四天，股价继续上涨，备用资金可以使用。至此完成与基本操作过程的对接，可按照基本操作过程中⑭及之后的步骤操作。

股票几千只，看似互不相关，但运行规律大同小异，因为股票的走势体现了资金运行的规律，我们只要能判断好资金强弱走势趋势，就能制定出适合自己的交易计划。

交易计划制定得越详细，涵盖面越广，越能提高交易成功率以及交易信心。很多人制定了交易计划，但执行不到位，根本原因是对交易计划没有足够信心，其实这是计划制定不够完善所致。

第三节　操作周期与收益目标

一、操作周期

操作周期：指一只股票跟踪交易的时间段。这个时间段从用第一笔资金买进开始，到卖出所有持仓结束。

操作周期是一道门槛，是从业余迈向专业的必经之路，而且毫不夸张地讲，它就是一个标志，还是唯一的标志。你操作股票够不够专业，不是看你懂多少交易知识，掌握了多少分析方法，会哪些操作技巧，只需看你有没有操作周期的概念。领悟并理解操作周期在交易中的意义，才能使收益最终稳定，否则，只会沦落为"不知有汉，无论魏晋"了，赚钱不知因何赚，亏损更是两眼茫。

操作周期，是说在操作股票时，要放在一段时间内考虑，而不是基于最小的交易时间单位。比如，我国的股市最小交易时间为一天，那么，我们在操作一只股票时，不能有今天买、明天卖的想法。这样的操作有极大的偶然性，不可控因素也较多，这就无法形成稳定的收益。当然，不否认有人喜欢这样的交易，也不否认有人因此也做得很好，但是，这样的交易适合较小的资金；资金稍大，便会感觉困难重重。我们学习股票交易的目的，是为了减少偶然，增加收益；同时，在资金不断增长的过程中，仍保持平稳的资产增值，体现复利的威力。如此，操作周期的概念就显得极为重要。在一段时间内，无论股价如何变幻，都能通过资金管理和交易策略完成对资产的稳定增值。

操作周期可以有效剔除主力的洗盘和骗线。主力运作股票是有周期的，所以我们看到股票的涨跌总有一定的周期性，正所谓没有只涨不跌的股票，也没有只跌不涨的股票。为什么会这样？首先，主力运作股票要考虑到收益率。这就是一个周期的概念，比如，一年要盈利多少百分比，这要求主力在一年时间内完成从建仓到出货的整个过程。当然，这个时间段不一定是一年，可能是两年或者三年等，但是，主力在制定操作计划时，一定会有这个操作周期。其次，资金是有时间价值的，这个时间本身就是指周期。运作股票的主力不管是基金公司或是超级大户，资金无论是自己的、基民的或者借来的，在一定时间内都需要支付一定的成本，这就要求主力运作股票时必须能够在一定周期内收益超过所要支付的成本。最后，主力的精力是有限的，也需要休息。所以运作股票制定操作周期就成了理所当然的事。

既然主力运作股票是有周期的，那么在这个周期内，主力就需要完成建仓、拉升、出货三个阶段，在股票走势中表现为：底部横盘，即主力建仓阶段；主要上涨，即主力的拉升阶段；高位震荡整理，即主力的出货阶段；这个过程一定会走完。有的主力资金雄厚，股票运作周期可能很长，比如几年；有的主力资金较少，股票运作周期可能只有几个月，这就是一只股票涨跌的根本原因。在这个操作周期中，主力为了达到自己的目的会采取纷繁复杂的手段通过洗盘和骗线排除个股中散户所带来的干扰。

主力运作股票的利润来自散户的增量资金。也就是说，主力要想获得一只股票利润，必须要在出货阶段引起众多散户的注意，并让散户以为该股在后市还有更大幅度的上涨，愿意买进。这就需要主力通过信息面和盘面股价的走势来获得散户的信任，从而使自己完成出货，这时，市场中的利多信息满天飞，股价走势波动，骗线会层出不穷。然而，在主力的建仓阶段，主力更多采用的是散布利空或者信息的不确定性让散户根本不敢买进，或者不愿意耗时间去等待股价上涨，同时，主力也会利用资金优势在建仓阶段通过打压股价制造恐慌，驱赶盘中残留的浮动筹码完成建仓工作，这时的洗盘和骗线也会非常多。而在拉升阶段，主力更多采用的是疯狂洗盘，驱赶获得微利的筹码，抬高市场成本，从而使拉升受到的阻力更小。

对个人投资者来说，只有建立操作周期的意识，才能不被主力在中途清洗掉而错过一只又一只的大牛股。在选择个股操作时，首先要明白股价处于主力运作的哪个阶段，才能看透股价涨跌所反映出的主力意图。我们通过建立操作周期来平稳度过主力的洗盘和骗线，才能最终获得确定性利润。

我们如何知道一只股票有没有主力参与呢？前文中所提的四种选股方

法，它们的选股条件就是主力参与时所无法避免的盘面特征。所以，依据这四种选股方法选出的个股，在的操作周期的帮助下，几乎可以保证获得利润，只不过有的个股运作时间较长，波动幅度较大。针对这类个股，通过资金管理和交易策略完全可以避免长时间的煎熬和不必要的波动亏损。当然，如果同时又制定了合理的收益目标，这个利润不仅能变得确定，而且会更长久。

由此可见，建立操作周期，是获得确定性利润的必然选择，这也才能真正体现股市中复利产生的威力。

从图9-15可看出，通过MACD指标底部金叉选出该股后，股价并未立刻上涨，而是经历了一段时间的整理。只有建立了操作周期的意识，这段整理期才能安全度过，甚至可以利用资金管理和交易策略，在股价整理的时候收集更廉价的筹码。之所以敢如此操作，是因为对主力资金运作规律的理解。在均线系统由长时间下跌转为走平后，已经说明主力开始建仓，后面股价的上涨就是迟早的事，这就是确定性利润。当然，尽管如此，我们操作时也不能全部买进，然后等待股价上涨，因为我们无法得知主力建仓的时间周期，以及主力洗盘的力度。如果全部买进，持股待涨，不仅非常被动，也会丧失收集更廉价筹码的机会。同时，如果遇到极端情况，如该股选出时，主力刚开始建仓，又碰巧主力资金雄厚，建仓的周期很长，这样股价可能还会有较大跌幅，这是大资金建仓所必需的。这种情况，对散户来讲就是新的熊市的来临，没必要跟踪参与。建立操作周期的其中一个目的，也是为了规避这种可能出现的主力长时间的建仓，而去选择主力建仓接近尾声，或者进入上涨第一阶段的个股，这样可以节约更多时间，同时也会获得后面确定性上涨带来的利润。

继续看图9-15，当股价明确站上60日均线后，通过取款密码三和取款密码五也能选出该股，此时该股出现盘整的时间明显变短，而且盘整时跌幅也有限，甚至是边洗盘边上涨，这才是重点参与的起点。这时操作周期同样具有不可替代的作用，否则可能会错过大段上涨的利润。

当有了操作周期的概念，就不会担心明天股价的涨跌，因为，股价上涨可以赚钱，股价下跌可以利用交易策略在合适的时候拣到更廉价的筹码，二者必居其一，还未出手已成竹在胸。

操作周期多长时间合适？因人而异，因操作体系而异。我的操作周期是

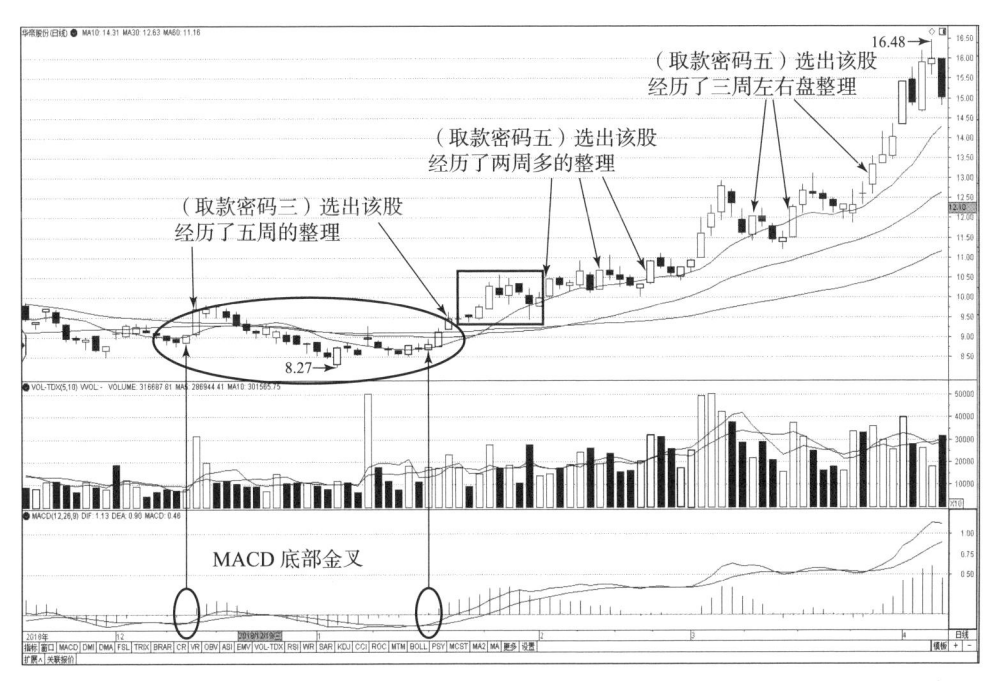

图 9-15 操作周期的概念无处不在

两个月，或者说是八周。对我而言，这个时间段刚刚好，不长不短，而且，按照我的选股方式选出的个股在这个时间段内绝大多数都能完成我的收益目标，也就是说满足操作条件后，从第一笔买进到个股正式上涨，中间的时间间隔多数在两个月之内。这里需说明，个股选出后不意味着立即操作，可以跟踪一段时间，当出现较多买入条件时再参与可以节约完成收益目标的时间。比如，在出现取款密码三且伴随放量时，意味着主力建仓接近尾声，后市离上涨不远了，操作周期与收益目标相对应，两个月的操作周期对应的收益目标为10%，即在两个月内资产增值10%。多数情况是能够完成的。如果遇到一只股票整理时间超过两个月，那么当操作周期时间截止后，可根据操作个股的综合分析决定是否需要重新制定下一个操作周期抑或换股，在此过程中，如果收益目标提前完成，也可以算作操作周期结束。

如果按照取款密码五选出个股，操作周期有时设定为三周到五周，因为此时股价已经进入上涨阶段，成交量放大，交投活跃，而且因为股价已经有了一定涨幅，两个月的周期时间过长，个股有可能已经完成上涨，并开始回落了。所以，三周到五周时间，也是考虑到了个股可能出现的风险。同时，因为交投活跃，比较容易完成收益目标，没必要跟踪更长的时间去操作。这个操作周期对应的收益目标是5%，即在三周到五周内完成资产增值5%，还是比较容易做到的。如果收益目标提前完成，可重新制定下一个操作计划。

二、收益目标

收益目标，即资产增值目标，指在一个完整的操作周期内，预期使资产增值多少百分比。有了这个收益目标，操作时才不会慌乱。比如，股票刚买进就下跌，因为有收益目标存在，可以不必担心。一是认为股票下跌后还会涨起来，到操作周期结束时还是可以完成收益目标；二是股价下跌时，可以利用资金管理和交易策略，先行减仓，再以更低的价格买回。这样，即使操作周期内股价总体未涨，我们仍可以完成收益目标。

由此看出，在操作周期内能不能完成收益目标与股价在这段时间上涨还是下跌关系不大，与股价波动的幅度有关。当然，如果股价上涨，则更容易完成收益目标，甚至是提前完成收益目标；如果股价下跌，不意味着收益目标无法完成，只是需要耗点儿时间和精力。这是因为，根据交易策略，股价下跌时我们只保留极小的仓位，一旦股价调整到位，出现取款密码，我们可以迅速加大资金买入，并利用K线卖出形态进行滚动操作，这样会累点儿，但也会完成收益目标。

收益目标定得要合理，不能好高骛远，也不可妄自菲薄。若两个月收益目标定为资产增值10%，不多，很多人认为会很容易完成。是的，完成一次，容易，在牛市中，可能远不止这个收益，可是你能坚持多久呢？一年，还是十年？你计算过吗？如果你的起始资金是10万元，十年时间，你的资产将不低于3000万元。所以别小看这两个月的收益，如果能不分牛熊市地确保完成，并长期保持，股市中的复利将为你带来惊人财富。简单的事情，把它做到位、做好，就够了。

当你的收益目标提前完成，可是你操作的股票还没有下跌迹象时，那就再制定一个操作周期，继续跟踪操作，没人要求你操作周期时间截止后要换股操作。只是，要注意一个问题，如果收益目标完成后，没有卖出，你的账户中会显示原来的收益,当你制定新的操作周期后,收益目标一定是扣除原来收益后的资产增值。其实,这个问题通过净资产走势图就很容易解决,这张净资产走势图才是你真正的资产增值情况。

收益目标的意义在于有的放矢。目标明确,方向才不会错;方向不错,哪怕偶尔走弯路,随着时间的推移,最终仍会到达目标。不要轻视小目标,不积跬步,无以至千里,不要只停留在知道上,要落实在行为上。两个月10%的收益,做起来似乎并不难,尤其在牛市,可能远不止这个收益。但是,股市并不会一直好,它是有周期的,在下跌的时候你能不能做到两个月10%的收益,这才是决定性因素。你能做到吗?当然能。

按照我的操作体系,熊市中你也能选出满足条件的个股,尤其是利用取款密码三选出个股。同时,按照交易策略,在个股出现下跌时拒绝补仓,你可以规避掉任何股票的主要跌幅,避免大幅亏损。很多人在熊市中亏损,多数是因为一步错,步步错,不断地补仓,导致资金无法动弹。根据资金管理原则,无论牛市还是熊市,一开始都是小单试错,出现上涨迹象时才能加仓;一旦发现买错了,股价出现明确下跌,按照交易策略应拒绝补仓,甚至还要卖掉前期小单买进的仓位,这样损失才可降到最小。

在熊市中,任何股票的波动幅度也不小于20%,按照我们的选股方式,选出这样短暂波动的个股,就完全可以做到两个月10%的收益目标,即使有两次没有完成,那么赚5%也是好的,只要不亏损,就为将来资产继续上涨打下了基础。即使在熊市中,每年也有一次到两次横跨一个月到两个月的行情,抓住了这种机会,你就可以做到两个月不止10%的收益。一年平均下来,收益也不会差到哪去。

一旦牛市来临,你会发现,两个月何止10%的收益,一年三倍到五倍也不鲜见,如此,在十年跨度内,至少一次的牛市,甚至两三次的牛市行情中,完成10万元到3000万元的跨越就不再是想想而已了,这就是制定切实可行的收益目标的巨大威力。

以我的经验,在按照上述四种选股方法选出的个股中,依据均线系统和MACD底部金叉两种选股方式选出的个股应作为跟踪对象,具体的操作时机是取款密码三出现,此时才是正式交易的开始,两个月的操作周期也从此算起。两个月10%的收益目标极易完成。

按照取款密码三选出的个股可以直接进行操作,也可以跟踪几天再进行交易，而操作周期从正式交易开始计时。

按照取款密码五选出的个股由于股性活跃且累积了一定的风险，可以把操作周期定为三周到五周，收益目标定为资产增值5%，这无论在牛市或者熊市都是极易完成的。

如果你还没有自己的操作体系，以上所讲的操作周期与收益目标的对应关系可作为参考，算是抛砖引玉。对我来说，在资金积累阶段这个组合非常合适，但它不一定适合每一个人，一定要把学到的知识内化成自己的，建立属于自己的操作体系，才能立于不败之地。

如图9-16所示，云南锗业（002428）在2019年1月7日通过取款密码三被选出。第二日和第三日出现的是调整，可关注，但不必参与。

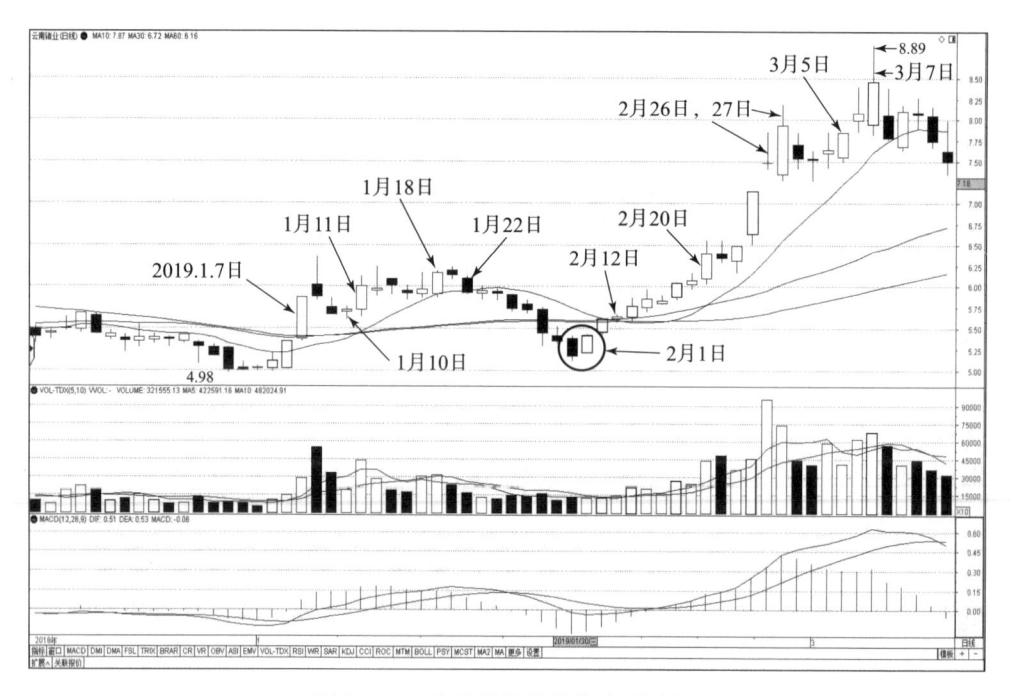

图9-16 收益目标的具体实现过程

1月10日，股价收出小阳线，止跌企稳，可以买进基础仓位，因为股价已经站上60日均线，按照资金管理要求，基础仓位和滚动资金仓位已经建仓完毕，所以按照取款密码三选出的个股，在操作时要迅速地将基础仓位和滚动资金仓位落实到位。因为1月10日阳线实体较小，且此时还无法判断股价是否会继续下跌来确认60日均线，先买进基础仓位也是为了防范可能下跌的风险。

1月11日，股价继续上涨，可以在盘中突破前一日高点时逐步买进滚动资金仓位，在收盘确定明显上涨时全部买进滚动资金仓位。

之后几天收小阴线和小阳线，属于投资者的随机行为，不必操作。

1月18日，在10日均线出现较大实体的阳线，似乎有上攻迹象，可以试探性使用备用资金，并利用一小时交易法操作。

第二天，收出小阴线，股价并未明显上涨，而且有回调确认60日均线的可能。股价第一次突破60日均线后，多数都有回调确认的动作，所以，要保持这份警惕。在操作上，可卖出备用资金仓位，另外一半滚动资金仓位也可卖出。

1月22日，股价下跌并跌破10日均线，剩余的一半滚动资金仓位卖出，同时再卖出一半基础仓位，因为股价位置很低，即便确认60日均线，回调的幅度也不大，所以暂时保留一半基础仓位。

之后几日，股价连续下跌，按照交易策略，拒绝补仓，可一直保留一半基础仓位。股价跌破60日均线当日，可卖掉大部分基础仓位，仅保留1000股，以便继续跟踪操作，因为股价跌破60日均线后，无法判断前期突破是否有效。

2月1日，阳克阴出现，这是取款密码二的买进信号。通过这段时间的跟踪操作，我们基本可以判断股价对60日均线的突破是有效的，所以可以在收盘前买进基础仓位。

第二日，股价重新站上60日均线，滚动资金仓位全部买进，这样的走势已经表明新的上涨开始了。此时，基础仓位和滚动资金仓位全部买进，对接上了交易计划中的基本操作过程步骤⑭。

过完春节后，2月12日，股价继续小阳线，可用一半备用资金，并持有几天，因为此时交投还不是特别活跃，备用资金全部使用有风险，但是，股价已经明确站上60日均线，后市上涨是大概率事件，满足了备用资金的使用条件，所以，使用一半备用资金是折中方式。

之后股价小阳线上涨可不操作，但仍持有基础仓位、滚动资金仓位和一半备用资金仓位。

2月20日，股价拉出中阳线并突破前期高点，截至当日，两个月10%

的收益目标已经完成，用时一个月零13天，因为有春节假期，实际交易时间更短。虽然此时相较于该股选出时的股价并未明显上涨，可以说股价上涨幅度远低于10%，但我们利用了股价调整使资产增值达到了10%。所以，当你制定了操作周期和收益目标，就不会担心股价的下跌，因为有资金管理和交易策略的守护，股价下跌这种坏事也可能最终变成好事。

收益目标提前完成后，经过综合分析，云南锗业正处于启动阶段，仍可继续操作，所以制定新的操作周期时不必换股。

由于收益目标已经完成，所以后市中如果出现K线卖出形态，卖出时也会从容许多，此时，成交量明显放大，交投活跃，备用资金可以全部用上了。

2月26日、27日，连续两天出现金针探顶，备用资金仓位可以卖出，其余资金仓位暂时留守观察。

2月28日，股价下跌，可以小单卖出，说明股价已经进入以卖出操作为主的阶段，可以逐步锁定利润了。

3月5日，股价在10日均线附近出现阳克阴，可以把前期卖出的滚动资金仓位买回。为什么不买备用资金仓位？因为股价已经进入以卖出操作为主的阶段，仓位上需要控制。此时收益目标已经完成，以保护利润为主，不必激进。

3月7日，再次出现金针探顶，基本可以判定股价进入高点区间了，可以卖出滚动资金仓位。之后几天股价逐步回落，仓位也逐步卖出，直到股价跌破10日均线完成清仓，操作周期圆满结束。

从1月7日到3月7日，整两个月的时间中，我们的平均成本在5.80元附近，而卖出的平均价格在8元附近，收益超过了30%。假设我们操作得差一些，20%以上的收益是能做到的。这基本超过了我们收益目标的一倍，而且这是很常见的事。有人说，那是因为当时大盘好。可能是，但在接下来大盘盘整下跌的过程中，还有不计其数的股票两个月涨幅同样可观，完成10%的资产增值真的不难。

有合理的收益预期，在操作周期的配合下，操作起来会得心应手，遇到问题也会临危不乱。

利用取款密码五选出的个股，操作与上面类似，只是收益目标要定在5%，因为风险有了一定累积后，要防止收益预期过高导致没有及时锁定利润的事发生。

第十章
净资产走势图

　　净资产走势图：指将净资产变化情况用图表的形式表示出来，多用折线图的方式，也可以用自己喜欢的方式，目的是体现净资产的变化方向。走势图方向向上，表明你在稳步赚钱，可继续保持当时操作状态；走势图方向走平，你要提高警惕，说明你的操作可能出现了问题，需要审视并修正；如果走势图有向下的迹象，必须清仓、休息、反思，此时，不要再有区别分析自己的哪只股票走势好这类的问题，要全部卖掉，冷静一下再做打算。

　　净资产走势图的分析和股票走势图的分析基本一致，不同之处在于反映了净资产的增减情况——这是你操作股票的根本目的。看好你的净资产走势图，通过努力使它一直保持稳步向上才说明你是专业的，你做股票确实在盈利。不能保持净资产稳步上涨，最终你只是股市的参与者，甚至是消费者，不仅可能会回到原点，甚至会血本无归。

有人会问，股票赚钱了，你的净资产不就上涨了吗，还画净资产走势图干吗？作用如下：

（1）我们做股票有操作周期和盈利预期，净资产走势图能更清晰地反映出你有没有完成收益目标，如果没有完成，你就要反思是股票的问题还是操作的问题，抑或其他问题。

（2）做股票时不会只做一只股票，如果不看净资产走势图，你可能操作了五只股票都是赚钱的，只有一只股票是亏损的，但一年下来你发现你的资产越来越少，这就是问题所在，你没有抓住根本，赚得少，亏得却很多。因为当你把股票卖出后，你的账户不再显示你的盈利和亏损情况，在进行下一次操作时，你还会想着上几次赚了多少或者亏了多少吗？没那个精力。净资产走势图能很好地解决了这个问题，不管你操作得多么得心应手，多么热火朝天，只要你的净资产走势图方向没有向上，一切都白搭。

制作净资产走势图很简单，办公软件上就很容易自动生成，只要你输入了原始数据，这个原始数据就是你净资产的变化。你可以制作三张走势图，分别为每天、每周和每月记录一次数据。每天记录数据的这张图容易分析净资产变化趋势，可以在出现系统性风险时及时做出卖出的决断；每周记录数据的这张图是日常交易主要参考的图，可以更准确反映你的交易情况，因为它过滤了每日的无规则波动对市值的影响，可以让我们做出更理性的操作判断；每月记录数据的这张图可以更清晰地反映你的收益目标完成情况，也可以记录你三五年内的资产增值情况，这张图是应该长期保留的。

如图10-1所示，这是按每天记录的净资产数据，利用WPS办公软件做出的一张五月份净资产走势图，一个月时间，资产增值10%，净资产走势图运行平稳，且方向向上，按照收益目标，如果两个月内完成上面这张净资产走势图，都合乎要求。

通过图10-1可以明显看出净资产的运行趋势，就像分析股票运行一样。如果图中净资产的运行方向开始出现变化，连续多日净资产不再创新高，相反与前一日比不断创新低，就要引起足够警惕了，这种情况下必须分析所操作的个股走势，该减仓的要果断减仓。

在图10-2中，净资产曲线在后半段明显逐步走低，无论你操作的股票中有多少是赚钱的，都必须引起警惕。每晚复盘时要认真反思，该减仓时要坚决果断。

第十章 净资产走势图

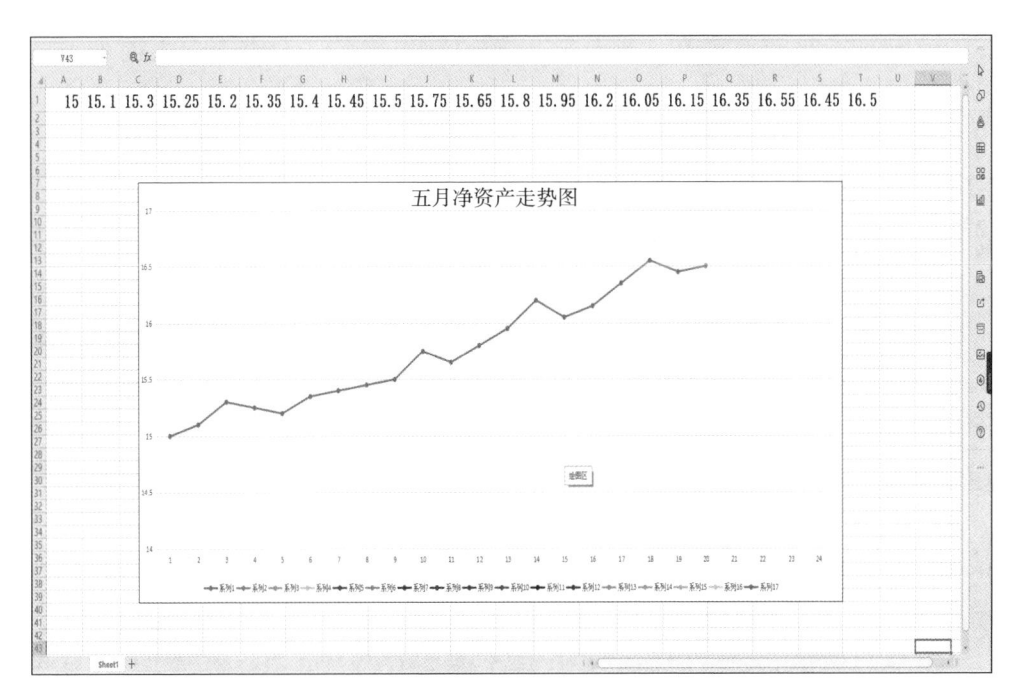

图 10-1 净资产走势图模板

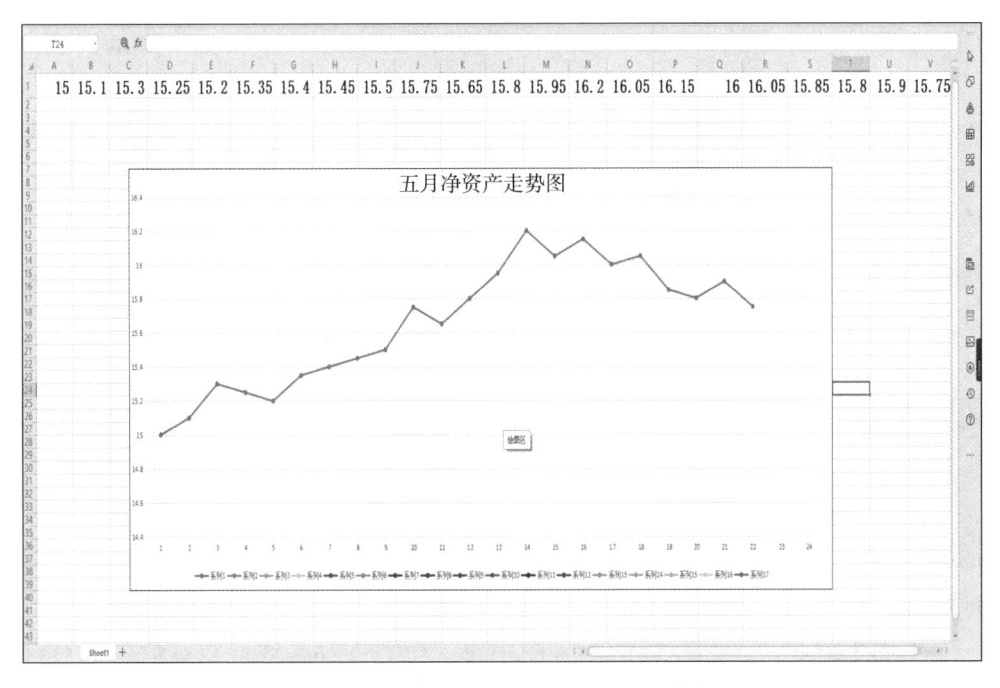

图 10-2 净资产曲线方向改变时要警惕

净资产走势图客观真实地反映了你的操作情况，无论你在人前如何吹牛，无论你在一只股票上操作得如何成功，只要你的净资产走势图上涨缓慢甚至是下跌的，那你的操作都不算成功，甚至是失败的。股市中来不得半点虚假，如果你还有理想，想实现财务自由，成就自己，那就卸掉伪装，用真实的净资产走势图记录自己。除了每日记录净资产数据以外，还要每周记录一次净资产数据，反映到净资产走势图中去更能指导实际操作。

每周记录一次净资产数据，在净资产走势图上可以过滤掉净资产的小波动，更能准确反映操作中的不同阶段。比如，建仓期在股价下跌中小单买进的资金少，会导致在每日记录资产变化的净资产走势图中呈现净资产走势由向上转为走平甚至略微向下的趋势，这可能会产生误判。当然，经过复盘分析后，能消除这种误判，但是，用每周记录一次数据的净资产走势图能直接消除这种误判，减少不必要的干扰，这张每周净资产走势图便是需要在交易时重点参考使用的图。

在实盘操作中，一个操作周期内会同时操作三只股票，其中一只股票是操作的重点，基本会横跨整个操作周期，也是收益目标的主要贡献者。另一只股票是当前热点，交易活跃，可以在重点操作的个股还未正式上涨前，利用闲散资金博弈短线，一般是采用一小时交易法操作，或者是用少量资金在一到两周内结束操作。这个交易的底线是盈利，所以随时可以卖出，不必苛求盈利幅度。这也是采用一小时交易法的原因。收盘前买进，消除下跌风险；交投活跃，意味着第二天有更多上冲的可能，这就为卖出提供了主动。第三只股票是跟踪的股票，不必参与操作，或者只用小单买进，对市值影响可以忽略。

在实际操作中，净资产正常情况每周都会小幅上涨，在每周记录一次资产的净资产走势图上表现为非常平滑的上涨曲线，所以，你一旦发现在这张走势图上市值比上周出现下跌，那就必须在周末进行好好总结，调整状态。如果无法找到市值下跌的原因或者状态不佳，最好下周一开盘集合竞价时卖掉所有持仓休息一下。这没什么，只要在你两个月的周期内完成了10%的资产增值目标，就是成功的。要明白，净资产的每一次缩水，都为将来完成收益目标平添了不必要的阻碍，甚至最终无法实现这个目标。

如图10-3所示，净资产走势图中每一个数据都是周五收盘后的净资产数据。可以清晰反映收益目标的完成情况，也可以看出个股操作所处的不同阶段，还能从图中看出一定的规律，即当净资产连续两到三周没有明显变化，如果你所关注的股票处在建仓期，那很可能迎来快速的上涨，可以集中更多的资金参与；但是如果你所参与的股票已经仓位较重，这种情况一定要提高警惕，迅速减仓，否则可能会迎来变盘，出现明显的净资产下跌。

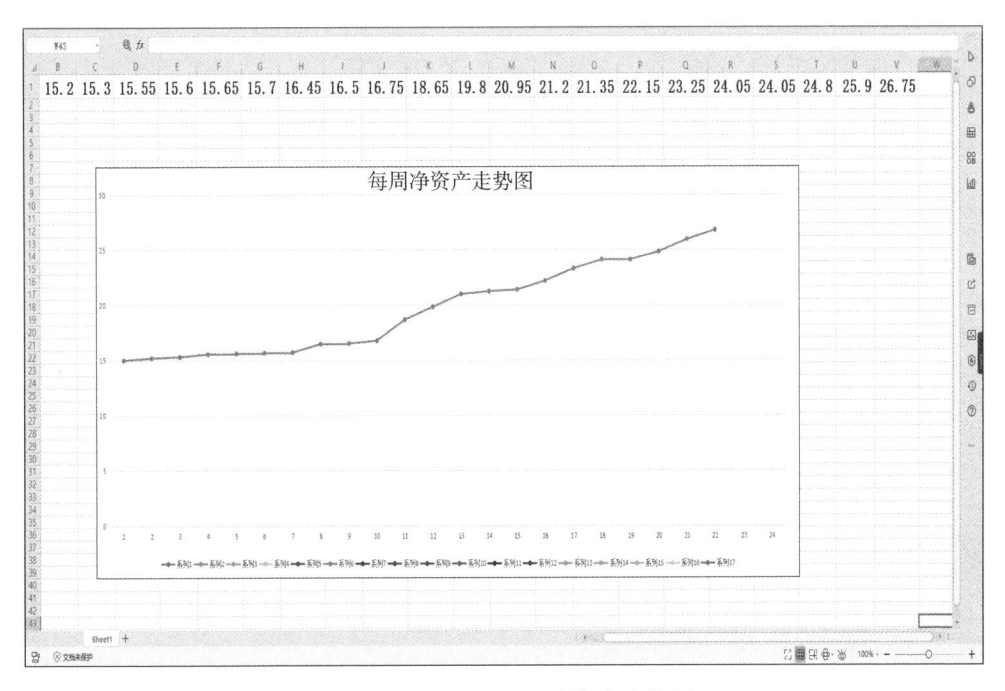

图 10 - 3　按周记录的净资产走势图

图 10 - 3 是按周记录的净资产半年走势图，属于正常的净资产走势图。我们从图中可看出，净资产运行非常平稳，曲线走势很平滑。这是我们要竭力做到的，哪怕一开始有点困难也要不放弃这个目标。

在按周记录的净资产走势图上，我们可以标注重要操作周期的起始点以及对应的净资产，这样能从图中直观看出有没有完成收益目标，如果没有完成，那就要反思，看看交易计划执行的是否到位，看看个股选择上是否出了问题，看看大环境是否有了变化……总之，要找到原因。如果是自己的原因，那就在下一次操作中将其纠正；如果是大环境的问题，那就降低持仓，减少操作，保证净资产不缩水；如果是你选的个股表现不够好，那问题不大，可以仔细分析一下，看看该股是还没到表现时间还是真的需要换股，如果还有继续参与的必要，那就再制定一个操作周期。有些个股在两个月的操作周期内确实表现不好，但在下一个操作周期内却大幅上涨，这只是时间未到而已。

为什么要标注收益目标呢，只要看到净资产在平稳增长不就行了吗？股市中必须要有一些追求，预设好目标才有清晰的计划。如预设两个月资产增长10%，投入10万元资金10年后的净资产就是3000万元，如此才可以实现你财务自由的理想。如果一年下来你的净资产只增加5%~10%，净资产走势图虽在平稳增长，但离你的财务自由目标却遥不可及。

如图10-4所示。

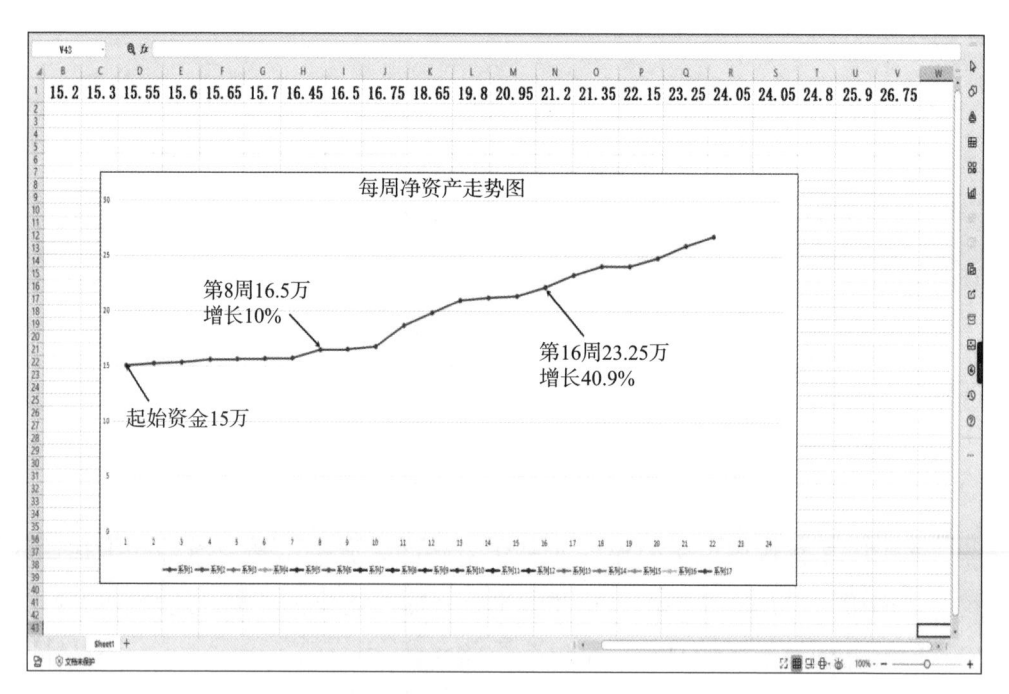

图10-4　净资产走势图上标注收益情况

在制作净资产走势图时，为了方便，完全可以在重要操作周期的时间节点用不同颜色将数据和曲线节点标注出来。为了能使自己的净资产更多，更稳定地增长，使净资产走势图更漂亮地运行，我们需要不断努力，这是我们的根本追求。

但是，股市有风险，只考虑收益不警惕风险，显然不会长久赢利，当不可预测的系统性风险来临时，如何处理，如何保护既得利益是必须充分考虑的问题。

在我的操作系统中，净资产缩水5%是我的忍受极限。万一操作失误或者出现不可预测的系统性风险导致资产迅速下跌，即将跌破或者已经跌破5%，不管你还有多少理由看好操作的股票，都必须全部清仓，这是铁律，没有一丝一毫回旋的余地，而且要在当天收盘前或者第二天开盘前半小时内全部清仓。如果自己实在舍不得卖出，就找另一个人帮你卖出。

在净资产走势图中也可以将这条警示线标出来，当发现净资产走势线与警示线接近时，你就要提高警惕了。当净资产走势有跌破警示线的迹象时，就要减仓甚至清仓了。警示线的数据最高值与净资产的最高值数据相对应，取值为净资产数据最高值向下浮动5%，如图10-5所示。

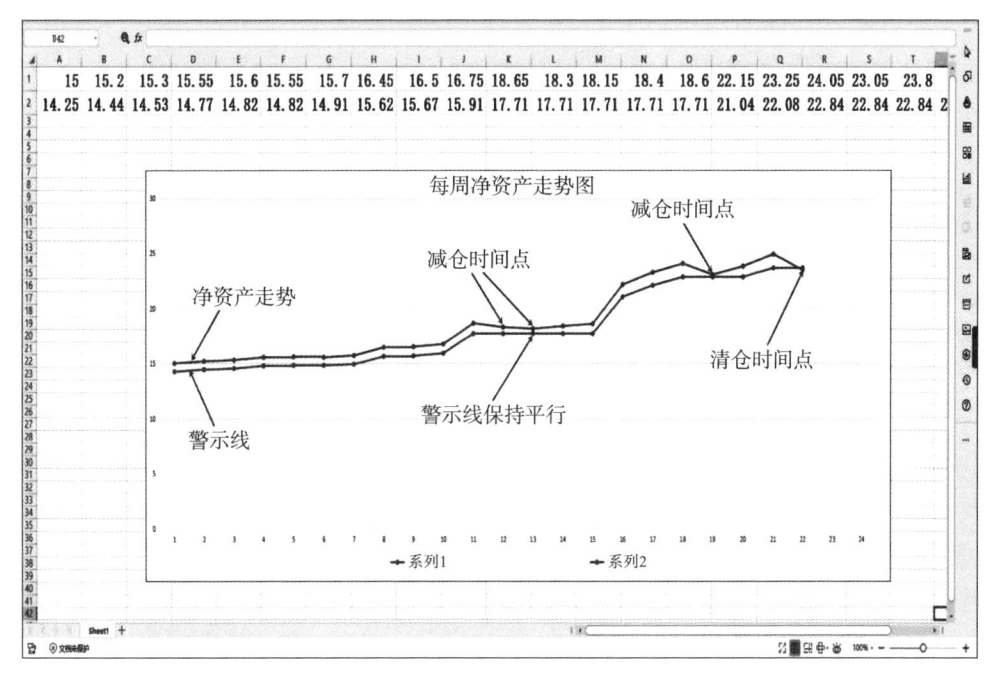

图10-5　净资产走势图警示减仓和清仓时间点

根据图10-5所示，我们应注意两点：

（1）当净资产下跌时，警示线的数据没有变化，因为警示线的数据依据的是最高净资产数据向下浮动5%计算的，在图10-5中，警示线有段时间保持水平运行就是这个原因。

（2）当净资产出现缩水，走势图上表现为净资产走势线与警示线开始靠近，这时一定要提高警惕并逐步减仓，可以从小单卖出开始。如果这种趋势没有好转迹象，不必非要等到市值减少5%才清仓，可尽早卖出。如果出现不可预测的系统性风险，净资产迅速缩水5%甚至更多，一定要立刻无条件地全部卖出股票，要果断，不能拖泥带水，有一丁点儿犹豫，哪怕第二天全线涨停也要卖掉。这时心存幻想的人都是股市中下场最惨的。

还有一种净资产走势图是每月记录一次净资产数据，这种走势图时间跨度很长，可以作为每年的操作总结使用，同时，也可制定3~5年的愿景。当发现净资产变化开始离愿景越来越远时，应该停下来思考是否忘记了初心，你是否走在正确的路上。

第十一章 综合应用

　　纸上得来终觉浅，绝知此事要躬行。本书内容来源于我的实践总结，是否对你有抛砖引玉的功效，需要行动来检验。股市是最能快速验证真伪的地方，你可以言语欺骗任何人，但无法瞒过自己，是否盈利，你自己的资金账户会说明一切。将本书知识综合运用起来，在"顺势跟进"思想的指导下，出现取款密码后，采用"小单试错，拒绝补仓，顺势跟进，敢于重仓"的交易策略，运用好资金管理，建好基础仓位，用滚动资金反复操作，并在上涨形式明确后，使用备用资金锦上添花。同时，通过净资产走势图对操作情况进行监督，以便及时调整目标股票。

　　收款密码是整个操作体系的核心和最终目的，其余操作都在为其服务。凡事预则立不预则废。在买进操作之前就要考虑好卖出的条件；在未卖出之前，无论账户盈利多少，终是纸上富贵。

　　本章通过具体实例，综合运用书中知识，解决操作中最难的问题。

股市中操作最难的是当下,是你下单的那一刻。这难吗?填个单子,按下"确定"键,不到一秒钟就成交了。可是,你能对这个下单动作负责吗?你能负多大程度的责?之所以有此一问,是因为在下单的那一刻,前方是漆黑的,没有任何指路明灯。你这一单下去,到底是金山银山,还是万丈深渊,一无所知。

看股市中滔滔不绝、口若悬河的人,无不是把已经走出来的股票图形一放,指点江山。什么地方该买,什么地方该卖,什么地方是洗盘,不用担心;什么地方可以抄底,一目了然。说的底气十足,似乎每一个技术指标都支持他的结论。那当然,技术指标的数据来源就是股价,股价都涨了,技术指标能不走好吗?这些事后诸葛亮们,一直乐此不疲地活在自己编织的梦中。可是,想真正赚钱的人,靠这些梦,管用吗?

面对未知,我们中国有句名言,叫"摸着石头过河"。我们每天的交易可不都在"摸着石头过河"嘛。在自己的腰间系上安全绳,穿上救生衣,再戴上氧气罩,然后一步一步地向前移,如此,你才有足够多的机会看到河对岸的美丽风景。这些防护措施不就是我们的操作体系吗?保护好自己,能够生存,这是我们获取成功的根本条件。做到了这些,我们再考虑怎样在股市中赚钱。

个股未来的走势确实是未知的,但是,推动股价走势的动力源泉——资本却是有规律的。我们了解的是主力运作资本的根本规律,无一例外。根据股价当前所处的位置,以及发展的阶段,便可推测将来股价的发展方向,这个方向是资金运作的必然,所谓窥一斑而知全豹。这就是确定性利润,也是我们操作的根本依据。在此股价发展过程中,我们不知道的是,股价运行到预期的阶段所需要的时间,以及在这之前主力要进行什么样的惨无人道的洗盘。我们的操作体系就是确保安全度过主力的屠戮。守得云开见月明,这个月明一定会到来,就看你能否守得云开。

下面通过具体实例看整个操作体系的使用。

拓维信息(002261)的操作。

如图11-1所示,2019年12月5日这天,通过MACD底部金叉这一选股条件选出该股,或者追踪这只股票,在12月5日发现MACD底部金叉,这表明该股进入可操作区间,可以进行实质性操作了。这是第一步。

第十一章 综合应用

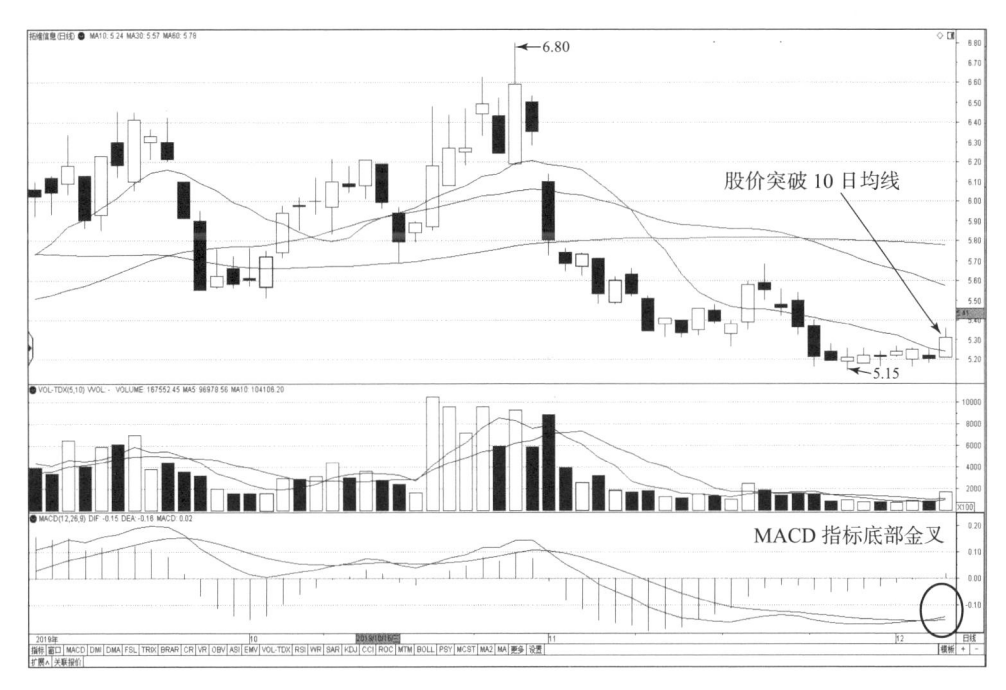

图 11-1 用 MACD 指标底部金叉选出拓维信息

看图可深切体会到，在 12 月 5 日拓维信息被选出的当天，股价走势并不十分理想，整体走势并没有明确上涨的意思，我们无法预测未来，所以第二天股价会如何运行根本不知道，能做的也就是按照股价实际走势所反映出的多空力量的对比顺势跟进，如果我们想买，那就属于多方，只有等到多方占优的时候才能跟着大部队行动；同样，如果我们想卖出股票，是空方，看到空方开始占优的时候也要减仓甚至清仓——只有大雁成群才飞得更远，一旦落单就很容易被消灭掉，我们操作股票绝不可落单。

既然无法预测股价明日的涨跌，那么买进股票不就和赌博一样吗？非也。我们依据的是资金的运作规律，这个规律是确定性的，是资本的逐利本质决定的，拓维信息在 12 月 5 日选出后，均线系统已经由下跌稳步上升，说明主力的建仓接近尾声，那么之后必然就是拉升了。至于要经过多久才会拉升，我们无法预知，但这个走势必然会到来，我们的工作就是在这个必然拉升到来之前完成基础仓位和滚动资金的布局。建立了操作体系，才会一叶知秋，窥一斑而知全豹，因此我们才敢于大胆地去执行我们的操作计划。

选出拓维信息之后，第二步开始制定操作计划。这个操作计划前文中已经有规范文本，把股价所处的位置与基本操作过程中的步骤对接，然后按照这个操作计划执行即可。

根据操作计划，12月5日当天，股价已经站上10日均线，且10日均线开始走平，可以在第二天逢低买进基础仓位，如果股价不跌破10日均线，滚动资金仓位可以买进并按照K线卖出形态进行操作，如图11-2所示。

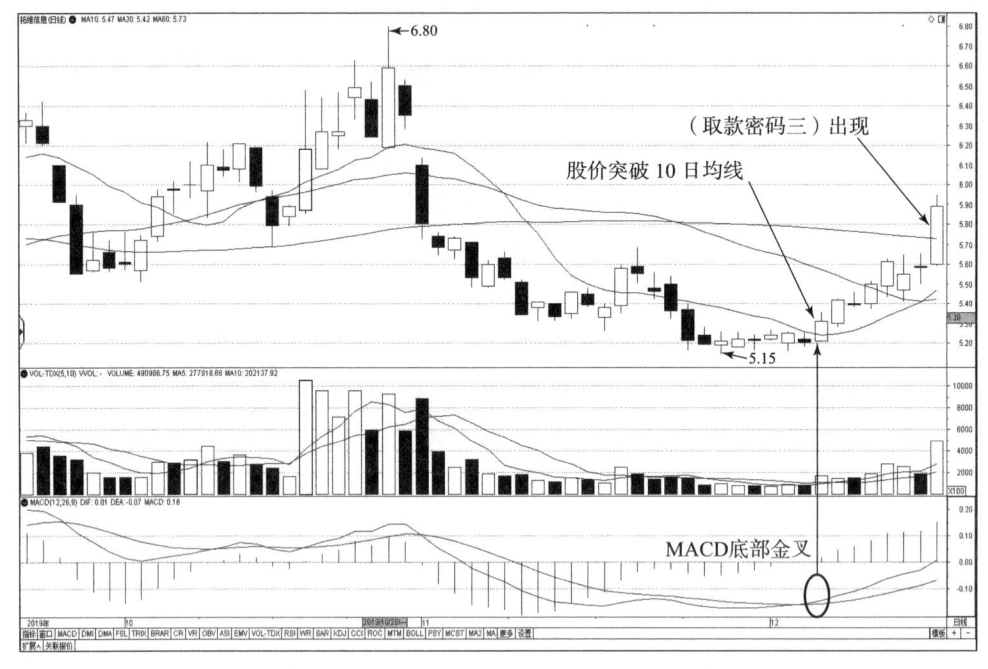

图11-2 取款密码三出现时备用资金才可使用

从12月6日开始，基础仓位和滚动资金仓位陆续买进，因为股价没有明显的K线卖出提示，所以可一路持股。在60日均线下方，备用资金不可使用，直到12月16日图中取款密码三出现时，备用资金可以使用。

在股价第一次突破60日均线时，为了防止股价回调确认60日均线，备用资金只能使用一半，同时这些备用资金仓位可以持有时间略长，在出现K线卖出形态时与滚动资金仓位一起卖出，因此在12月16日收盘前，买进一半备用资金仓位，此时股价再次站上60日均线，说明主力有可能进入拉升股价的阶段。

第十一章　综合应用

在这个操作过程中我们发现，并不需要预测股价第二天是涨还是跌，只需要按照股价当天收盘前的 K 线形态决定买进还是卖出。由于该股买进后一直没有出现卖出 K 线形态，所以应继续持股。

继续看股价接下来如何走，如图 11-3 所示。

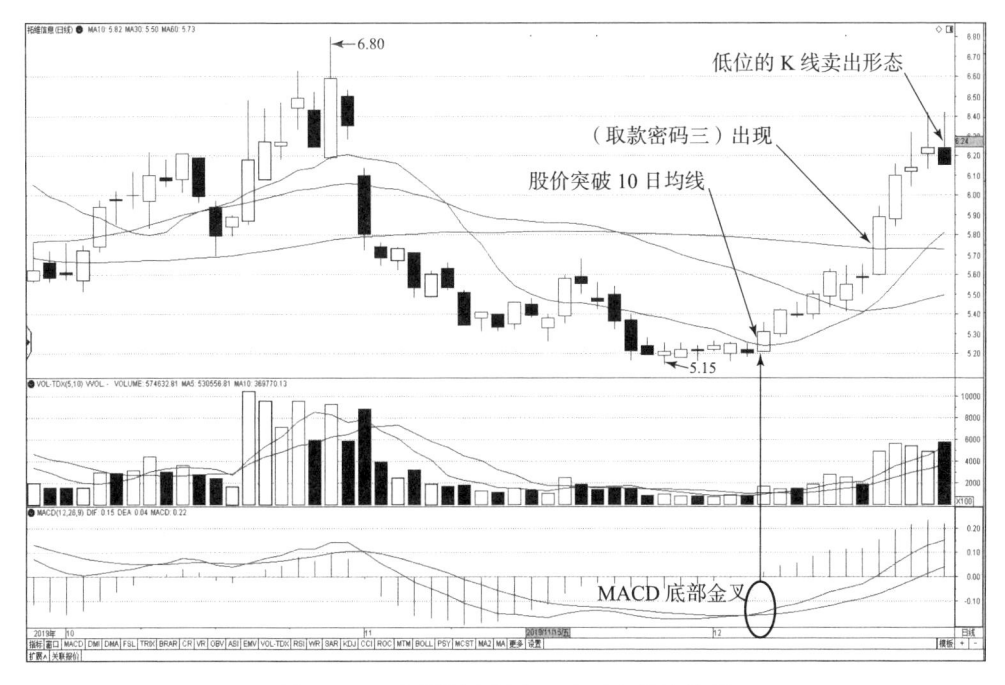

图 11-3　备用资金结合一小时交易法使用

在 12 月 16 日，买进一半备用资金仓位之后，17 日股价继续上涨，可在收盘前买进另一半备用资金仓位，但需要在第二天开盘后半小时寻找高点卖出这一半备用资金仓位以便寻求主动，这就是一小时交易法。

到 12 月 20 日，图中出现了低位的 K 线卖出形态。这个卖出 K 线很勉强，股价都没有低过前一个交易日的最低价，而且目前又处于低位，但是，股价突破 60 日均线后没有得到确认，所以不排除回抽确认的可能。既然看到 K 线卖出形态，那就要有卖出动作，哪怕是小单卖出，所以，12 月 20 日收盘前可以小单卖出，保持操作节奏。

因此只要出现图 11-3 中的情形，我们就要采取上述操作，因为我们根本不知道第二天股价会如何走。

· 243 ·

再看之后拓维信息的走势，如图 11-4 所示。

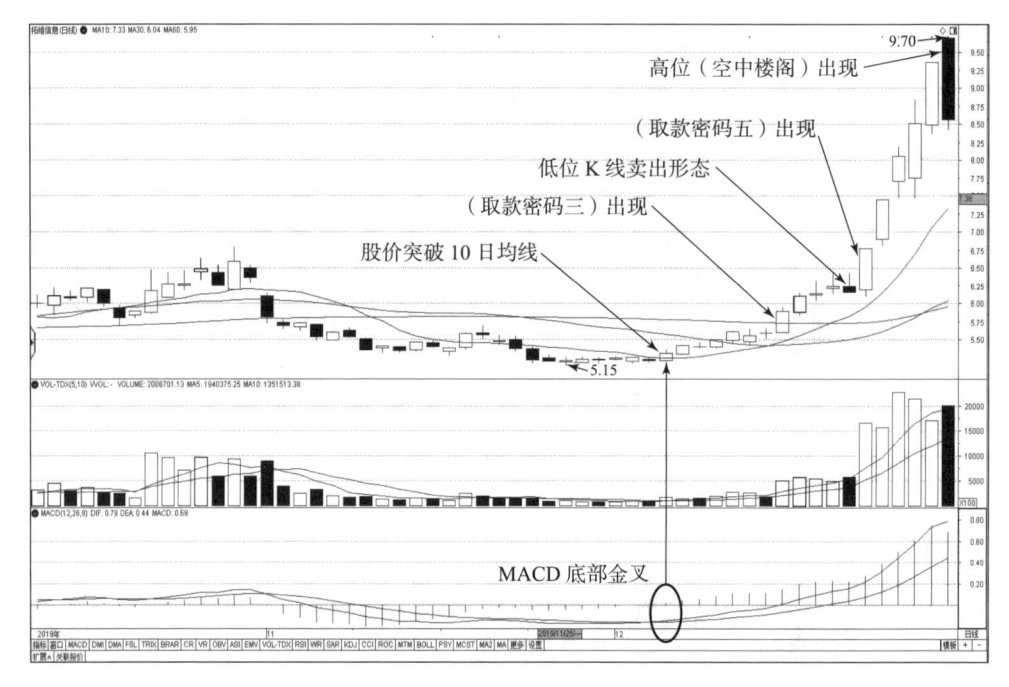

图 11-4　没有 K 线卖出形态一路持股

12月20日，低位 K 线形态卖出后，第二天股价稍作停留便开始上涨，因为是小单卖出，所以不必追回，仍持有基础仓位、滚动资金仓位和接近一半的备用资金仓位，可以说是重仓了。在股价突破前一日最高价后，基本可确定强势上涨即将开始，收盘前有机会就买进另一半备用资金仓位，没机会不必强求，毕竟已经重仓了。

之后几天连续大阳线拉升，另一半备用资金仓位可以找机会利用一小时交易法操作，直到高位空中楼阁 K 线出现，收盘前将滚动资金仓位和备用资金仓位全部卖出，甚至可以卖出一半基础仓位，这就是高位 K 线卖出形态的恐怖之处，剩余的一半基础仓位可以在股价跌破 10 日均线时卖出。至此，一个完整的操作周期结束。

空中楼阁 K 线出现的时间是12月30日。其间股价从12月5日的5.31元上涨，到12月30日收盘价8.56元，涨幅61%。虽然没有满仓操作，并不能获得和股价同涨幅的利润，但这段时间的绝大部分利润也都能够把握住，超过40%的收益是必然的。如果操作稍差些，30%的利润也可以保证，一个月时间收益30%，远远高出了目标收益。虽然我们不可能经常有这么高的收益，但是，两个月获得10%的资产增值应该非常有把握。

这就是真实的交易过程：按照资金的运作规律，通过操作系统抵御主力在运作过程中的各种洗盘，我们就可以获得属于我们的确定性利润；想实现财务自由吗？通过学习后建立适合自己的操作系统，你一定可以在股市中越来越游刃有余！